2025학년도 수능 대비
수능 영어 간접연계의 해답

# 수능 영어 간접연계 서치라이트

정답과 해설은 EBS*i* 사이트(www.ebs*i*.co.kr)에서 다운로드 받으실 수 있습니다.


| | |
|---|---|
| 교재 내용 문의 | 교재 및 강의 내용 문의는 EBS*i* 사이트 (www.ebs*i*.co.kr)의 학습 Q&A 서비스를 활용하시기 바랍니다. |
| 교재 정오표 문의 | 발행 이후 발견된 정오 사항을 EBS*i* 사이트 정오표 코너에서 알려 드립니다. 교재 ► 교재 자료실 ► 교재 정오표 |
| 교재 정정 신청 | 공지된 정오 내용 외에 발견된 정오 사항이 있다면 EBS*i* 사이트를 통해 알려 주세요. 교재 ► 교재 정정 신청 |

**수능 연계교재와 함께! 연계 보완 교재 시리즈**

**수능특강 사용설명서** 수능 연계교재 수능특강의 국어·영어 지문 분석

**수능특강 연계 기출** 수능특강 수록 작품 · 지문과 연결된 기출문제 학습

**수능연계교재의 VOCA 1800** 수능특강과 수능완성의 필수 중요 어휘 1800개 수록

**수능 영어 간접연계 서치라이트** 출제 가능성이 높은 핵심만 모아 구성한 간접연계 대비 교재

**수능완성 사용설명서** 수능 연계교재 수능완성의 국어·영어 지문 분석

**수능연계 기출 Vaccine VOCA 2200** 수능 EBS 연계 및 평가원 최다 빈출 어휘 선별 수록

2025학년도 수능 대비
수능 영어 간접연계의 해답

# 수능 영어 간접연계 서치라이트

# 이 책의 구성과 특징 Structure

## 간접연계 파악하기 <연습편>

수능에 출제되는 지문을 12개의 강으로 구성하여 **간접연계** History와 **간접연계** Searchlight를 통해 간접연계에 대비할 수 있도록 구성하였다.

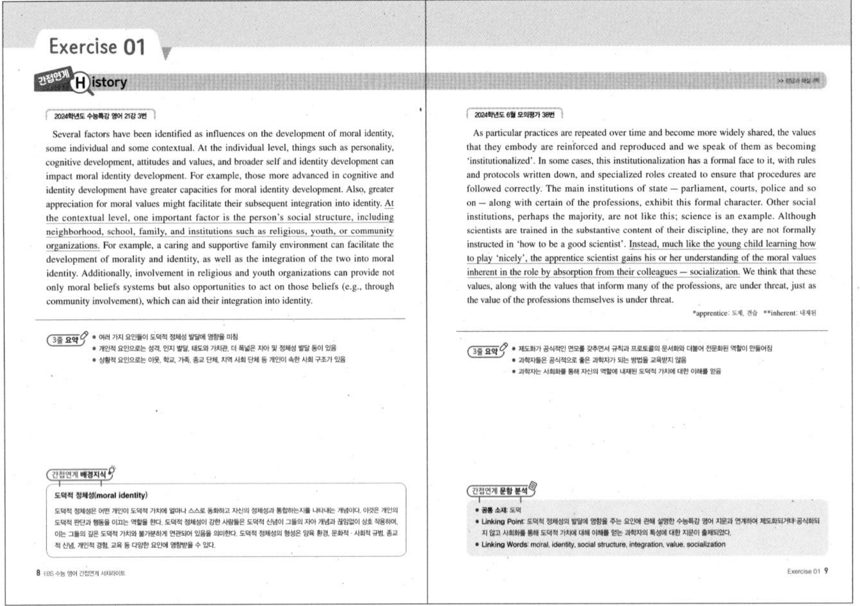

### 간접연계 History

2024학년도 수능 대비 〈수능특강 영어〉와 〈수능특강 영어독해연습〉에 수록된 문항이 2024학년도 수능, 6월 모의평가, 9월 모의평가에 어떻게 간접연계되어 출제되었는지 한눈에 볼 수 있도록 수록하였다. 두 지문의 내용을 [3줄 요약]으로 제시하고 [간접연계 배경지식]을 통해 지문 이해에 도움이 되는 배경지식을 정리하였으며, [간접연계 문항 분석]을 통해 간접연계 출제 경향을 알아볼 수 있도록 하였다.

### 간접연계 Searchlight

〈연습편〉을 12강으로 나누어 한 강당 4세트의 '수능특강 지문 - 간접연계 신규 문항'을 수록하였다.

■ **수능특강 Focus**

〈수능특강 영어〉 또는 〈수능특강 영어독해연습〉에 수록된 문항을 [소재], [3줄 요약], [어휘]와 함께 실었으며, [간접연계 출제 예상]을 통해 확장성을 분석하였다.

■ **간접연계 Practice**

**수능특강 Focus**의 지문과 내용 연계성이 높은 신규 지문을 수능과 동일한 유형으로 구성하여 간접연계를 체감할 수 있도록 하였다.

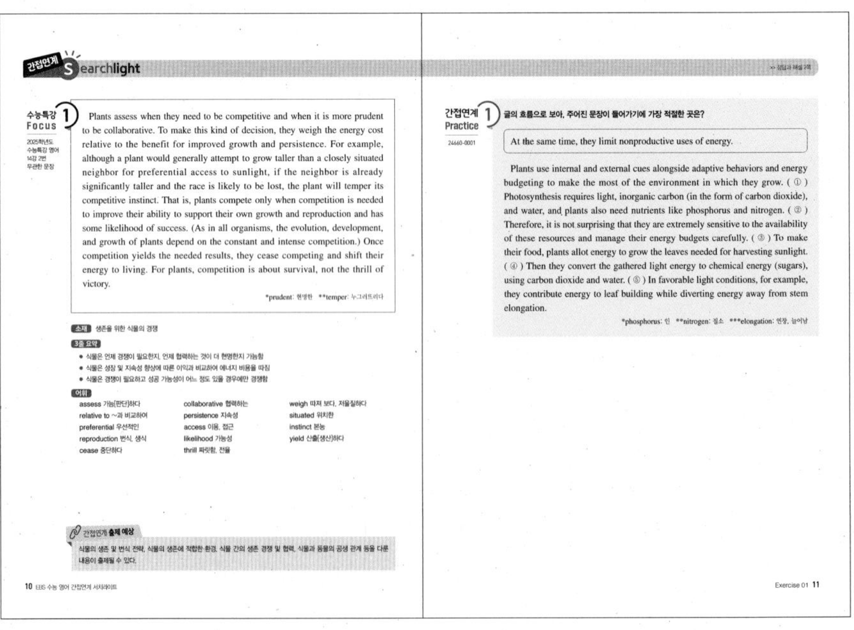

본 교재는 2025학년도 대학수학능력시험의 간접연계에 대비하기 위한 교재로, 2025학년도 수능 대비 〈수능특강 영어〉와 〈수능특강 영어독해연습〉 중 일부 문항을 선정하여 해당 문항의 핵심 내용과 유사 또는 반대되거나 개념이 확장된 지문을 개발하여 최근 수능 출제 경향에 맞는 문제 형태로 수록하였다. 이를 통해 간접연계에 대한 적응력을 기르고, 유사한 지문을 많이 읽어 본 경험과 연상 효과를 통해 수능에 철저히 대비할 수 있도록 하였다.

간접연계 신규 문항으로 이루어진 총 28문항의 실전테스트를 2회분 실어 실제 수능 독해에 대비할 수 있도록 구성하였다.

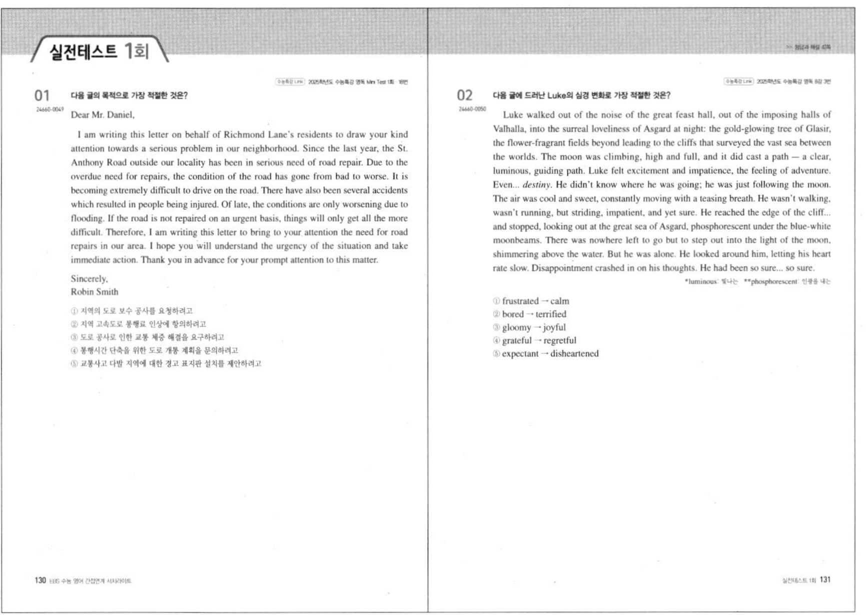

실전테스트 1회

01 다음 글의 목적으로 가장 적절한 것은?

Dear Mr. Daniel,

I am writing this letter on behalf of Richmond Lane's residents to draw your kind attention towards a serious problem in our neighborhood. Since the last year, the St. Anthony Road outside our locality has been in serious need of road repair. Due to the overdue need for repairs, the condition of the road has gone from bad to worse. It is becoming extremely difficult to drive on the road. There have also been several accidents which resulted in people being injured. Of late, the conditions are only worsening due to flooding. If the road is not repaired on an urgent basis, things will only get all the more difficult. Therefore, I am writing this letter to bring to your attention the need for road repairs in our area. I hope you will understand the urgency of the situation and take immediate action. Thank you in advance for your prompt attention to this matter.

Sincerely,
Robin Smith

① 지역의 도로 보수 공사를 요청하려고
② 지역 고속도로 통행료 인상에 항의하려고
③ 도로 공사로 인한 교통 체증 해결을 요구하려고
④ 통행시간 단축을 위한 도로 개통 계획을 문의하려고
⑤ 교통사고 다발 지역에 대한 경고 표지판 설치를 제안하려고

02 다음 글에 드러난 Luke의 심경 변화로 가장 적절한 것은?

Luke walked out of the noise of the great feast hall, out of the imposing halls of Valhalla, into the surreal loveliness of Asgard at night: the gold-glowing tree of Glasir, the flower-fragrant fields beyond leading to the cliffs that surveyed the vast sea between the worlds. The moon was climbing, high and full, and it did cast a path — a clear, luminous, guiding path. Luke felt excitement and impatience, the feeling of adventure. Even... *destiny*. He didn't know where he was going; he was just following the moon. The air was cool and sweet, constantly moving with a teasing breath. He wasn't walking, wasn't running, but striding, impatient, and yet sure. He reached the edge of the cliff... and stopped, looking out at the great sea of Asgard, phosphorescent under the blue-white moonbeams. There was nowhere left to go but to step out into the light of the moon, shimmering above the water. But he was alone. He looked around him, letting his heart rate slow. Disappointment crashed in on his thoughts. He had been so sure... so sure.

*luminous: 빛나는 **phosphorescent: 인광을 내는

① frustrated → calm
② bored → terrified
③ gloomy → joyful
④ grateful → regretful
⑤ expectant → disheartened

〈수능특강 영어〉와 〈수능특강 영어독해연습〉의 지문과 내용 연계성(유사/반대/확장)이 있는 지문을 이용한 문항을 출제하여 모의고사 형태로 수록하였다.
수능 독해 유형과 동일하게 구성하였으며 간접연계 문항으로 구성된 모의고사를 풀어 봄으로써 실전에 완벽히 대비할 수 있도록 하였다.

## 정답과 해설

본문에 수록된 **간접연계 History, 간접연계 Searchlight**의 모든 문항에 대한 해석과 해설, 어휘 등을 수록하였다. 아울러 간접연계 출제의 매개가 될 수 있는 특정 소재에 관해서는 [배경지식 UP]을 통해 개념을 설명하였다.
**실전테스트**는 신규 문항에 대한 해석과 해설, 어휘뿐 아니라 연계된 수능특강 문항의 [분야/소재], [3줄 요약], [Linking Words]를 실어 간접연계에 대한 이해를 돕도록 하였다.

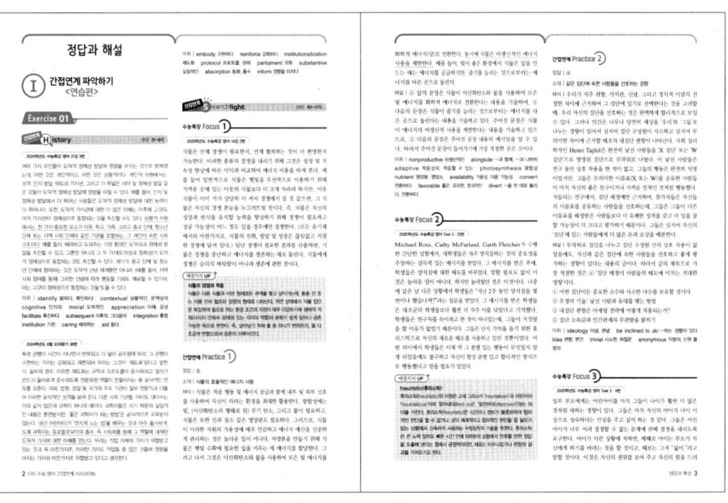

# 이 책의 차례 Contents

## I 간접연계 파악하기 <연습편>

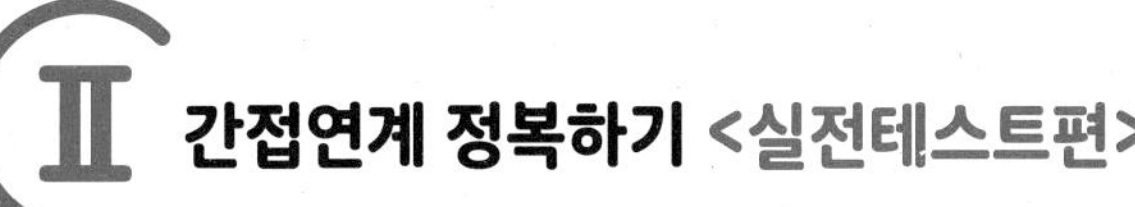





학생

**인공지능 DANCHOQ**

푸리봇 문|제|검|색

**EBS*i* 사이트**와 **EBS*i* 고교강의 APP** 하단의 **AI 학습도우미 푸리봇**을 통해 문항코드를 검색하면 푸리봇이 해당 문제의 해설과 해설 강의를 찾아 줍니다. **사진 촬영으로도 검색**할 수 있습니다.

문제별 문항코드 확인

[24660-0001]

1. 아래 그래프를 이해한 내용으로 가장 적절한 것은?

문항코드 검색

24660-0001

사진 촬영 검색

선생님

**EBS 교사지원센터**

교재 관련 자|료|제|공

교재의 문항 한글(HWP) 파일과 교재이미지, 강의자료를 무료로 제공합니다.

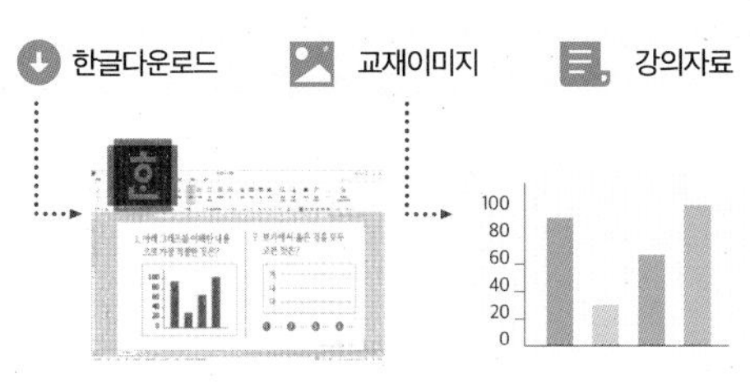


• 교사지원센터(teacher.ebsi.co.kr)에서 '교사인증' 이후 이용하실 수 있습니다.

• 교사지원센터에서 제공하는 자료는 교재별로 다를 수 있습니다.

2025학년도 수능 대비

수능 영어 간접연계

**서치라이트**

# I

# 간접연계 파악하기
## <연습편>

# Exercise 01

2024학년도 수능특강 영어 21강 3번

Several factors have been identified as influences on the development of moral identity, some individual and some contextual. At the individual level, things such as personality, cognitive development, attitudes and values, and broader self and identity development can impact moral identity development. For example, those more advanced in cognitive and identity development have greater capacities for moral identity development. Also, greater appreciation for moral values might facilitate their subsequent integration into identity. At the contextual level, one important factor is the person's social structure, including neighborhood, school, family, and institutions such as religious, youth, or community organizations. For example, a caring and supportive family environment can facilitate the development of morality and identity, as well as the integration of the two into moral identity. Additionally, involvement in religious and youth organizations can provide not only moral beliefs systems but also opportunities to act on those beliefs (e.g., through community involvement), which can aid their integration into identity.

---

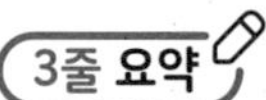


- 여러 가지 요인들이 도덕적 정체성 발달에 영향을 미침
- 개인적 요인으로는 성격, 인지 발달, 태도와 가치관, 더 폭넓은 자아 및 정체성 발달 등이 있음
- 상황적 요인으로는 이웃, 학교, 가족, 종교 단체, 지역 사회 단체 등 개인이 속한 사회 구조가 있음

간접연계 **배경지식**

**도덕적 정체성(moral identity)**

도덕적 정체성은 어떤 개인이 도덕적 가치에 얼마나 스스로 동화하고 자신의 정체성과 통합하는지를 나타내는 개념이다. 이것은 개인의 도덕적 판단과 행동을 이끄는 역할을 한다. 도덕적 정체성이 강한 사람들은 도덕적 신념이 그들의 자아 개념과 끊임없이 상호 작용하며, 이는 그들의 깊은 도덕적 가치와 불가분하게 연관되어 있음을 의미한다. 도덕적 정체성의 형성은 양육 환경, 문화적 · 사회적 규범, 종교적 신념, 개인적 경험, 교육 등 다양한 요인에 영향받을 수 있다.

>> 정답과 해설 2쪽

**2024학년도 6월 모의평가 38번**

As particular practices are repeated over time and become more widely shared, the values that they embody are reinforced and reproduced and we speak of them as becoming 'institutionalized'. In some cases, this institutionalization has a formal face to it, with rules and protocols written down, and specialized roles created to ensure that procedures are followed correctly. The main institutions of state — parliament, courts, police and so on — along with certain of the professions, exhibit this formal character. Other social institutions, perhaps the majority, are not like this; science is an example. Although scientists are trained in the substantive content of their discipline, they are not formally instructed in 'how to be a good scientist'. Instead, much like the young child learning how to play 'nicely', the apprentice scientist gains his or her understanding of the moral values inherent in the role by absorption from their colleagues — socialization. We think that these values, along with the values that inform many of the professions, are under threat, just as the value of the professions themselves is under threat.

*apprentice: 도제, 견습 **inherent: 내재된

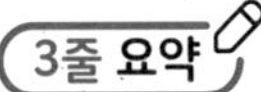


- 제도화가 공식적인 면모를 갖추면서 규칙과 프로토콜의 문서화와 더불어 전문화된 역할이 만들어짐
- 과학자들은 공식적으로 좋은 과학자가 되는 방법을 교육받지 않음
- 과학자는 사회화를 통해 자신의 역할에 내재된 도덕적 가치에 대한 이해를 얻음

**간접연계 문항 분석**

- **공통 소재**: 도덕
- **Linking Point**: 도덕적 정체성의 발달에 영향을 주는 요인에 관해 설명한 수능특강 영어 지문과 연계하여 제도화되거나 공식화되지 않고 사회화를 통해 도덕적 가치에 대해 이해를 얻는 과학자의 특성에 대한 지문이 출제되었다.
- **Linking Words**: moral, identity, social structure, integration, value, socialization

## 간접연계 Searchlight

### 수능특강 Focus 1

2025학년도 수능특강 영어 14강 2번 무관한 문장

Plants assess when they need to be competitive and when it is more prudent to be collaborative. To make this kind of decision, they weigh the energy cost relative to the benefit for improved growth and persistence. For example, although a plant would generally attempt to grow taller than a closely situated neighbor for preferential access to sunlight, if the neighbor is already significantly taller and the race is likely to be lost, the plant will temper its competitive instinct. That is, plants compete only when competition is needed to improve their ability to support their own growth and reproduction and has some likelihood of success. (As in all organisms, the evolution, development, and growth of plants depend on the constant and intense competition.) Once competition yields the needed results, they cease competing and shift their energy to living. For plants, competition is about survival, not the thrill of victory.

*prudent: 현명한 **temper: 누그러뜨리다

**소재** 생존을 위한 식물의 경쟁

**3줄 요약**

- 식물은 언제 경쟁이 필요한지, 언제 협력하는 것이 더 현명한지 가늠함
- 식물은 성장 및 지속성 향상에 따른 이익과 비교하여 에너지 비용을 따짐
- 식물은 경쟁이 필요하고 성공 가능성이 어느 정도 있을 경우에만 경쟁함

**어휘**

| | | |
|---|---|---|
| assess 가늠[판단]하다 | collaborative 협력하는 | weigh 따져 보다, 저울질하다 |
| relative to ~과 비교하여 | persistence 지속성 | situated 위치한 |
| preferential 우선적인 | access 이용, 접근 | instinct 본능 |
| reproduction 번식, 생식 | likelihood 가능성 | yield 산출[생산]하다 |
| cease 중단하다 | thrill 짜릿함, 전율 | |

**간접연계 출제 예상**

식물의 생존 및 번식 전략, 식물의 생존에 적합한 환경, 식물 간의 생존 경쟁 및 협력, 식물과 동물의 공생 관계 등을 다룬 내용이 출제될 수 있다.

**간접연계 Practice 1** 글의 흐름으로 보아, 주어진 문장이 들어가기에 가장 적절한 곳은?

24660-0001

At the same time, they limit nonproductive uses of energy.

Plants use internal and external cues alongside adaptive behaviors and energy budgeting to make the most of the environment in which they grow. ( ① ) Photosynthesis requires light, inorganic carbon (in the form of carbon dioxide), and water, and plants also need nutrients like phosphorus and nitrogen. ( ② ) Therefore, it is not surprising that they are extremely sensitive to the availability of these resources and manage their energy budgets carefully. ( ③ ) To make their food, plants allot energy to grow the leaves needed for harvesting sunlight. ( ④ ) Then they convert the gathered light energy to chemical energy (sugars), using carbon dioxide and water. ( ⑤ ) In favorable light conditions, for example, they contribute energy to leaf building while diverting energy away from stem elongation.

*phosphorus: 인 **nitrogen: 질소 ***elongation: 연장, 늘어남

**수능특강 Focus 2**

2025학년도 수능특강 영어 Test 3 · 23번 요약문 완성

In a simple experiment conducted by Michael Ross, Cathy McFarland, and Garth Fletcher, college students received a persuasive message arguing the importance of frequent tooth brushing. After receiving the message, they changed their attitudes toward tooth brushing. Needless to say, this is not surprising. But here's what was surprising: Later that same day in a different situation, the students were asked, "How many times have you brushed your teeth in the past 2 weeks?" Those who received the message recalled that they brushed their teeth far more frequently than did students in the control condition. The students were not attempting to deceive the researcher; there was no reason for them to lie. They were simply using their new attitudes as a heuristic to help them remember. In a sense, they needed to believe that they had always behaved in a sensible and reasonable manner — even though they had just now discovered what that sensible behavior might be.

*heuristic: 휴리스틱(특정 상황에서 사람들이 신속하게 사용하는 어림짐작의 기술)

**소재** 새로운 신념과 그에 일치되는 기억

**3줄 요약**

- 한 실험에서 대학생들이 양치질의 중요성을 주장하는 설득력 있는 메시지를 받음
- 메시지를 받은 후 양치질에 대한 태도를 바꾸었고, 양치를 더 자주했다고 기억함
- 놀라운 것은 그 새로운 양치질에 대한 태도에 맞게 과거의 기억을 수정했다는 것임

**어휘**

| | | |
|---|---|---|
| conduct 수행하다 | persuasive 설득력 있는 | frequent 자주 있는 |
| attitude 태도 | needless to say 말할 필요도 없이 | recall 기억하다, 회상하다 |
| deceive 속이다 | behave 행동하다 | sensible 분별 있는 |

**간접연계 출제 예상**

휴리스틱에 기반한 의사 결정, 기억의 왜곡 현상, 인간의 비합리적 선택 및 행동 등을 다룬 내용이 출제될 수 있다.

>> 정답과 해설 3쪽

간접연계 **2** Practice

24660-0002

**다음 글의 제목으로 가장 적절한 것은?**

Favoring our own group may seem perfectly reasonable given that we often choose to be in the group based on real differences in tastes, values, beliefs, and political ideology. Yet human beings are so naturally inclined to divide the world into *us* and *them* that in-group bias emerges even when group membership is based on differences that are trivial, even meaningless. Henri Tajfel, a social psychologist, randomly divided complete strangers into groups labeled "Group X" or "Group W." These strangers never interacted during the study, and their actions were completely anonymous, yet they behaved as if those who shared their meaningless label (X or W) were their good friends or close kin. In study after study, on the basis of group assignment alone, participants prefer those who share their label; they rate them as having a more pleasant personality and more likely to produce better work than people assigned a different label. They even allocate more money and rewards to those in their "group."

① Any Group Will Have Vital Few and Trivial Many
② The Art of Friendship: How to Bond With a Stranger
③ How Does In-Group Bias Apply to Marketing Strategies?
④ Group Assignment's Profound Impact on People's Attitudes
⑤ Unveiling the Irrelevance of Group Membership to Human Relations

수능특강 3
Focus

2025학년도
수능특강 영어
Test 3 · 4번
주장 파악

There is a tendency in some parents to treat small children as if they are much older. It seems as if they want to give the impression that their child is mature beyond his age. They ask a small child to make decisions about matters he is too young to decide. When a child is put in this situation, sometimes he will do what the parent wants him to do, and sometimes he will simply say, "No." This is his attempt to show his authority and to display his power. A small child should never be asked to make a decision he is too young to make. The parent should make the decision and then give instructions to the child. For example, if a parent thinks that a child should stop playing and eat, he should not ask the child, "Do you want to eat now?" He should tell the child to put his toys away and get ready to eat. If he thinks that the child should take a nap, he should not ask the child, "Do you want to take a nap?" He should tell the child that it is time for his nap.

**소재** 어린아이가 할 수 없는 결정에 대한 처리

**3줄 요약**

- 일부 부모는 자신의 아이가 너무 어려 결정하기 어려운 문제에 관해 결정을 내리도록 요구함
- 어린아이는 자신이 너무 어려 내릴 수 없는 결정을 하도록 요구받아서는 안 됨
- 부모가 결정을 내린 다음 아이에게 지시해야 함

**어휘**

tendency 경향　　mature 성숙한　　authority 권위
instruction (보통 복수로) 지시　　take a nap 낮잠을 자다

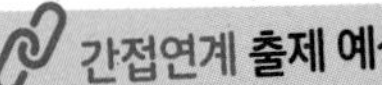


바람직하거나 바람직하지 않은 부모의 양육 방식, 지나치게 허용적인 양육 방식의 문제점, 부모와 자녀 관계의 특징과 중요성, 자녀의 독립성과 자율성을 키우는 방법 등을 다룬 내용이 출제될 수 있다.

>> 정답과 해설 3쪽

**간접연계 3 Practice**

24660-0003

**다음 글에서 전체 흐름과 관계 없는 문장은?**

Research has found that kids with authoritative parents are most likely to become balanced adults who aren't afraid of expressing their thoughts and opinions. ① They demand both maturity and problem solving from their children, which is an effective method to help them remain insightful and objective when facing challenging situations and also makes sure that they don't stumble upon the same mistakes again. ② Since the child is given support and monitored to an extent, the possibilities for him to develop issues such as mood or self-image disorders and high risk behaviour are greatly reduced. ③ The biggest drawback of authoritative parenting is that it doesn't necessarily come naturally to every parent, and some find it difficult to maintain over time, especially if they're going through periods of stress in their own lives. ④ Children are encouraged to have freedom to say their opinions and thoughts, but in the end parents make the final decision, unlike with permissive parents where the child usually has the last word. ⑤ This contributes in helping children develop the habit of thinking by themselves and keeps negative influence of peers at a distance.

## 수능특강 Focus 4

2025학년도
수능특강 영어
Test 2 · 19번
글의 순서

To the extent that one can distinguish self-esteem from public esteem, the latter seems to be more important. The overriding motive of narcissists seems to be to obtain social approval from others. (A) That is, they spend much of their time and energy seeking ways to get others to admire them. In terms of being liked by others rather than admired, they are somewhat indifferent. That is, narcissists are no more nor less interested than anyone else in being liked. (C) Being admired, however, is extremely important to them. In general, they do not seem overly concerned with proving something to themselves (possibly because they are already privately persuaded of their own good qualities), but they are quite interested in demonstrating their superiority to others. (B) For example, if given a chance to tackle a difficult task and find out how good they are, narcissists put forth minimal effort if no one is looking, which is a sign that they do not really care about demonstrating their brilliance to themselves, whereas if others are watching, they put forth maximum effort in order to shine.

*overriding: 최우선시되는

**소재** 대중의 존경을 중시하는 나르시시스트

**3줄 요약**

- 나르시시스트에게는 자존감과 대중의 존경을 구분할 수 있는 한, 대중의 존경이 더 중요한 것 같음
- 나르시시스트의 최우선시되는 동기는 다른 사람들로부터 사회적 인정을 받는 것처럼 보임
- 나르시시스트는 다른 사람들에게 자신의 우월성을 보여 주는 데는 상당히 관심이 있음

**어휘**

to the extent that ~하는 한
distinguish 구분하다
self-esteem 자존감
motive 동기
obtain 받다, 얻다
approval 인정, 승인
admire 존경하다
in terms of ~이라는 측면에서, ~의 관점에서
indifferent 무관심한
extremely 매우, 극도로
in general 일반적으로
be persuaded of ~을 확신하다
superiority 우월성
tackle (문제를) 다루다
put forth ~을 기울이다, 발휘하다
minimal 최소한의
demonstrate 보여 주다
brilliance 탁월함
maximum 최대한의

**간접연계 출제 예상**

나르시시즘과 건강한 자존감의 차이, 자존감과 대인 관계의 관련성, 자존감을 높이는 방법, 타인의 존재에 따른 행동의 차이 등을 다룬 내용이 출제될 수 있다.

>> 정답과 해설 4쪽

간접연계 Practice 4

24660-0004

**다음 글의 밑줄 친 부분 중, 어법상 틀린 것은?**

In recent years, many researchers have turned their attention away from self-esteem per se ① to address a related construct called narcissism. The term *narcissism* is based on the Greek myth of the young man who fell in love with his reflection in the water, and narcissism therefore has a connotation of excessive or inappropriate self-love. Narcissism can be regarded as one subcategory of high self-esteem, and in particular it refers to people who hold favorable, probably inflated views of themselves and who are highly motivated to sustain ② them. Many people with high self-esteem are like that too, but high self-esteem also includes a category of people who are ③ simply quite comfortable with themselves and not narcissistic. Thus, narcissism differs from the simpler concept of self-esteem in ④ emphasizing two things, namely, the inflation of self-regard and the motivation to establish a highly positive image of self. Gender differences in narcissism are a bit larger than the differences in self-esteem, suggesting that the main differences are ⑤ what men are more concerned with social dominance than women and are more prone to inflate their self-appraisals.

# Exercise 02

## 간접연계 History

2024학년도 수능특강 영독 6강 1번

While timber shares many characteristics with other living resources, it also has some unique aspects. Timber shares with many other living resources the characteristic that it is both an output and a capital good. Trees, when harvested, provide a saleable commodity, but left standing they are a capital good, providing for increased growth the following year. Each year, the forest manager must decide whether or not to harvest a particular stand of trees or to wait for the additional growth. In contrast to many other living resources, however, the time period between initial investment (planting) and recovery of that investment (harvesting) is especially long. Intervals of 25 years or more are common in forestry, but not in many other industries. Finally, forestry is subject to an unusually large variety of externalities, which are associated with either the standing timber or the act of harvesting timber. These externalities not only make it difficult to define the efficient allocation, but they also play havoc with incentives, making efficient management harder for institutions to achieve.

*stand: (한 지역에서 자라는 수목의) 무리, 임분 **externality: 외부 요인[효과] ***play havoc with: ~에 혼란을 초래하다

---

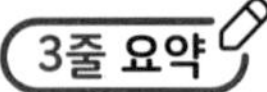

3줄 요약

- 수목은 생산물이자 자본재라는 특징을 다른 많은 생물 자원과 공유하지만, 독특한 측면들을 지님
- 삼림 경영자는 나무를 수확할지 혹은 추가적인 성장을 기다릴지를 결정해야 하며, 임업은 투자와 수확 사이의 간격이 넓음
- 임업은 특이할 정도로 매우 다양한 외부 요인의 영향을 받기에, 효율적인 관리가 어려움

간접연계 배경지식

**임업(forestry)**

임업(林業)은 인간과 환경의 이익을 위하여 삼림을 조성, 관리, 식재, 사용, 보전 및 보수하는 과학과 기술이다. 임업은 생물학적, 물리학적, 사회학적, 정치학적, 경영학적 분야에 속하는 요소들을 가지고 있으며, 삼림 경영은 서식지의 생성과 수정에 필수적인 역할을 하며 생태계 서비스 제공에 영향을 미친다. 현대 임업은 일반적으로 목재, 연료 목재, 야생 동물 서식지, 자연 수질 관리, 휴양, 경관 및 공동체 보호, 고용, 생물 다양성 관리, 유역 관리, 침식 방지, 대기 이산화탄소 관리 등을 포함한다.

>> 정답과 해설 5쪽

2024학년도 수능 23번

Managers of natural resources typically face market incentives that provide financial rewards for exploitation. For example, owners of forest lands have a market incentive to cut down trees rather than manage the forest for carbon capture, wildlife habitat, flood protection, and other ecosystem services. These services provide the owner with no financial benefits, and thus are unlikely to influence management decisions. But the economic benefits provided by these services, based on their non-market values, may exceed the economic value of the timber. For example, a United Nations initiative has estimated that the economic benefits of ecosystem services provided by tropical forests, including climate regulation, water purification, and erosion prevention, are over three times greater per hectare than the market benefits. Thus cutting down the trees is economically inefficient, and markets are not sending the correct "signal" to favor ecosystem services over extractive uses.

*exploitation: 이용 **timber: 목재

- 천연자원의 관리자는 보통 이용에 대한 재정적 보상을 제공하는 시장 인센티브에 직면함
- 생태계 도움을 위해 숲을 관리하는 것은 소유자에게 재정적 이익을 제공하지 않으므로 관리 결정에 영향을 미칠 것 같지 않음
- 생태계 도움은 목재의 비시장적 가치에 근거하여 그것의 경제적 가치를 초과할 수도 있음

간접연계 문항 분석

- **공통 소재**: 임업, 수목 및 목재
- **Linking Point**: 수목과 임업이 지닌 독특한 특성에 관해 설명한 수능특강 영어 지문과 연계하여 생태계를 위해 삼림 자원을 관리하는 것의 비시장적 가치를 따져 볼 필요가 있다는 내용의 지문이 출제되었다.
- **Linking Words**: timber, resources, forest, forestry, harvest, management, exploitation, ecosystem

간접연계 Searchlight

수능특강 Focus 1

2025학년도 수능특강 영독 4강 4번 빈칸 추론

Adopting a simplistic "be positive and smile" approach may be even less feasible for leaders than for front-line service workers. Like front-line workers, leaders often experience frustrating work events, and sometimes these events may have a stronger influence on them than the organizational display rule to be positive. Perhaps of even greater concern, a simplistic display rule to be always positive may deprive mid- and lower-level leaders of the discretion they need to adopt the best emotional tone for the situation. Unlike many service workers, who often must display the same emotion (such as smiling or showing sympathy) over and over again in a fairly repetitive fashion, leaders have to display a much wider range of emotions and use considerable judgment as to which emotions best suit the situation. Consequently, organizational display rules for leaders must give them the freedom to display a wide range of emotions, and the autonomy to use considerable judgment about which emotions to display at any given time.

*feasible: 실현 가능한 **discretion: (자유) 재량(권)

**소재** 조직의 표현 규칙과 리더의 감정 표현의 자율성

**3줄 요약**

- 긍정적이고 미소를 지어야 한다는 규칙은 리더들에게 실현 가능성이 낮을 수 있음
- 긍정적이어야 한다는 규칙은 리더들에게 필요한 재량권을 박탈할 수 있음
- 조직은 리더들에게 광범위한 감정을 표현할 수 있는 자유와 어떤 감정을 드러낼 것인지에 대해 판단력을 발휘할 자율성을 주어야 함

**어휘**

simplistic 지나치게 단순화한 approach 접근 방식, 접근법 front-line 일선의, 최전선의
frustrating 불만스러운 organizational 조직의 display 표현, 전시; 보이다[드러내다]
deprive ~ of ... ~에게서 …을 박탈하다 sympathy 동정
fairly 상당히 repetitive 반복적인 considerable 상당한
judgment 판단(력) suit 적합하다 autonomy 자율성

**간접연계 출제 예상**

리더의 언어적 · 비언어적 표현의 기능, 조직에서의 감정 표현 및 조절 기술, 감정 노동으로 인한 직무 스트레스, 리더의 직원에 대한 공감 능력의 중요성 등을 다룬 내용이 출제될 수 있다.

>> 정답과 해설 6쪽

간접연계 Practice 1

24660-0005

다음 글의 주제로 가장 적절한 것은?

In many, although not all work situations, leaders obtain better results when they display positive emotions. Nonetheless, the literature on emotional labor suggests that organizations cannot simply require in a heavy-handed fashion that employees always smile and display positive emotions. Some management researchers, for example, found that convenience store clerks' emotional displays were more influenced by how busy the store was than by the organization's campaign to provide service with a smile. When the pace was hectic, cashiers did not feel like smiling and engaging in friendly chatter as suggested by the campaign. Moreover, the top-down approach overlooked the complexity of the front-line situation. The clerks correctly realized that when lines were long, customers became irritated with clerks who slowed down the checkout process by engaging in the recommended friendly chatter with customers.

① complex dynamics of displaying positive emotions in the workplace
② strategies to address the emotional challenges of being an entrepreneur
③ the relationship between employees' emotional labor and job satisfaction
④ the importance of managing front-line workers and recognizing their efforts
⑤ positive roles of customer-oriented behavior in predicting sales performance

**수능특강 2 Focus**

2025학년도 수능특강 영독 4강 10번 빈칸 추론

Identifying values and resolving conflicts is a little like gardening. To be honest, I hate gardening, but I have enough gardeners in my circle of friends and family to have a sense of what goes on with them. Gardeners work with what they've got — the soil, grown trees, the shape of the plot of land — and make it into something satisfying. For some people, this will mean a garden that produces fruit; for others, it will mean a garden that looks nice; for others, it might mean a garden that can't be ruined by cavorting dogs. Plants come into conflict: trees with dense foliage create shade in which other plants can't grow, some trees (like the black walnut) are toxic to lots of other plants, and some plants are invasive and take over everything. The gardener has to navigate these conflicts: find the best spots for the prized plants, remove the weeds, and sometimes make peace with imperfection.

*cavort: (신이 나서) 뛰어다니다 **foliage: 나뭇잎

**소재** 정원 가꾸기와 유사한 가치 확인과 갈등 해결

**3줄 요약**

- 가치를 확인하고 갈등을 해결하는 것은 정원 가꾸기와 약간 유사함
- 정원에서 자라는 식물들은 갈등 상태가 됨
- 정원을 가꾸는 사람은 이 갈등을 헤쳐 나가야 자신이 원하는 정원을 만들 수 있음

**어휘**

plot 작은 땅
satisfying 만족스러운, 만족을 주는
dense (잎이) 무성한, 밀집한, 밀도 높은
shade 그늘
toxic 독성이 있는
invasive 급속히 퍼지는, 침략적인
take over ~을 장악하다, ~을 차지하다
navigate (힘든 상황을) 헤쳐 나가다, 처리하다
prized 소중한, 가치 있는
weed 잡초
make peace with ~을 받아들이기 시작하다, ~과 화해하다

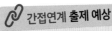

**간접연계 출제 예상**

효과적인 갈등 해결 방법, 갈등의 순기능과 역기능, 민주적 의사 결정과 의사소통, 조직 내 갈등의 원인과 관리 방법 등을 다룬 내용이 출제될 수 있다.

>> 정답과 해설 6쪽

**간접연계 Practice 2**

24660-0006

**다음 글의 밑줄 친 부분 중, 어법상 틀린 것은?**

It's easiest to see how conflict frustrates the very goals that fuel it. To put it as simply as possible, if you want to eat an apple and you want to avoid ① eating apples, one of these goals will have to be frustrated. Similarly, if my being a successful philosopher demands ② that I give up being a nice person, then I can't meet both of my goals at once. If either learning to speak Spanish ③ or learning to carve wooden ducks would take up all of your free time, then you can't do both. If being a good parent means staying at home with your child, then you cannot both be a good parent and have a demanding career. Now, learning to carve ducks may not take up all your free time, and ④ be a good parent may not mean staying at home. As we'll see, there is room for reinterpreting our goals so that they are *not* in conflict (that's part of the general solution to our problem). But my point is that if the way you conceive of your goals ⑤ puts them in conflict, then you will be less successful at meeting them.

**수능특강 3 Focus**

2025학년도
수능특강 영어
Test 3 · 24~25번
1지문 2문항

When it comes to the common belief fallacy in your own life, remember that scientists are always trying to reach better conclusions, and that is something you don't do as an individual, at least not by default, and by extension it is something your institutions are not so great at either. You don't seek out what science calls the null hypothesis. That is, when you believe in something, you rarely seek out evidence to the contrary to see how it matches up with your assumptions. That's the source of urban legends, folklore, superstitions, and all the rest. Having doubts is not your strong suit. Corporations and other institutions rarely set aside a division tasked with paying attention to the faults of the agency. Unlike in science, most human undertakings leave out a special department devoted to looking for the worst in the operation — not just a complaint department, but a department that asks if the organization is on the right path. Every human effort should systematically pause and ask if it is currently mistaken. To beat your brain, you need that department constantly operating in your cranium. You would do well to borrow from the lessons of the scientific method and apply them in your personal life. In the background, while you sew and golf and browse cat videos, science is fighting against your stupidity. No other human enterprise is fighting as hard, or at least not fighting and winning.

*fallacy: 오류 **null hypothesis: 귀무가설(기각될 것이 예상되는 가설) ***cranium: 두개골

**소재** 일반적인 믿음에 기대는 오류에 맞서는 과학

**3줄 요약**

- 인간은 어떤 것을 믿으면, 그것과 반대되는 증거를 좀처럼 찾지 않음
- 모든 인간의 노력은 체계적으로 잠시 멈추어 현재 그것이 틀렸는지 물어봐야 함
- 과학과 달리 인간 기업은 어리석음과 싸우고 있지 않음

**어휘**

| | | |
|---|---|---|
| by default 자동적으로 | by extension 더 나아가 | institution 기관 |
| assumption 가정 | urban legend 도시 괴담 | folklore 민담 |
| superstition 미신 | strong suit 장점 | corporation 기업 |
| division 부서 | task 업무를 담당하다 | undertaking 사업, 일 |
| devoted to ~에 전념하는 | operation 운영 | constantly 끊임없이 |
| browse 검색하다 | stupidity 어리석음 | enterprise 기업 |

**간접연계 출제 예상**

인간의 인지적 왜곡과 오류, 가설 검증의 절차와 방법, 개선과 혁신을 위한 조직[기업] 문화, 오해 및 오류를 바로잡는 과학의 역할 등을 다룬 내용이 출제될 수 있다.

>> 정답과 해설 7쪽

간접연계 Practice 3

24660-0007

다음 글의 제목으로 가장 적절한 것은?

The last one hundred years of research suggests that you, and everyone else, still believe in a form of naive realism. You still believe that although your inputs may not be perfect, once you get to thinking and feeling, those thoughts and feelings are reliable and predictable. We now know that there is no way you can ever know an "objective" reality, and we know that you can never know how much of subjective reality is a fabrication, because you never experience anything other than the output of your mind. Everything that's ever happened to you has happened inside your skull. Even the sensation of having an arm is projected by the brain. It feels and looks like your arm is out there in space, but even that can be a misconception. Your arm is actually in your head. Each brain creates its own version of the truth, broadly similar but infinitely different and flawed in its details.

① Your Mind Isn't Confined to Your Brain
② Do We See Objective Reality Objectively?
③ Embracing Uncertainty: Making Peace with the Unknown
④ The Illusion of the Truth Effect: Repetition Makes Lies Sound True
⑤ Objective Perception: The Key to Understanding Subjective Experience

**수능특강 Focus 4**

2025학년도 수능특강 영어 Test 1 · 7번 제목 파악

It's important to distinguish what humans are doing, in following norms, from what other animals are doing in their related patterns of behavior. An animal that decides not to pick a fight is, in most cases, simply worried about the risk of getting injured — not about some abstract "norm against violence." Likewise, an animal that shares food with animals outside of its group is typically just trying to get future reciprocity — not following some "norm of food-sharing." The incentives surrounding true norms are more complex. When we do something "wrong," we have to worry about reprisal not just from the wronged party but also from third parties. Frequently, this means the entire rest of our local group, or at least a majority of it. Big strong Albert could easily steal from weak Bob without fearing trouble from Bob himself, but in human groups, Albert would then face punishment from the rest of the community. *Collective enforcement*, then, is the essence of norms. This is what enables the egalitarian political order so characteristic of the forager lifestyle.

*reciprocity: 호혜, 상호 이익 **reprisal: 질책 ***egalitarian: 평등주의의

**소재** 인간 규범의 본질

**3줄 요약**

- 규범을 따를 때 인간의 행동과 다른 동물들의 관련 행동을 구분하는 것이 중요함
- 인간은 규범을 어기면 공동체의 나머지 구성원의 질책이나 처벌에 직면함
- 집단적 강제는 규범의 본질이며, 이것이 평등주의적 정치 질서를 가능하게 하는 것임

**어휘**

norm 규범 | abstract 추상적인 | wrong 잘못된; 부당하게 취급하다
party 당사자 | enforcement 강제, 집행 | essence 본질
forager 수렵 채집

**간접연계 출제 예상**

규범의 구속성과 개방성, 규범의 준수 요인, 규범으로부터의 일탈에 대한 제재, 문화에 따른 규범의 차이, 규범 및 일탈의 순기능과 역기능 등을 다룬 내용이 출제될 수 있다.

>> 정답과 해설 8쪽

**간접연계 Practice 4** 주어진 글 다음에 이어질 글의 순서로 가장 적절한 것은?

24660-0008

One thing that makes signaling hard to analyze, in practice, is the phenomenon of *countersignaling*. For example, consider how someone can be either an enemy, a casual friend, or a close friend.

(A) Meanwhile, close friends want to distinguish themselves from casual friends, and one of the ways they can do it is by being *unfriendly*, at least on the surface. When a close friend forgets his wallet and can't pay for lunch, you might call him an idiot.

(B) Casual friends want to distinguish themselves from enemies, and they might use signals of warmth and friendliness — things like smiles, hugs, and remembering small details about each other.

(C) This works only when you're so confident of your friendship that you can (playfully) insult him, without worrying that it will jeopardize your friendship. This isn't something a casual friend can get away with as easily, and it may even serve to bring close friends closer together.

① (A) – (C) – (B)
② (B) – (A) – (C)
③ (B) – (C) – (A)
④ (C) – (A) – (B)
⑤ (C) – (B) – (A)

# Exercise 03

2024학년도 수능특강 영어 Test 2 · 17번

Markets represent an institutional arena in which exchanges (buying and selling) of final goods and services and factors of production (labor, capital and natural resources) take place. Traditionally, economists group markets into two broad categories, namely product and factor markets. The *product market* is where the exchange of *final* goods and services occurs. In this market, demand and supply provide information about households and firms, respectively. The *factor market* refers exclusively to the buying and selling of basic resources, such as labor, capital and natural resources. In this submarket, demand imparts market information about firms and supply provides information about households. That is, households are the suppliers of labor, capital and natural resources, while firms are the buyers, and in turn use these items to produce final goods and services for the product market. Clearly, then, the roles played in the factor market by households and firms respectively <u>are the reverse of their roles in the product market</u>.

*arena: 장, 무대 **impart: 나누어 주다

- 상품 시장은 최종적인 재화와 용역의 교환이 일어나는 곳으로, 수요와 공급은 각각 가계와 기업에 관한 정보를 제공함
- 요소 시장은 기본적인 자원의 매매만을 가리키며, 수요와 공급은 각각 기업과 가계에 관한 정보를 제공함
- 가계와 기업이 요소 시장에서 수행하는 역할은 상품 시장에서 하는 역할의 정반대임

간접연계 배경지식

**요소 시장(factor market)**

요소 시장은 생산과정에 투입되는 노동, 자본, 토지 등의 생산 요소가 거래되는 시장을 의미한다. 요소 시장의 수요자와 공급자는 상품 시장과 반대여야 한다. 상품 시장 위주로 생각하면 가계는 언제나 수요자, 기업은 언제나 공급자로 여기게 된다. 하지만 수요자와 공급자는 시장에 따라 대상이 바뀔 수 있다. 요소 시장의 경우 기업은 이윤을 극대화하는 과정에서 생산 요소의 수요자가 되며, 가계는 효용을 극대화하는 과정에서 노동 같은 생산 요소의 공급자가 된다.

>> 정답과 해설 9쪽

2024학년도 수능 30번

Bazaar economies feature an apparently flexible price-setting mechanism that sits atop more enduring ties of shared culture. Both the buyer and seller are aware of each other's restrictions. In Delhi's bazaars, buyers and sellers can assess to a large extent the financial constraints that other actors have in their everyday life. Each actor belonging to a specific economic class understands what the other sees as a necessity and a luxury. In the case of electronic products like video games, they are not a necessity at the same level as other household purchases such as food items. So, the seller in Delhi's bazaars is careful not to directly ask for very high prices for video games because at no point will the buyer see possession of them as an absolute necessity. Access to this type of knowledge establishes a price consensus by relating to each other's preferences and limitations of belonging to a similar cultural and economic universe.

*constraint: 압박 **consensus: 일치

- 상점가 경제는 공유되는 문화에 기반한 유연한 가격 설정 메커니즘을 특징으로 함
- 구매자와 판매자는 다른 행위자들의 재정적 제약 및 필수품과 사치품의 판별에 대해 이해함
- 비슷한 문화적이고 경제적인 세상에 속함으로써, 서로의 선호와 한계를 관련지어 가격 일치를 형성함

간접연계 문항 분석

- **공통 소재**: 시장 경제
- **Linking Point**: 상품 시장과 요소 시장에서의 수요와 공급, 가계와 기업의 역할을 설명한 수능특강 영어 지문과 연계하여 상점가 경제는 공유되는 문화에 기반하여 구매자와 판매자가 다른 행위자의 선호와 한계를 토대로 가격을 설정한다는 내용의 지문이 출제되었다.
- **Linking Words**: market, buying and selling, demand, supply, product, household, firm, price, buyer, seller

수능특강 Focus 1

2025학년도 수능특강 영독 Mini Test 3 · 4번 함축 의미 추론

For well over 100 years, audiences have looked into rectangular screens, ignoring everything peripheral to the edges of the frame. But in recent times, the edges of the screen have been removed. Narratives now have the potential to play out anywhere we can crane our necks to glance or stare. Like in life, any place we can walk to or journey toward becomes the screen for a story. This breakthrough in storytelling is changing the way audiences engage with the moving image as well as the ways we create content — and this is only just the beginning. Virtual Reality (VR) is one of the latest developments in the remediation process that has come to define digital media. According to theorists Bolter and Grusin, this process of remediation has become integral to the ongoing progress of media, which is now constantly commenting on, reproducing, and eventually replacing itself.

*peripheral: 주변에 있는, 주변적인 **crane: (목 등을) 길게 빼다

***remediation: 재매개(새로운 미디어가 앞선 미디어 형식들을 개조하는 것)

**소재** 재매개와 스토리텔링

**3줄 요약**

- 스토리텔링의 획기적인 발전은 콘텐츠 제작 방식과 더불어 관객이 이미지와 관계 맺는 방식을 바꾸고 있음
- 가상 현실(VR)은 디지털 미디어의 특징이 된 재매개 과정에서 가장 최신의 발전 중 하나임
- 미디어는 이제 끊임없이 스스로를 비평하고, 재생산하며, 결국 바꾸고 있음

**어휘**

rectangular 직사각형의
glance 흘깃[휙] 보다
stare 응시하다
breakthrough 획기적인 발전, 돌파구
define ~의 특징이 되다, ~을 분명히 하다
theorist 이론가
integral 꼭 필요한, 필요불가결한
ongoing 진행 중인
comment 비평[논평]하다
replace 바꾸다, 교체하다

**간접연계 출제 예상**

미디어의 혁신과 스토리텔링, 현실과 환상을 가로지르는 콘텐츠의 재매개화, 가상 현실 기술과 해결 과제, 미디어의 영향력 등을 다룬 내용이 출제될 수 있다.

>> 정답과 해설 9쪽

**간접연계 Practice 1** 다음 글의 제목으로 가장 적절한 것은?

24660-0009

Entering virtual space through a VR headset is not unlike a trip to the underground. The virtual world holds possibilities beyond our natural landscape. It very well may make achievements possible that would never have been conceived in previous eras. Its dangers are equally real. Like Persephone, there may be those who begin to prefer the new world to the old, causing problems we can only imagine at this point. Still, virtual experiences may hold answers beyond those we've been able to grasp thus far in human development. VR has allowed scientists to view data in ways that have unleashed fresh insights and interpretations. The technology has allowed disabled veterans to visit war memorials, allowing emotional experiences they would have never had otherwise. The wonder seen embodied in those experiencing VR for the first time is reminiscent of the ecstasy those early rituals and mythological experiences provided according to ancient writings.

*Persephone: 페르세포네(그리스 신화의 지옥의 여왕) **reminiscent: 연상시키는

① Virtual Reality: An Emotional Trap You Must Navigate
② The Hidden Dangers of Virtual Reality You Need to Know
③ Exploring All the Science Behind Virtual Reality Training
④ Virtual Reality's Promising Horizons: Embracing Its Potential
⑤ What Happens When You've Been in Virtual Reality for Too Long?

수능특강 **2**
**Focus**

2025학년도
수능특강 영독
1강 6번
함축 의미 추론

Restoring a river in order to recover a species, whether salmon in the Columbia River Basin, or any other species in diverse ecologies around the world, requires drawing from expertise across many fields: from engineering to biology to ecology to geomorphology. River restoration is about more than just "fixing" a broken stream; it also involves everything that connects to that stream and the organisms that rely on it — in this case, the endangered salmonids as they move throughout their complex life cycles. When people in the field refer to the work of "restoration" they are usually casting a broad net. They may be including riverside and streamside habitat: the wetlands and forests and estuaries that salmon pass through at different times in their (non-ocean) lives, as well as the stream morphology: the arrangement of rocks and debris that forces the stream to move in a particular way. Restoration, therefore, also covers the geology of the river itself, along with the flow of water: the element that is most often in greatest need of being restored. As one restorationist said, their job is to "re-complexify a simplified river."

*geomorphology: 지형학 **estuary: 하구(강이 바다로 흘러 들어가는 어귀) ***debris: 암설(암석 부스러기), 잔해

**소재** 강의 복원

**3줄 요약**

- 강을 복원하는 것은 여러 분야의 전문 지식을 활용하는 것을 필요로 함
- 강의 복원 작업은 단순히 망가진 하천을 고치는 것 이상으로 많은 것과 관련이 있음
- 복원 전문가의 임무는 단순화된 강을 다시 복잡하게 만드는 것임

**어휘**

restore 복원하다
salmon 연어
basin (큰 강의) 유역
ecology 생태 환경, 생태학
draw from ~을 활용[이용]하다, ~로부터 끌어내다
expertise 전문 지식[기술]
salmonid 연어과의 물고기
cast 던지다
habitat 서식지
arrangement 배열, 배치
geology 지질학적 특징, 지질학
simplify 단순화하다

**간접연계 출제 예상**

강 유역의 생태 복원 노력, 강 수질 오염의 심각성, 서식지 파괴로 인한 물고기의 멸종 위기, 하천 복원을 위한 과학의 역할 등을 다룬 내용이 출제될 수 있다.

>> 정답과 해설 10쪽

간접연계 Practice 2

24660-0010

**다음 글에서 전체 흐름과 관계 없는 문장은?**

To most people in the Columbia River Basin who rely on natural resources in some way, environmental change is becoming increasingly apparent. ① This includes irrigators, ranchers, and farmers; dam operators, fishermen, and municipalities — but it also includes ecological restorationists. ② They are working to restore endangered salmon habitat and are being forced to adapt their scientific work and management practices in order to meet these changing conditions. ③ There is a strong consensus that these environmental changes are adding a new layer of complexity and uncertainty to ecological restoration of salmon habitat. ④ There is little doubt that the Columbia Basin's rich agricultural resources are well known at local dining room tables and restaurants. ⑤ Yet, while policy makers, scientists, and engineers all recognize that ecological restoration is critical for maintaining biodiversity and mitigating the impacts from climate change, it is still fundamentally unclear whether — and how — salmon can be recovered and their habitat restored to the Columbia River Basin.

*mitigate: 완화하다, 누그러뜨리다

수능특강 3
Focus

2025학년도
수능특강 영어
Test 2 · 20번
글의 순서

One obvious area where climbing and philosophy intersect is with regard to the normative dimension of climbing — the ethical or unethical behavior of climbers. Some of the ethical issues in climbing involve a straightforward extension of more general moral principles. (B) For example, it is wrong to lie about your climbing accomplishments because it is generally wrong to lie about accomplishments; it is wrong to needlessly endanger others at the cliff because, more generally, it is always wrong to needlessly endanger others. (C) However, other ethical issues involve factors that are unique to climbing and thus cannot be resolved by invoking broader moral rules. Is it wrong to place bolts on rappel? Is it cheating to use pre-placed gear on a traditional pitch? (A) For these sorts of questions, broader moral rules do not apply in any straightforward way, and climbers must work out for themselves what is right or wrong within the context of climbing.

*invoke: (법 등을) 적용하다 **rappel: (암벽에서) 줄을 타고 내려오기 ***pitch: (등반) 구간

**소재** 등반과 윤리

**3줄 요약**

- 등반과 철학이 교차하는 한 가지 명백한 영역은 등반의 규범적인 차원과 관련된 것임
- 등반에서의 윤리적 문제 중 일부에는 더 일반적인 도덕 원칙의 직접적인 연장이 수반됨
- 등반에 고유한 요인을 수반하는 다른 윤리적인 문제들에는 등반가들이 스스로 무엇이 옳은지 그른지 알아내야 함

**어휘**

intersect 교차하다
normative 규범적인
dimension 차원
ethical 윤리적인
straightforward 직접적인, 간단한
extension 연장
accomplishment 업적
cliff 절벽
factor 요소
gear 장비

**간접연계 출제 예상**

등산을 통해 터득할 수 있는 삶의 철학, 등반 윤리의 의미와 발전, 등산으로 인한 산림 훼손 및 폐기물 문제, 등반 규칙 준수의 중요성 등을 다룬 내용이 출제될 수 있다.

>> 정답과 해설 10쪽

간접연계 3 Practice

24660-0011

**글의 흐름으로 보아, 주어진 문장이 들어가기에 가장 적절한 곳은?**

> In most of our lives, we juggle long-term plans and short-term goals, finances, relationships, and careers.

The world of climbing is a much simpler place than the world experienced in normal life. Or, to put it more precisely, while climbing, the relevant features of the world with which one must interact are greatly reduced. ( ① ) In comparison with life in general, the goals of climbing are very straightforward and the distracting features with which one must deal are eliminated. ( ② ) None of those things are particularly relevant in the middle of a difficult climb — they are not part of that world. ( ③ ) In the simplified world of climbing, it is often absolutely obvious what one's options are and which option is the best. ( ④ ) When a climber is on, he or she knows exactly how to react and wants to do exactly what he or she should do. ( ⑤ ) It is easier, I claim, for the climber to be in sync with relevant aspects of the environment than it is for any person to even take in most of the relevant aspects of normal life.

**수능특강 4 Focus**

2025학년도
수능특강 영어
29강 1번
제목 파악

Unfortunately, as we age, we tend to avoid vulnerability by avoiding change, so our learning opportunities are reduced and new learning slows. We've all had the experience of a reunion with an old friend, when listening to them saying how they've been, noticing how he or she has held onto some old beliefs that we discarded long ago. Probably the friend has not put himself into a state of vulnerable openness for a long time. Personal growth involves trying out new behaviors, attitudes, and beliefs. Trying out something makes us vulnerable to failure and ridicule. When learning, we make mistakes, we look foolish — even absurd. Who likes that? Willingness to take chances in life, to try new experiences, challenges or activities — even though the outcome is unsure — demands being vulnerable while doing so. Open-mindedness is one of those activities that we must do deliberately, because we are naturally inclined to avoid the vulnerability it entails.

*vulnerability: 취약성 **discard: 버리다

**소재** 성장을 위한 취약성의 필요성

**3줄 요약**

- 변화와 취약성을 피하는 경향 때문에 우리의 학습 기회는 줄어들고 새로운 학습이 느려짐
- 결과가 불확실해도 새롭게 도전해 보려는 자발성은 취약한 상태에 있는 것을 필요로 함
- 우리는 의도적으로 개방적인 태도를 가지려고 해야 함

**어휘**

reunion 재회, (오랫동안 못 본 사람들의) 친목 모임
openness 개방성
ridicule 조롱
absurd 터무니없는, 우스꽝스러운
willingness 자발성
deliberately 의도적으로
inclined to *do* ~하는 경향이 있는
entail 수반하다

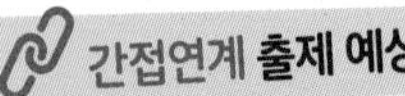

**간접연계 출제 예상**

변화를 두려워하는 이유와 극복 노력, 불확실성과 변화에 대처하는 전략, 불확실성의 회피와 수용의 정도 차이, 도전 정신과 혁신적 사고의 중요성 등을 다룬 내용이 출제될 수 있다.

>> 정답과 해설 11쪽

간접연계 Practice 4

24660-0012

**다음 글의 주제로 가장 적절한 것은?**

Assumptions of all kinds interfere with thinking for yourself; but assumptions are impossible to avoid. In fact, we must make assumptions in order to function in everyday life. If a bus with a certain destination arrives at a bus stop, it makes sense to assume it is going to that destination. If someone with a weapon comes at you from an alley, it is basic self-preservation to assume the person is dangerous. If you go to a doctor's office and see diplomas on the walls, it is reasonable to assume they are genuine. But even in these cases, it is helpful to think back later and realize how many assumptions you made, without thinking about them. Assumptions "grease the skids" of everyday life, but they can interfere with the smooth operation of our thoughts when we question authority. Indeed, authorities frequently rely on assumptions, spoken or unspoken, to be sure that people "go along to get along," that conformity is seen as the best option and that thinking for yourself appears weird and worthy of ostracism.

*grease the skids: 일이 매끄럽게 진행되도록 돕다 **ostracism: 배척

① subtle differences between assumptions and hypotheses
② importance of asking questions in developing thinking skills
③ inevitability of assumptions and their influence on our thinking
④ effects of conformity on an individual's ability to think critically
⑤ reasons relying on assumptions is indispensable to human existence

# Exercise 04

2024학년도 수능특강 영독 9강 11번

Over a century of psychological research has shown that memory is constructive and reconstructive. In contrast to lay notions, scientists know from extensive research that memory does not work like a recording device. All memories, including special event memories, are mediated by similar cognitive processes. A special event may be better remembered by witnesses in that the gist of the information, as well as some core details of the event, might be recalled relatively well. However, special memories are malleable, subject to distortion, and affected by the damaging effects of forgetting, just like everyday memories are. Psychologists have been able to identify a number of socio-cognitive factors that can negatively affect memory and <u>undermine</u> its reliability. In the context of these factors, there are individual differences that make some witnesses more susceptible to false memories.

*lay: 비전문적인, 문외한의 **gist: 요지 ***malleable: 잘 변하는

---

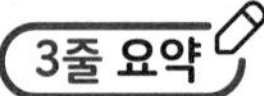


- 기억은 기록 장치처럼 작동하지 않음
- 특별한 기억도 일상의 기억과 마찬가지로 변하고 왜곡되기 쉬움
- 심리학자들이 기억을 믿지 못하게 하는 사회 인지적 요인을 밝혀냄

간접연계 배경지식

**인지 심리학(cognitive psychology)**

인간의 여러 가지 고차원적 정신 과정의 성질과 작용 방식의 해명을 목표로 하는 과학적 · 기초적 심리학의 한 분야로, 생각하고 기억하고 추리하고 계산하는 등 인간의 많은 정신 활동의 내적 메커니즘을 밝히고자 한다.

>> 정답과 해설 12쪽

2024학년도 9월 모의평가 41~42번

One reason we think we forget most of what we learned in school is that we underestimate what we actually remember. Other times, we know we remember something, but we don't recognize that we learned it in school. Knowing where and when you learned something is usually called context information, and context is handled by different memory processes than memory for the content. Thus, it's quite possible to retain content without remembering the context.

For example, if someone mentions a movie and you think to yourself that you heard it was terrible but can't remember where you heard that, you're recalling the content, but you've lost the context. Context information is frequently easier to forget than content, and it's the source of a variety of memory illusions. For instance, people are unconvinced by a persuasive argument if it's written by someone who is not very credible (e.g., someone with a clear financial interest in the topic). But in time, readers' attitudes, on average, change in the direction of the persuasive argument. Why? Because readers are likely to remember the content of the argument but forget the source — someone who is not credible. If remembering the source of knowledge is difficult, you can see how it would be easy to conclude you don't remember much from school.

*illusion: 착각

- 우리는 우리가 실제로 기억하는 것을 과소평가함
- 맥락 정보는 내용보다 잊어버리기 더 쉬움
- 지식의 출처를 기억하기 어려우므로 학교에서 배운 내용을 기억하지 못한다는 결론을 내림

**간접연계 문항 분석**

- **공통 소재**: 기억
- **Linking Point**: 기억력에 부정적인 영향을 미치는 사회 인지적 요인이 있음을 말하는 수능특강 영어 지문과 연계하여 우리가 학교에서 배운 것 대부분을 잊어버린다고 생각하는 이유를 맥락 정보의 기억이 어렵다는 내용의 지문이 출제되었다.
- **Linking Words**: memory, process, remember, information, recall, forget

간접연계 Searchlight

수능특강 Focus 1

2025학년도
수능특강 영어
Test 3 · 20번
글의 순서

A gene can increase in frequency by making its bearers more likely than nonbearers to perform some fitness-enhancing behavior. (B) For example, females of many species choose a mate based on the quality of male courtship displays. If the courtship displays of males differ in quality and a genetic difference underlies the display difference, the gene for the superior display will increase in frequency. Of course, courtship behaviors are not the only behaviors that affect fitness. (C) If parents differ in the quantity of care they give to their offspring, if the quantity of care affects the viability of offspring, and if a genetic difference underlies this difference in parental care, then the gene for higher quantity care will increase in frequency. (A) So, as long as a gene makes some fitness-enhancing behavior more likely, that gene will increase in frequency in a population, and as a result the behavior may increase in frequency as well. For this reason, biologists frequently say that, from the standpoint of evolutionary biology, "behavioral traits are like any other class of characters."

*courtship: 구애 **viability: 생존 능력

**소재** 적합성 향상과 유전자 빈도

**3줄 요약**

- 유전자 빈도는 적합성 향상 행동에 영향을 미칠 때 증가함
- 구애 표현의 질과 자녀 돌보기의 양도 적합성 향상에 영향을 미쳐 유전자 빈도가 증가함
- 적합성 향상 행동과 유전자의 빈도는 상관관계가 있음

**어휘**

frequency 빈도, 횟수
bearer 보유자
fitness 적합성, 적응도
underlie (~의) 기초가 되다
superior 우월한
offspring 자녀, (동물의) 새끼
parental care (부모의) 자녀 돌보기
frequently 빈번히
standpoint 관점, 견지
class 부류, 종류

**간접연계 출제 예상**

유전자와 행동의 상호 작용, 유전적 변이와 인간 행동의 다양성, 환경 변화와 유전적 변이 사이의 관계, 유전자가 문화와 인간 행동에 미치는 영향, 유전자 결정론 등에 관한 내용의 지문이 출제될 수 있다.

>> 정답과 해설 13쪽

**간접연계 Practice 1**

24660-0013

**(A), (B), (C)의 각 네모 안에서 어법에 맞는 표현으로 가장 적절한 것은?**

A fitness-enhancing behavior may not actually increase in frequency in a population. This is (A) [because / because of] the external conditions to which the behavior is reactive may *decrease* in frequency, even if only temporarily. If this happens, behavior that provides a selective advantage one generation may actually be less frequent in the next generation. Suppose that there is selection for stotting in a gazelle population, which increases the frequency of the gene for stotting, but that the population of gazelle predators (B) [are / is] suddenly wiped out by some natural disaster. Gazelles would then cease stotting, but only because the external conditions (C) [which / to which] stotting is a response would be lacking, not because the population would no longer be composed of gazelles with a disposition to stott. Indeed, because of the selection for stotting, more gazelles would possess the proximate mechanism that underlies the disposition to stott, so more gazelles would possess the tendency to stott when they see a predator. They just wouldn't see predators.

*stott: 껑충껑충 뛰다

| | (A) | | (B) | | (C) |
|---|---|---|---|---|---|
| ① | because | …… | is | …… | to which |
| ② | because | …… | is | …… | which |
| ③ | because | …… | are | …… | to which |
| ④ | because of | …… | is | …… | to which |
| ⑤ | because of | …… | are | …… | which |

**수능특강 Focus 2**

2025학년도
수능특강 영어
6강 1번
주제 파악

There are disturbing changes underway in today's school systems. Funding is frequently tied to scores achieved on standardized tests, which primarily evaluate rote memory. Teaching "to" tests like these inevitably focuses resources and curriculum on the lower-scoring students. The pressure to bring up test scores for these struggling students limits time for the kinds of individualized learning that challenges all students to reach their highest potential, and teachers have less opportunity to encourage creative thinking and incorporate hands-on activities. When education is not enriched by exploration, discovery, problem solving, and creative thinking, students are not truly engaged in their own learning. Because teachers are required to emphasize uninspiring workbooks and drills, more and more students are developing negative feelings about mathematics, science, history, grammar, and writing. Opportunities to authentically learn and retain knowledge are being replaced by instruction that teaches "to the tests."

*rote memory: 기계적 암기 **authentically: 진정으로

**소재** 표준화 시험 위주 교육의 문제점

**3줄 요약**

- 표준화 시험 점수를 기반으로 재정 지원을 함
- 점수를 올려야 한다는 압박감이 워크북과 반복 학습만을 강조하게 됨
- 학생들은 학습에 대해 부정적인 감정을 가지게 됨

**어휘**

disturbing 불안한, 어지럽히는
standardized test 표준화 시험
inevitably 필연적으로, 불가피하게
incorporate 포함하다, 통합하다
uninspiring 흥미를 주지 않는
retain 기억하다, 간직하다
underway 진행 중인
primarily 주로
struggling 힘겨워하는, 분투하는
hands-on 체험하는
workbook 워크북, 학습장
funding 재정 지원, 자금 제공
evaluate 평가하다
challenge 장려하다, 북돋우다
be engaged in ~에 참여하다
drill 반복 학습, 훈련

**간접연계 출제 예상**

교육과 창의성의 연관성, 교육이 개인의 삶에 미치는 영향, 학습 방식과 교육 목표를 재조정하는 방법, 학습과 평가 간의 괴리, 학생들의 창의성과 실질적인 학습을 측정하는 방법, 개별화된 학습 경험을 촉진하고 창의성을 장려하는 방법 등에 대한 내용을 담은 지문이 출제될 수 있다.

>> 정답과 해설 13쪽

**간접연계 Practice 2**

24660-0014

**다음 글의 제목으로 가장 적절한 것은?**

Children are naturally curious and have magnificent senses of wonder. They want to learn and explore. Often starting at age three or four, especially if they have older siblings, children look forward with great excitement to the day they start school. Once they begin, however, many no longer see it as a wondrous place. Children often begin to begrudge the time spent in school and resent having to do homework. How sad that is. It doesn't have to be that way. Strategies that incorporate brain-based learning research can take children's natural curiosity and enthusiasm and build upon them to enrich their minds and sustain their inherent love of learning. When you become active in your child's education, you can supercharge classroom lessons to connect with your child's individual needs, gifts, and challenges. Learning can become active and include creative exchanges of ideas. You can bring life back into your child's learning while helping her build the critical thinking, problem solving, and reasoning skills that are being sacrificed with a rote memorization approach to teaching.

*begrudge: 아까워하다 **resent: 몹시 싫어하다

① Parents' Influence on Developing School Curriculums
② Foundation of Curiosity: Teaching by Rote Memorization
③ Keep Your Child's Natural Enthusiasm for Learning Alive
④ Reasons to Doubt the Effectiveness of Brain-Based Learning
⑤ Avoiding the Negative Impact of Siblings on School Enthusiasm

수능특강 3 Focus

2025학년도 수능특강 영어 21강 2번 빈칸 추론

If the United States has one of the easiest geographies to develop, Mexico has one of the most difficult. The entirety of Mexico is in essence the southern extension of the Rocky Mountains, which is a kind way of saying that America's worst lands are strikingly similar to Mexico's best lands. As one would expect from a territory that is mountain-dominated, there are no navigable rivers and no large cohesive pieces of fertile land like the American Southeast or the Columbia valley, much less the Midwest. Each mountain valley is a sort of fastness where a small handful of oligarchs control local economic and political life. Mexico shouldn't be thought of as a unified state, but instead as a collage of dozens of little Mexicos where local power brokers constantly align with and against each other (and a national government seeking — often in vain — to stitch together something more cohesive). In <u>its regional disconnectedness</u>, Mexico is a textbook case that countries with the greatest need for capital-intensive infrastructure are typically the countries with the lowest ability to generate the capital necessary to build that infrastructure.

*cohesive: 응집된, 결합력이 있는 **oligarch: 과두 정치 독재자 ***infrastructure: 사회 기반 시설

**소재** 멕시코의 지형과 지역적 단절

**3줄 요약**

- 멕시코는 배가 다닐 수 있는 강이나 넓은 비옥한 땅이 없음
- 전체가 통일되지 못하고 지역별로 쪼개진 지형은 정치 지형에도 반영됨
- 지역적으로 단절되었기에, 사회 기반 시설 구축에 필요한 자본을 얻기가 어려움

**어휘**

geography 지형
entirety 전체
extension 연장, 확대
strikingly 눈에 띄게
territory 지역, 지형
mountain-dominated 산악 지대가 많은
navigable 배가 다닐 수 있는
fertile 비옥한
much less ~은 말할 것도 없고
fastness 요새
unified 통일된
collage (여러 가지 것들의) 모음, 콜라주
power broker 실세, 유력 인사
align with ~과 손을 잡다, ~과 동조하다
in vain 헛되이
stitch together ~을 만들어 내다, ~을 봉합하다
capital-intensive 자본 집약적인

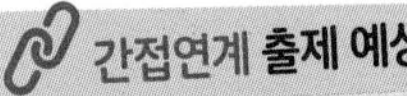

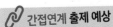

멕시코나 미국의 사례를 들면서, 국가 내 지역 간의 다양성이 국가적 발전에 미치는 영향, 지역 간의 협력과 갈등이 국가적 통합에 미치는 영향, 국가 내 특정 지형적 장애가 정치적 의사결정에 미치는 영향, 지역 리더십이 국가의 정책과 방향성을 형성하고 이끌어가는 방식 등에 대한 지문이 출제될 수 있다.

>> 정답과 해설 14쪽

## 간접연계 Practice 3

24660-0015

**다음 글의 밑줄 친 부분 중, 문맥상 낱말의 쓰임이 적절하지 않은 것은?**

As hard as it is to conceive of a credible military threat to the United States arising in North America, coming up with one from beyond the continent strains the imagination. The oceans serve as fantastic buffers, sharply ① limiting unwanted interaction with the larger populations of Europe and East Asia. As leaders like Napoleon and Hirohito learned, attacking over water proves a bit of a logistical ② challenge. An amphibious assault requires military infrastructure, equipment, and training that has ③ invaluable use in any sort of military operation *except* an amphibious assault. For countries like France or Germany or Russia that are perennially concerned about the security of their land borders, simply having an amphibious assault capacity — much less attempting an assault — is a ④ luxury that they cannot typically afford. At the height of its power Nazi Germany abandoned plans to invade Great Britain due to the difficulty of ⑤ crossing the English Channel, a body of water but twenty-one miles across at its narrowest point. The shortest distance from Europe to the United States is over three thousand.

*logistical: 병참의, 수송의 **amphibious assault: 상륙 강습 ***perennially: 영원히, 계속

수능특강 **4**
**Focus**

2025학년도
수능특강 영어
7강 4번
제목 파악

When Galileo rolled the balls down the inclined plane, he didn't merely look and see what happened. He very carefully measured the distance traveled and the time it took to travel that distance. From these measurements, he calculated the speed of travel. What he came up with was a mathematical equation relating numerical quantities. We can imagine that when he observed the moons of Jupiter, he didn't merely see some spots at various different places from night to night: he kept track of where the spots were, compared their positions from night to night, and perhaps did some calculations intended to compute what path they were traveling, to find out that their change in apparent position was consistent with their being bodies moving around Jupiter. Similarly, in my hypothetical bird experiment I imagined myself as a budding junior scientist weighing the stuff I put into the cage and calculating percentages by weight of what was eaten. It's obvious: numbers are important to science. Scientists measure and calculate; they don't just observe.

**소재** 과학에서 중요한 것

**3줄 요약**

- 갈릴레오는 경사면 실험에서 관찰뿐만 아니라 측정값으로 계산을 수행함
- 갈릴레오는 목성의 위성을 관찰하고 그것의 시위치 변화를 예측하는 계산을 수행함
- 과학에는 숫자가 중요하며, 과학자는 관찰뿐만 아니라 측정과 계산을 수행함

**어휘**

inclined 경사진, 기운 | plane 면, 평면 | calculate 계산하다
come up with ~을 생각해 내다 | equation 방정식 | numerical 수의, 숫자로 나타낸
quantity 양, 수량 | moon (행성의 주위를 도는) 위성 | compute 산출하다, 계산하다
apparent position 시위치(지구에서 볼 때, 천구(天球) 안에 놓이는 천체들의 겉보기 위치)
be consistent with ~과 일치하다 | hypothetical 가상의, 가설의 | budding 신예의, 신진의

**간접연계 출제 예상**

과학적 방법론에서 수치 측정과 계산이 이론을 검증하고 예측하는 방식, 이론적 가설을 검증하는 데 있어서 과학 실험과 측정의 중요성, 실험 결과와 측정된 데이터를 해석하는 방식, 과학 이론이 실험과 상호 작용하여 진화하고 발전한 역사, 과학에서 측정과 데이터 수집에서의 윤리적 고려 사항, 과학 정보의 공익적 해석과 활용 등에 대한 지문이 출제될 수 있다.

>> 정답과 해설 15쪽

간접연계 Practice **4** **다음 글의 요지로 가장 적절한 것은?**

24660-0016

In Bertolt Brecht's 'Life of Galileo,' a mathematician who suggested to Galileo that something was wrong with his telescope was basing his view on his prior assumption that there just couldn't be moons going around Jupiter. This is, of course, objectionable closed-mindedness. But note that the alternative to this is not that we should discard every past belief we've ever taken for granted, and merely look. Galileo's observation meant to him that there were moons around Jupiter only *given* his assumption that his telescope really was showing him accurate pictures of things far away, invisible to the naked eye. If Galileo had discarded the assumption about what telescopes do, and the assumption that his was working right, then his experience of looking through the telescope would have meant nothing to him. It can't be that we're supposed to come to each scientific observation completely devoid of any prior belief; if we did, no observation would mean anything at all.

*devoid of: ~이 전혀 없는

① 과학적 관찰에는 사전 믿음과 가정이 동반되기 마련이다.
② 과학은 객관적인 관찰과 실험을 통해 우리의 이해를 확장한다.
③ 실패를 통해 우리는 과학적 관찰의 방향을 더 정확하게 조정할 수 있다.
④ 책임감 있는 과학 연구는 인류의 복지를 증진시키는 핵심 도구로 작용한다.
⑤ 과학적 측정을 통해 불확실성을 최소화하면 신뢰할 수 있는 결과를 얻을 수 있다.

# Exercise 05

2024학년도 수능특강 영독 2강 7번

The laser is an example of the underrating of the practical implications of a scientific discovery. When Arthur Schawlow and Charles Townes published their seminal paper describing the principle of the laser in *Physical Review* in 1958, it produced considerable excitement in the scientific community and eventually won them Nobel Prizes. However, neither these authors nor others in their group predicted the enormous and diverse practical implications of their discovery. Lasers, apart from their many uses in science, have enabled the development of fast computers, target designation in warfare, communication over very long distances, space exploration and travel, surgery to remove brain tumors, and numerous everyday uses — bar-code scanners in supermarkets, for example. Schawlow frequently expressed strong doubts about the laser's practicality and often quipped that it would be useful only to robbers for safecracking. Yet advances in laser technology continue to make news to this day.

*seminal: (앞으로의 일에) 중대한, 영향력이 큰 **tumor: 종양 ***quip: 빈정대다

---

**3줄 요약**

- Arthur Schawlow와 Charles Townes가 레이저의 원리를 설명하는 논문을 발표함
- 당시 대다수는 레이저의 실용성에 대해서는 예측하지 못함
- 오늘날 레이저는 많은 분야에서 다양한 용도로 사용됨

**간접연계 배경지식**

**레이저(Laser)**

'복사의 자극 방출에 의한 빛의 증폭'을 의미하는 Light Amplification by the Stimulated Emission of Radiation의 앞 글자를 딴 말이다. 인공 루비 등을 자극하여 분자 또는 원자 구조 속에 축적되어 있는 에너지를 방사시켜 강력한 빛을 발생시키는 장치로, 금속 가공, 통신 및 우라늄의 농축이나 핵융합 반응에도 이용되고 있다. 1958년 Bell 전화 연구소의 Schawlow와 Townes가 유도 방출에 의한 마이크로파의 증폭과 같은 원리로 광의 증폭 · 발진 현상이 일어난다고 논리적으로 지적하여 1960년 Hughes사의 Maiman이 루비를 사용하여 최초로 레이저 발진 실험에 성공하였다.

>> 정답과 해설 16쪽

2024학년도 수능 26번

Charles H. Townes, one of the most influential American physicists, was born in South Carolina. In his childhood, he grew up on a farm, studying the stars in the sky. He earned his doctoral degree from the California Institute of Technology in 1939, and then he took a job at Bell Labs in New York City. After World War II, he became an associate professor of physics at Columbia University. In 1958, Townes and his co-researcher proposed the concept of the laser. Laser technology won quick acceptance in industry and research. He received the Nobel Prize in Physics in 1964. He was also involved in Project Apollo, the moon landing project. His contribution is priceless because the Internet and all digital media would be unimaginable without the laser.

---

- Charles H. Townes는 South Carolina에서 태어나 별을 연구하며 성장함
- Townes는 동료 연구자와 함께 레이저의 개념을 제안하고 아폴로 계획에 관여함
- 레이저는 널리 사용되기 때문에 Charles H. Townes의 공헌이 큼

**간접연계 문항 분석**

- **공통 소재**: Charles Townes
- **Linking Point**: Arthur Schawlow와 Charles H. Townes가 발견한 레이저가 당시에는 그 용도를 예측하지 못한 사람들이 있었지만 현재는 많은 곳에서 유용하게 사용되고 있다는 수능특강 영어 지문과 연계하여 레이저의 개념을 제안한 Charles H. Townes의 생애를 다루는 내용의 지문이 출제되었다.
- **Linking Words**: laser, Nobel Prize, technology

간접연계 Searchlight

수능특강 Focus 1

2025학년도 수능특강 영어 17강 1번 요약문 완성

Consider a bar of soap, the kind you keep by the bathroom sink to wash your hands and face. How much meaning could such an innocuous object contain? While it may be tempting to answer "not much," or even "none," in fact, even soap can embody a rich set of symbols. Think about a particular brand of soap. By itself, that soap cleans like any other soap. But through some clever marketing, packaging, and advertising, the brand immerses its soap in a complex set of messages about the environment, personal empowerment, and progressive politics. The brand's website even says, "We are committed to animal protection, environmental protection and respect for human rights." These meanings allow the brand's customers to do more with the soap than just clean their faces: By using these products, they can make a statement about what kind of person they are and what kind of politics they embrace.

*innocuous: 눈에 띄지 않는, 재미없는 **immerse: 담그다

**소재** 일상 제품도 가질 수 있는 상징적 의미

**3줄 요약**

- 비누조차도 다양한 상징을 담을 수 있음
- 마케팅, 포장, 광고를 통해 상품 속에 복합적 메시지를 끌어넣음
- 해당 제품을 사용하는 것으로써 소비자는 자신의 생각을 표현할 수 있음

**어휘**

tempting 하고 싶은 마음이 드는, 유혹하는
embody 담다, 구현하다
empowerment 자율권, 권한 부여
progressive 진보적인
be committed to ~에 매진하다
make a statement 자신의 생각을 표현하다
embrace 수용하다, 받아들이다

**간접연계 출제 예상**

제품이나 브랜드의 상징적 메시지가 소비자들의 인식과 태도에 미치는 영향, 기업의 마케팅 전략이 사회적 메시지를 포함하는 방식, 소비문화가 제품과 브랜드의 의미를 형성하는 방식, 제품이나 브랜드가 소비자의 정치적 신념이나 가치관을 반영하는 방식, 소비자들의 제품 선택에 영향을 미치는 개인적인 신념, 가치관, 정치적 성향 등에 대한 지문이 출제될 수 있다.

>> 정답과 해설 16쪽

간접연계 Practice 1 다음 빈칸에 들어갈 말로 가장 적절한 것은?

24660-0017

Some commodities are imbued with meanings that appear to be much more "personal" and "private." For instance, as part of a long-term marketing campaign, the producers of a peanut butter product state, in their advertising and on their Web site, that "Choosy Moms Choose Us." It seems that peanut butter offers a way for mothers to deepen their personal relationship with their children, and so in the "Mom Advisor" section the Web site provides a number of suggestions for "great bonding moments" when mothers are spending time in the kitchen with their kids. The deeply personal connection that moms have with their children has somehow gotten mixed up with peanut butter. And while viewers know right away what choosy moms choose, they must click a number of times to get through the Web site and learn about the nutritional aspects of the peanut butter product. The entire marketing campaign is about ______________________________ rather than the commodity itself. Motherhood is used to sell peanut butter.

*imbue: 가득 채우다

① the packaging and design of the product
② the personal relationships of the consumer
③ the marketplace's popular trends and innovations
④ the human resources in the marketing department
⑤ the personal and private information of customers

**수능특강 Focus 2**

2025학년도
수능특강 영어
13강 2번
빈칸 추론

Several different strategies will be used to get us to buy. For new products, marketers want to motivate us to try their product, so the job is to advertise it as much as possible to get the word out. With an established product, marketers will either want us to try it again (reminder advertising), or they may try to get us to consume more of their product. A good way to do this is to provide new uses. One brand of baking soda is a good example. After women entered the job market en masse in the 1960s and there was less time for baking, the company promoted using the product to keep the freezer and refrigerator smelling clean — and to change the box every three months. Or when women started earning significant salaries and getting married later, the diamond industry started selling diamond rings to women, claiming that the left hand is for "we" and the right is for "me."

*en masse: 대거, 집단으로

**소재** 판매 촉진을 위한 새로운 용도 제공

**3줄 요약**

- 제품 판매를 촉진하기 위한 다양한 전략이 있음
- 새로운 용도를 소비자에게 제공하는 것도 전략임
- 베이킹 소다와 다이아몬드 업계의 예시

**어휘**

get the word out 입소문을 퍼뜨리다 established 자리를 잡은 promote 홍보하다
freezer 냉동고 refrigerator 냉장고 significant 상당한

**간접연계 출제 예상**

다양한 마케팅 전략이 소비자들의 구매 행동에 미치는 영향, 제품의 용도를 변화시켜서 소비자들의 관심과 수요를 변화시키는 홍보 전략의 사례, 소비자들의 생각과 행동에 영향을 미치는 광고, 마케팅이 사회적 가치를 강조하고 활용하는 방식, 소비문화가 제품과의 연계를 형성하는 현상 등에 대한 지문이 출제될 수 있다.

간접연계 **2** Practice

24660-0018

**글의 흐름으로 보아, 주어진 문장이 들어가기에 가장 적절한 곳은?**

In the automotive segment, competition also exists, but the need to advertise comes from a different motivation.

In the United States, cellphone carriers are constantly in a heated competitive environment. ( ① ) This leads to significant advertising spending, with each company trying to beat out the other with deals like paying customers to change carriers or reducing the cost of a new phone to next to zero, thus significantly reducing switching costs for customers. ( ② ) The battle heated up even more as telecom companies began eliminating annual contracts. ( ③ ) Cars are a high-end product and, unlike toothpaste or soda, are an infrequent purchase. ( ④ ) Because there is no designated season for car buying (other than what the industry has created), there is the need to be visible to consumers whenever they come into the market to buy a car. ( ⑤ ) Therefore, car manufacturers want to make sure that they are always in the prospective buyer's consideration set, which means having a continual advertising presence.

*carrier: (전화나 인터넷 서비스를 제공하는) 회사

**consideration set: 고려 집합(특정 제품 클래스 내의 모든 브랜드 중 소비자들이 채택할 만하다고 고려하는 브랜드의 그룹)

수능특강 3 Focus

2025학년도 수능특강 영어 13강 3번 빈칸 추론

When kids feel forced to do things — or are too tightly regulated in the *way* they do things — they're likely to become less interested in what they're doing and less likely to stick with something challenging. In an intriguing experiment, parents were invited to sit on the floor next to their very young children — not even two years old — who were playing with toys. Some of the parents immediately took over the task or barked out instructions ("Put the block in. No, not there. *There*!") Others were content to let their kids explore, providing encouragement and offering help only when it was needed. Later, the babies were given something else to play with, this time without their parents present. It turned out that, once they were on their own, those who had controlling parents were apt to give up more easily rather than trying to figure out how the new toy worked.

*intriguing: 아주 흥미로운

**소재** 통제하는 부모를 둔 아이들의 성향

**3줄 요약**

- 아이들은 엄격하게 통제받으면 도전적인 일을 더 적게 함
- 한 실험에서 장난감을 가지고 노는 아이에게 일부 부모는 지시를 내리고, 일부 부모는 지시를 내리지 않음
- 부모로부터 지시를 받은 아이들은 새로운 장난감을 가지고 노는 방법을 알아내는 것을 쉽게 포기함

**어휘**

| | | |
|---|---|---|
| tightly 엄격하게 | regulate 통제[규제]하다 | stick with ~을 계속하다 |
| challenging 도전적인, 힘든 | take over ~을 인계받다 | bark out ~을 큰 소리로 외치다 |
| instruction 지시 사항 | content 만족한 | explore 탐색하다 |
| encouragement 격려 | be apt to *do* ~하는 경향이 있다 | figure out ~을 알아내다 |

**간접연계 출제 예상**

어린이들에게 통제와 자율성을 주는 것이 동기 부여와 성장에 미치는 영향, 부모가 아이들의 자율성을 존중하면서 양육하는 방법, 통제적인 환경과 탐구적인 학습 사이의 상호 작용, 학교 현장에서 아이들에게 자율성을 부여하면서도 교육 목표를 달성하는 방안 등에 관한 내용의 글이 출제될 수 있다.

>> 정답과 해설 17쪽

**간접연계 Practice 3**

24660-0019

**다음 글의 제목으로 가장 적절한 것은?**

Two nutritionists in Illinois conducted a fascinating experiment a few years ago. They observed 77 children between the ages of two and four, and also learned how much their parents attempted to control their eating habits. They discovered that those parents who insisted their children eat only during mealtimes (rather than when they were hungry), or who encouraged them to clean their plates (even when they obviously weren't hungry), or who used food (especially desserts) as a reward wound up with children who lost the ability to regulate their caloric intake. Some of the parents appeared to have their own issues with food, which they were in the process of passing on to their kids. But whatever the reason for their excessive control, it was beginning to take its toll even before some of these children were out of diapers. The children had "few opportunities to learn to control their own food intake" and came to stop trusting their bodies' cues about when they were hungry. One result: Many of them were already starting to get fat.

*take its toll: 피해를 주다

① How to Ensure Children Develop Healthy Eating Habits
② Experiments on Parental Influence on Children's Table Manners
③ The Impact of Using Food as Rewards on Children's Eating Behaviors
④ The Benefits of Strict Mealtimes and Parents' Demands for Clean Plates
⑤ The Danger of Excessive Parental Control over Children's Eating Habits

**수능특강 4 Focus**

2025학년도 수능특강 영어 12강 2번 어휘

Social psychologist Irving Janis recognized the problems of groupthink, but felt that it could be avoided. It is most likely to develop when team spirit becomes more important than the opinions of individual members. It's also likely to form if the group is made up of like-minded people to begin with, and if they are faced with a difficult decision. To prevent groupthink, Janis proposed a system of organization that encourages independent thinking. The leader of the group should appear to be impartial, so that members do not feel any pressure to obey. Furthermore, he or she should get the group to examine all the options, and to consult people outside the group, too. Disagreement, Janis argued, is actually a good thing, and he suggested that members should be asked to play "devil's advocate" — introducing an alternative point of view in order to provoke discussion. In addition to ensuring that the group comes to more rational and fair decisions, allowing members to retain their individuality creates a healthier team spirit than the state of groupthink, which results from conformity and obedience.

*groupthink: 집단 순응 사고 **provoke: 일으키다, 유발하다

**소재** 집단 순응 사고

**3줄 요약**

- 집단 순응 사고가 형성되는 조건이 있음
- 집단 순응 사고를 방지하기 위해 Janis는 독립적인 사고를 장려하는 조직 체계를 제안함
- 자신의 개성을 유지하는 것이 집단 순응 사고보다 더 건강한 팀 정신을 만듦

**어휘**

recognize 인식하다 opinion 의견 prevent 방지하다, 막다
independent 독립적인 impartial 공정한 obey 복종하다
consult 상의하다
devil's advocate 악마의 변호인((열띤 논의가 이뤄지도록) 일부러 반대 입장을 취하는 사람)
alternative 대안의 rational 합리적인 retain 유지하다
conformity 순응 obedience 복종

**간접연계 출제 예상**

리더가 독립적 사고를 장려하고, 집단적 의사 결정을 공정하게 이끌어 가는 방법, 집단 내 의견 다양성이 결정에 미치는 영향, 집단적 순응을 억제하고 보다 건강한 의사 결정과 팀 정신을 유도하는 방법, 집단 내 의견의 다양성을 존중하며 토론을 이끌어 내는 필요성 등과 관련된 내용의 지문이 출제될 수 있다.

>> 정답과 해설 18쪽

**간접연계 Practice 4**

24660-0020

**(A), (B), (C)의 각 네모 안에서 어법에 맞는 표현으로 가장 적절한 것은?**

Our natural desire to conform can help a group reach agreements and build team spirit, but it has a negative side, too. Social psychologist Irving Janis pointed out that this need for conformity can lead to a loss of individuality. Group members may feel that they should go along with what the others think, and there can be an element of obedience as well as conformity, (A) [when / which] individuals feel pressure to accept the decisions of the group. There is then a danger of what sociologist William H. Whyte called "groupthink"— when the pressure (B) [conforms / to conform] overrides independent critical thinking. Individual members of a group not only go along with the decisions of the group; they also come to believe that these decisions are always right, and sometimes bad decisions are unanimously endorsed. Another risk is that members begin to feel that their group can do no wrong and is better than other groups, (C) [causing / caused] conflict between "in-groups" and "out-groups."

*unanimously: 만장일치로 **endorse: 지지하다

| | (A) | | (B) | | (C) |
|---|---|---|---|---|---|
| ① | when | …… | to conform | …… | causing |
| ② | when | …… | conforms | …… | causing |
| ③ | when | …… | to conform | …… | caused |
| ④ | which | …… | conforms | …… | caused |
| ⑤ | which | …… | to conform | …… | caused |

# Exercise 06

## 간접연계 History

2024학년도 수능특강 영어 Test 2 · 19번

We know that negotiators often assume a situation is distributive and therefore competitive when indeed it is not necessarily so. (B) In the classic negotiation primer, Fisher and Ury give the example of two individuals fighting over a small number of oranges. Each needs the oranges for worthwhile purposes and there is no way to obtain additional oranges. (C) The negotiators begin using competitive strategies — trying to convince each other to give up or sell the oranges. Because their claims on the oranges were assumed to be mutually exclusive, no deal could be reached — more oranges for one negotiator meant fewer oranges for the other. Then they changed to an integrative bargaining strategy. (A) They sought to learn more about each other's needs with the goal of helping each other meet their needs. In the end, they realized that one negotiator needed the juice of the orange and the other needed only the rind. Their needs were not mutually exclusive, yet a traditional distributive bargaining approach would have resulted in impasse.

*primer: 입문서 **rind: 껍질 ***impasse: 교착 상태

3줄 요약

- 협상자는 어떤 상황을 경쟁적이라고 잘못 보는 경우가 많음
- 서로의 주장이 상호 배타적이라고 보기 때문에 교착 상태로 이어질 수 있음
- 통합적 협상 전력으로 서로의 요구를 이해함으로써 해결책을 찾을 수 있음

간접연계 배경지식

**Integrative bargaining(통합적 협상)**

모든 당사자가 협력하여 각자에게 유익한 결과를 찾는 협상 전략으로, 각 당사자의 이익과 필요를 고려하여 상호 이익이 되는 해결책을 찾는 데 초점을 둔다.

>> 정답과 해설 19쪽

2024학년도 6월 모의평가 41~42번

Many negotiators assume that all negotiations involve a fixed pie. Negotiators often approach integrative negotiation opportunities as zero-sum situations or win-lose exchanges. Those who believe in the mythical fixed pie assume that parties' interests stand in opposition, with no possibility for integrative settlements and mutually beneficial trade-offs, so they suppress efforts to search for them. In a hiring negotiation, a job applicant who assumes that salary is the only issue may insist on $75,000 when the employer is offering $70,000. Only when the two parties discuss the possibilities further do they discover that moving expenses and starting date can also be negotiated, which may facilitate resolution of the salary issue.

The tendency to see negotiation in fixed-pie terms varies depending on how people view the nature of a given conflict situation. This was shown in a clever experiment by Harinck, de Dreu, and Van Vianen involving a simulated negotiation between prosecutors and defense lawyers over jail sentences. Some participants were told to view their goals in terms of personal gain (e.g., arranging a particular jail sentence will help your career), others were told to view their goals in terms of effectiveness (a particular sentence is most likely to prevent recidivism), and still others were told to focus on values (a particular jail sentence is fair and just). Negotiators focusing on personal gain were most likely to come under the influence of fixed-pie beliefs and approach the situation competitively. Negotiators focusing on values were least likely to see the problem in fixed-pie terms and more inclined to approach the situation cooperatively. Stressful conditions such as time constraints contribute to this common misperception, which in turn may lead to less integrative agreements.

*prosecutor: 검사 **recidivism: 상습적 범행

3줄 요약

- 많은 협상가들이 협상이 제로섬이라고 가정하여 상호 이익이 되는 해결책을 찾지 않음
- 일부 협상에서는 추가 변수를 탐색하는 것이 중요함
- 갈등 상황의 본질을 보는 관점에 따라 협상을 고정된 파이 관점에서 볼 가능성이 달라짐

- **공통 소재**: 통합적 협상
- **Linking Point**: 서로의 주장이 상호 배타적이라고 보기 때문에 교착 상태로 이어질 때 통합적 협상 전력으로 서로의 요구를 이해함으로써 해결책을 찾을 수 있다는 수능특강 영어 지문과 연계하여 많은 협상이 배타적인 상황이 아니라 서로가 이익을 볼 수 있는 통합적 협상이 가능하다는 내용의 지문이 출제되었다.
- **Linking Words**: negotiator, mutually, integrative, goal

## 간접연계 Searchlight

**수능특강 Focus 1**

2025학년도
수능특강 영어
14강 1번
무관한 문장

Rejecting any academic training they had experienced, Monet and the other Impressionists believed that their art, with its objective methods of painting what they saw before them, was more sincere than any academic art. They all agreed that they aimed to capture their "sensations" or what they could see as they painted. These sensations included the flickering effects of light that our eyes capture as we regard things. In complete contrast to the Academie, the Impressionists painted ordinary, modern people in everyday and up-to-date settings, making no attempt to hide their painting techniques. (The academy system was started originally to raise artists' standing above craftsmen, who were seen as manual laborers, so emphasis was placed on the intellectual aspects of art.) They avoided symbols or any narrative content, preventing viewers from "reading" a picture, but making them experience their paintings as an isolated moment in time.

*flickering: 깜빡거리는

**소재** 인상주의 미술

**3줄 요약**

- 모네와 다른 인상파 화가들은 눈앞에 보이는 것을 객관적으로 그리고자 함
- 아카데미와는 다르게 일상적이고 현대적인 배경의 평범한 현대인을 그림
- 그 어떤 서사적인 내용도 피하고 시간상의 고립된 순간을 포착하여 그림

**어휘**

Impressionist 인상파 화가[예술가]
aim to *do* ~하는 것을 목표로 삼다
up-to-date 현대적인
craftsman 장인
isolated 고립된
objective 객관적인
sensation 감각
originally 원래
emphasis 강조
sincere 진실한
regard 응시하다, 눈여겨보다
standing 지위
narrative 서사적인

**간접연계 출제 예상**

인상파 이전 및 이후 화가들의 특징, 인상파 화가들과 전통적인 예술 사이의 대립, 인상파 화가들이 시각적 감각을 미술적 표현으로 전달하는 방식, 인상파 화가들이 상징성과 서사적 표현을 피한 이유, 인상파 화가들이 선택한 주제와 현대적 배경, 인상파 화가들의 작품이 감상자들에게 제공하는 경험 등을 다루는 글이 출제될 수 있다.

>> 정답과 해설 19쪽

**간접연계 Practice 1**

24660-0021

**(A), (B), (C)의 각 네모 안에서 어법에 맞는 표현으로 가장 적절한 것은?**

The Impressionists recorded the elusive effects of color and light that they saw directly in front of them. In general, although the Post-Impressionists' themes were often similar to (A) [those / that] of the Impressionists, they moved away from the naturalistic concerns of their predecessors and became more stylized. Although in the main, the Post-Impressionists accepted this as revolutionary, and that it paved the way for them to move in their own directions, they believed that as a style, Impressionism was not progressing. Many Post-Impressionists used the pure, vivid colors of Impressionism, most continued to move away from traditional subject matter and most applied short brushstrokes of broken color (B) [create / to create] impressions of movement and vitality. (C) [Whatever / What] ideas they took from Impressionism, they all changed it in some way and created images that were extremely personal and more expressive than most art had been until then. Their work influenced several new artistic ideas of the early 20th century.

*elusive: 포착하기 어려운 **broken color: 점묘(화법)

| | (A) | | (B) | | (C) |
|---|---|---|---|---|---|
| ① | that | …… | to create | …… | What |
| ② | that | …… | create | …… | Whatever |
| ③ | those | …… | to create | …… | What |
| ④ | those | …… | to create | …… | Whatever |
| ⑤ | those | …… | create | …… | What |

수능특강 2 Focus

2025학년도 수능특강 영어 13강 12번 빈칸 추론

Media executives understand that they must think of their audiences as consumers who buy their products or whom they sell to advertisers. The complaining individual might be successful in getting the content changed or even removed if he or she convinces the media executives that they might otherwise lose a substantial portion of their target market. But an individual's concern will garner little attention if it is clear that the person does not belong in the target audience. The editors from *Cosmopolitan* magazine, which aims at 20-something single women, for example, are not likely to follow the advice of an elderly-sounding woman from rural Kansas who phones to protest what she feels are demeaning portrayals of women on covers of the magazine that she sees in the supermarket. Yet the magazine staff might well act favorably if a *Cosmopolitan* subscriber writes with a suggestion for a new column that would attract more of the upscale single women they want as readers.

*garner: 받다, 얻다 **demeaning: 비하하는 ***subscriber: 구독자

**소재** 미디어 경영진의 목표 고객층

**3줄 요약**

- 미디어 경영진은 구독자를 소비자로 생각해야 함
- 목표 고객층에 해당하는 사람의 조언은 받아들일 것임
- 목표 고객층에 해당하지 않는 사람의 조언은 받아들이지 않을 것임

**어휘**

| | | |
|---|---|---|
| executive (기업 등의) 경영 간부, 이사 | consumer 소비자 | advertiser 광고주 |
| content 콘텐츠 | remove 삭제하다, 제거하다 | convince 설득하다 |
| substantial 상당한 | portion 부분 | rural 시골의 |
| protest 항의하다 | portrayal 묘사 | favorably 호의적으로 |
| upscale 고소득의 | | |

**간접연계 출제 예상**

미디어가 고객들을 이해하고 대응하는 방식, 다양한 관점과 배경을 가진 사람들의 목소리를 미디어에 반영하기 위한 방안, 미디어가 대중문화를 형성하고 영향을 미치는 방식, 미디어가 논란이 있거나 민감한 주제에 대응하는 방식, 소비자의 행동에 미디어가 미치는 영향, 미디어 매체를 하나의 상품으로 보는 시각 등을 다루는 글이 출제될 수 있다.

>> 정답과 해설 20쪽

간접연계 Practice 2

24660-0022

다음 글의 제목으로 가장 적절한 것은?

Media executives use the word "brand" to refer to media outlets as well as individual products. The owners of media outlets such as *Cosmopolitan*, MTV, and Paramount stress to advertisers and consumers that these names do not just stand for a magazine (in the case of *Cosmopolitan*), a cable channel (in the case of MTV), or a film company (in the case of Paramount). Instead, the owners of these outlets say, each of these names stands for a certain personality, a certain kind of content, and a certain type of audience, no matter where the name appears. So *Cosmopolitan* will be recognized as the *Cosmopolitan* brand whether it appears on a magazine, on a book, or on cable TV, and MTV's image crosses media from cable to clothes to books to music. Executives believe that such cross-media branding is increasingly necessary to keep existing advertisers and audiences and to get new ones as sponsors and consumers scatter to different channels.

① The Role of Advertisers and Consumers in the Media
② The Decline of Traditional Media Outlets in the Digital Age
③ Bridging Gaps in the Digital Age: The Power of Cross-Media
④ The Challenges of Cross-Media Branding for Media Executives
⑤ Cross-Media Branding Strategies: Why Media Executives Embrace Them

**수능특강 3 Focus**

2025학년도
수능특강 영어
26강 2번
요지 파악

One implication of expectancy theory is that even though all students should have a chance to be rewarded if they do their best, no student should have an easy time achieving the maximum reward. This principle is violated by traditional grading practices, because some students find it easy to earn A's and B's, whereas others believe that they have little chance of academic success no matter what they do. In this circumstance, neither high achievers nor low achievers are likely to exert their best efforts. This is one reason why it is important to reward students for effort, for doing better than they have done in the past, or for making progress, rather than only for getting a high score. For example, students can build a portfolio of compositions, projects, reports, or other work and can then see how their work is improving over time. Not all students are equally capable of achieving high scores, but all are equally capable of exerting effort, exceeding their own past performance, or making progress, so these are often better, more equally available criteria on which to base reward.

*exert: 다하다, 발휘하다 **criterion: 기준(*pl.* criteria)

**소재** 학생의 발전 노력에 대한 보상

**3줄 요약**

- 전통적인 채점 관행으로는 높은 성취도를 보이는 학생과 낮은 성취도를 보이는 학생 모두가 최선의 노력을 다하지 않을 가능성이 있음
- 높은 점수를 받은 학생보다는 노력과 발전을 보인 학생들을 보상해야 함
- 노력이나 발전으로 평가하는 것은 더 평등하고 더 나은 기준임

**어휘**

| | | |
|---|---|---|
| implication 함의 | reward 보상하다; 보상 | maximum 최대의 |
| principle 원칙 | violate 위배하다, 위반하다 | circumstance 상황, 환경 |
| progress 진전, 진보 | composition 작문 | exceed 뛰어넘다 |
| performance 성과 | | |

**간접연계 출제 예상**

교육 시스템에서 학업적 성취에 대한 보상 방식, 노력을 보상하는 시스템이 학습 과정에 필요한 이유, 다양성과 공평성 등 학생들을 평가하는 방식이 가져야 할 원리, 학습 동기를 유발하는 방법 등 학생의 학교에서의 학업, 과제, 평가 등에 관한 내용의 글이 출제될 수 있다.

>> 정답과 해설 21쪽

간접연계 Practice 3

24660-0023

다음 글의 제목으로 가장 적절한 것은?

Note that you are clear about what students are to write, how much material is expected, how the work will be evaluated, and how important the work will be for the students' grades. This clarity assures students that efforts directed at writing a good composition will pay off. If you had just said, "I'd like you all to write a composition about what Thomas Jefferson would think about government in the United States today," students might write the wrong thing, write too much or too little, or perhaps emphasize the if-Jefferson-were-alive-today aspect of the assignment rather than the comparative-government aspect. They would be unsure how much importance you intended to place on the mechanics of the composition as compared to its content. Finally, they would have no way of knowing how their efforts would pay off, lacking any indication of how much emphasis you would give to the compositions in computing grades.

① Creating a Learning Environment for Student Success
② A Comparative Analysis of the US Government: Past and Present
③ Grading Essays: The Ongoing Dilemma in Assessing Student Writing
④ Thomas Jefferson's Clear Vision: A Perspective on Modern Government
⑤ The Importance of Ensuring Clarity in Student Composition Assignments

**수능특강 4 Focus**

2025학년도
수능특강 영어
15강 3번
글의 순서

Most philosophers accepted Plato's definition of knowledge as justified true belief until the 1960s, when Edmund Gettier showed that it didn't always provide a satisfactory explanation. (A) He came up with several instances where we instinctively realize that someone doesn't really know something, even though that person's belief is both true and justified. For example, I have arranged to meet my friend Sue at her house, and when I arrive I see her through the window sitting in the kitchen. (C) In fact, it is not Sue that I see, but her identical twin sister — Sue is actually in another room. My belief that Sue is home is true, and I have good reason to believe it because I am sure I have seen her, but it is wrong to say that I knew she was at home — I didn't know. (B) Examples such as this became known as "Gettier problems," and have prompted philosophers to ask if, in addition to belief, truth, and justification, there is a fourth criterion for knowledge. Gettier had cast doubt not only on Plato's definition, but also on whether or not it is possible to define completely what knowledge is.

*criterion: 기준

**소재** Gettier 문제

**3줄 요약**

- 나는 Sue를 보았다고 믿지만, 실은 그 쌍둥이 자매를 본 것일 수 있음
- 내가 Sue를 보았다는 믿음은 참되지만, 내가 Sue가 집에 있다는 것을 알았다고 말하는 것은 참되지 않음
- 이러한 Edmund Gettier의 예시는 지식에 대한 플라톤의 정의에 의문을 제기함

**어휘**

| | | |
|---|---|---|
| accept 받아들이다 | definition 정의 | justified 정당화된, 정당한 이유가 있는 |
| satisfactory 만족스러운 | explanation 설명 | come up with ~을 제시하다 |
| instinctively 본능적으로 | arrange 약속하다 | identical twin 일란성 쌍둥이 |
| prompt 유도하다, 촉발하다 | cast doubt on ~에 의문을 제기하다, ~을 의심하다 | |

**간접연계 출제 예상**

사실성, 정당성, 믿음 외에 지식을 정의하는 추가적인 요소, 지식의 한계와 정당화된 믿음 사이의 간극, 시각적 지각과 지식의 관계, 사실과 믿음의 상호 작용에 대한 자세한 설명, Gettier 문제에 대한 사회적·문화적 맥락상의 해석, 믿음과 지식의 관계 등 인식론에 대해 다루는 내용의 글이 출제될 수 있다.

간접연계 Practice 4

24660-0024

글의 흐름으로 보아, 주어진 문장이 들어가기에 가장 적절한 곳은?

> People often claim that they "just know" something, and while they may be right, we instinctively feel that they don't actually know it because they cannot give a good reason for believing it.

We often use the word *belief* when talking about religious faith: Members of a religion believe in a god or gods, and believe what is written in their holy scriptures. ( ① ) In philosophy, we investigate whether or not what we believe is really true. ( ② ) Philosophers acknowledge that we accept many things as true — and many of our beliefs may, in fact, be true. ( ③ ) But that doesn't mean we know, however. ( ④ ) Other people do give reasons for believing what they do, but their reasons are not very good. ( ⑤ ) Again, it seems right to say that they don't really know.

# Exercise 07

## 간접연계 History

2024학년도 수능특강 영독 Mini Test 1 · 16번

Basic manners fit into the category of fundamentally important social phenomena we tend to overlook. When I moved to Vancouver from California, one of the first things that struck me was that the natives, when exiting public buses through the back door, always shouted out a loud and cheerful *Thank you!* to the bus driver. It initially struck me as a bit excessive, but I've since come to see it not only as an expression of a fundamentally more pleasant populace but also as a ritual that probably helps to create more pleasant people. The bus driver, whether she realizes it or not, feels better having been thanked; she is now more inclined to drive courteously, or to remain at the stop that extra second to allow someone running late to hop on the bus. This behavior ripples out across my rainy city in subtle waves, inclining people toward virtue like wind blowing over the grass.

*populace: 대중 **courteously: 친절하게 ***ripple: 파문처럼 퍼지다

---

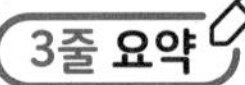

3줄 요약

- 기본 예절은 사회를 더 나은 곳으로 만드는 데 도움이 됨
- 감사의 말 한마디는 버스 기사의 기분을 좋게 하고, 더 친절한 운전과 서비스로 이어짐
- 버스 기사의 친절한 행동은 파문처럼 퍼져 나가 도시 사람들이 선 쪽으로 기울게 함

간접연계 배경지식

**Vancouver의 버스 시스템**

밴쿠버, 버나비, 리치먼드, 노스 밴쿠버, 웨스트 밴쿠버, 코퀴틀람, 포트 무디, 뉴웨스트민스터, 메이플 리지 등 메트로 밴쿠버 전역을 운행하는 130개 이상의 노선으로 구성되어 있다. 버스 시간표는 TransLink 웹사이트 또는 앱에서 확인할 수 있으며, 정류장에 도착하는 버스를 실시간으로 확인할 수도 있다.

>> 정답과 해설 22쪽

2024학년도 수능 19번

David was starting a new job in Vancouver, and he was waiting for his bus. He kept looking back and forth between his watch and the direction the bus would come from. He thought, "My bus isn't here yet. I can't be late on my first day." David couldn't feel at ease. When he looked up again, he saw a different bus coming that was going right to his work. The bus stopped in front of him and opened its door. He got on the bus thinking, "Phew! Luckily, this bus came just in time so I won't be late." He leaned back on an unoccupied seat in the bus and took a deep breath, finally able to relax.

---

3줄 **요약**

- David는 밴쿠버에서 새로운 일을 시작함
- David는 첫 출근일에 지각할까 봐 걱정하며 버스를 기다림
- 다행히도 직장으로 가는 다른 버스가 딱 맞춰 와서 안도함

간접연계 **문항 분석**

- **공통 소재**: 밴쿠버 버스
- **Linking Point**: 밴쿠버에서 버스 하차 시 사람들이 운전기사에게 감사 인사를 하는 일화를 통해 간단한 인사말이 가져올 수 있는 효과를 말하고 있는 수능특강 영어독해연습 지문과 연계하여 밴쿠버에서 새로운 일을 시작하게 된 David가 출근 첫날 지각할까 걱정하며 버스를 기다리는 일화를 다룬 지문이 출제되었다.
- **Linking Words**: Vancouver, bus, stop

수능특강 Focus 1

2025학년도 수능특강 영어 Test 3 · 3번 요지 파악

Urban agriculture is moving from just a practice for earning an income and small food-producing activities to a more sustainable practice that focuses on promoting local food production as an energy-saving resource that is central to creating vital urban communities. It needs to become even more central to city planning as food security and food safety become issues that cities need to address along with the increase in population that is creating a strain on a global level with regards to food availability and health. In current practice, the term *urban agriculture* does not necessarily mean that food production itself is based on a sustainable methodology or procedure but when combined with an ecological-based approach it does. With the recognition of natural resource decline and the advance of environmental degradation in cities today, urban agriculture is taking on new meaning in bringing ecological-based systems back into the city as a vital part of the solution to creating more sustainable cities. This does require a paradigm shift in thinking about food as an integral part of the city's framework.

*degradation: 저하

**소재** 지속 가능한 도시 조성을 위한 도시 농업

**3줄 요약**

- 도시 농업은 소규모 식량 생산과 소득 창출의 수단에서 벗어나, 중요한 에너지 절약 자원으로서 활기찬 도시 공동체 조성을 위한 지속 가능한 관행으로 자리 잡고 있음
- 도시 농업은 식량 안보와 식량 안전에 대한 도시의 관심이 높아짐에 따라 도시 계획에서 더욱 중요해짐
- 도시 농업이 천연 자원 감소와 환경 저하 문제를 해결하기 위한 핵심적인 요소로 부상하고 있음

**어휘**

| | | |
|---|---|---|
| sustainable 지속 가능한 | promote 촉진하다, 홍보하다 | vital 활력이 넘치는, 중요한 |
| security 안보 | strain 부담 | methodology 방법론 |
| procedure 절차 | recognition 인식 | advance 진행 |
| integral 필수적인 | framework 체제, 구조 | |

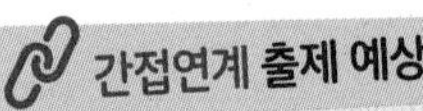


도시 농업이 가져올 수 있는 다양한 긍정적 효과 혹은 문제점을 다루는 내용이 출제될 수 있다.

>> 정답과 해설 22쪽

간접연계 Practice 1

24660-0025

다음 빈칸에 들어갈 말로 가장 적절한 것은?

Over the last century, dramatic numbers of family farms have been consolidated by corporations. Today, only a handful of corporations process the majority of our food, and an only slightly larger handful of farms produce that food. Because food prices have remained steady and few health problems have occurred, the public has paid little attention to this conglomeration. This all began to change in 2006, as one food-borne epidemic after another rocketed through the country. Everyone was quick to play a blame game and avoid responsibility. Large corporate farms blamed small organic farms for letting manure into the food systems. Small organic farms blamed factory farms for not providing adequate sanitation for their farm workers. No one seemed to notice that the entire food system is at fault. Urban farms have risen to the top of the food security debate as one of the only ways to secure safe food. If your food comes from down the street, you can inspect it yourself, and if there's a problem, it's easy to detect. On the other hand, large-scale food production, without massive increases in regulatory spending, prohibits any measurable means to track a problem if one occurs. A diversified web of ______________________ is a simple solution.

*consolidate: 통합하다 **conglomeration: (거대) 복합 기업 형성 ***manure: 거름, 천연 비료

① more systematic and specified delivery systems
② mutual investment and cooperation between companies
③ shared experiences between individuals and businesses
④ small local growers in close contact with their customers
⑤ relationships between researchers and civil organizations

수능특강 **2**
**Focus**

2025학년도
수능특강 영독
Mini Test 1 · 6번
주제 파악

"*The essence of metaphor*," say Lakoff and Johnson, "*is understanding and experiencing one kind of thing in terms of another*." Donald Schön calls this "seeing-as" and draws our attention to the way in which some metaphors — generative metaphor, in his terminology — can be essential aids to innovation and problem-solving. He describes a group of product engineers puzzling over a new paintbrush with synthetic bristles. The synthetic paintbrush was not performing well — "gloppy" was one word used to describe how it delivered paint — and the engineers had tried various strategies to make the new brush's performance comparable to that of natural bristle brushes. The breakthrough came when one engineer reflected, "You know, a paintbrush is a kind of pump!" By seeing a paintbrush as a pump, the engineers moved their focus from the bristles themselves to the channels between the bristles and how the paint flowed through the channels. The paintbrush-as-pump metaphor was generative in the sense that it led to a new way of seeing the problem, and this new framing generated a new and successful solution. This is one very powerful form of human meaning-making.

*synthetic: 인조의 **bristle: 강모(剛毛), 뻣뻣한 털 ***gloppy: 찐득거리는

**소재** 문제 해결에 도움이 되는 은유

**3줄 요약**

- 은유의 본질은 하나의 것을 다른 것으로 이해하고 경험하는 것이며, 이것이 혁신과 문제 해결에 중요함
- Donald Schön이 인조 강모를 가진 새로운 화필을 두고 고민하는 제품 엔지니어 집단을 묘사함
- 제품 엔지니어들은 인조 화필의 성능을 개선하기 위해 펌프로서의 화필 은유를 사용했고, 그 새로운 은유가 문제를 해결하는 새로운 방법을 제시하여 혁신에 기여함

**어휘**

metaphor 은유, 비유
in terms of ~의 관점에서
generative 생성적인
puzzle over ~을 두고 고민하다
comparable to ~에 비해 손색이 없는, ~과 비슷한
breakthrough 돌파구, 획기적 발전
reflect 곰곰이 생각하다, 숙고하다
channel 경로
lead to ~로 이어지다, ~을 초래하다
framing 프레이밍(사물이나 사건을 바라보거나 표현하는 방식, 혹은 그 틀)

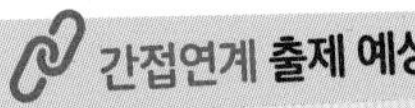

**간접연계 출제 예상**

은유가 활용될 수 있는 다양한 사회적 상황이나 맥락을 소재로 한 내용이 출제될 수 있다.

간접연계 **Practice** 2

24660-0026

**다음 글의 제목으로 가장 적절한 것은?**

A central topic in social psychology is persuasion: intentional efforts to change other people's attitudes. Metaphor studies reveal that persuasive messages commonly employ metaphor. For example, John Boehner, former Speaker of the U.S. House of Representatives, compared the *federal* budget to a typical *household* budget: "Every family ought to balance its budget. Washington should balance its budget as well." Another Speaker, Paul Ryan, echoed this metaphor: "Our plan lets Washington spend only what it takes in. This is how every family tries to live, in good times and in bad." These are not just from-the-hip locutions; political actors spend millions annually to design metaphors that "frame the debate" and thereby influence public opinion and policy makers to favor their desired policies.

*from-the-hip: 본능적인 **locution: 표현

① How Does Public Opinion Influence Politicians?
② Using Metaphors: The Decisive Factor in Debates
③ Influence of Social Media on Household Budgeting
④ Do Politicians Improve a Country's Economic Situation?
⑤ Metaphor: Its Persuasive Power in Shaping Public Opinion

수능특강 3 Focus

2025학년도 수능특강 영어 13강 9번 빈칸 추론

AI's effects on human knowledge are paradoxical. On the one hand, AI intermediaries can navigate and analyze bodies of data vaster than the unaided human mind could have previously imagined. On the other, this power — the ability to engage with vast bodies of data — may also accentuate forms of manipulation and error. AI is capable of exploiting human passions more effectively than traditional propaganda. Having tailored itself to individual preferences and instincts, AI draws out responses its creator or user desires. Similarly, the deployment of AI intermediaries may also amplify inherent biases, even if these AI intermediaries are technically under human control. The dynamics of market competition prompt social media platforms and search engines to present information that users find most compelling. As a result, information that users are believed to want to see is prioritized, distorting a representative picture of reality. Much as technology accelerated the speed of information production and dissemination in the nineteenth and twentieth centuries, in this era, information is being altered by the mapping of AI onto dissemination processes.

*propaganda: 선전 **deployment: 배치 ***dissemination: 전파, 보급

**소재** AI가 인간 지식에 미치는 영향

**3줄 요약**

- AI는 인간 지식의 양과 범위를 확장하지만, 조작과 오류의 위험도 높임
- AI는 방대한 데이터를 분석할 수 있지만, 인간의 열망을 이용할 수도 있음
- AI는 시장 경쟁의 영향으로 사용자가 원하는 정보를 우선적으로 제공하게 되며, 이는 현실의 왜곡을 초래할 수 있음

**어휘**

paradoxical 역설적인 / intermediary 중개자 / exploit 이용하다, 착취하다
tailor (특정한 목적 · 사람 등에) 맞추다[조정하다] / amplify 증폭시키다
inherent 내재한, 고유의 / prompt 자극하다, 부추기다 / compelling 흥미로운, 강력한
prioritize 우선순위를 차지하다 / distort 왜곡하다 / accelerate 가속하다
era 시대 / alter 바꾸다 / map 배치하다

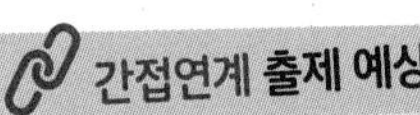


AI가 초래할 수 있는 다양한 미래 상황에 대한 내용이 출제될 수 있다.

간접연계 Practice **3** 다음 글의 요지로 가장 적절한 것은?

24660-0027

The period of reduced funding and interest in artificial intelligence research from the mid-1970s to the early 1980s taught practitioners some important lessons. The simplest lesson was noted by John McCarthy, fifty years after the Dartmouth conference: "AI was harder than we thought." Marvin Minsky pointed out that in fact AI research had uncovered a paradox: "Easy things are hard." The original goals of AI — computers that could converse with us in natural language, describe what they saw through their camera eyes, learn new concepts after seeing only a few examples — are things that young children can easily do, but, surprisingly, these "easy things" have turned out to be harder for AI to achieve than diagnosing complex diseases, beating human champions at chess and Go, and solving complex algebraic problems. As Minsky went on, "In general, we're least aware of what our minds do best." The attempt to create artificial intelligence has, at the very least, helped elucidate how complex and subtle are our own minds.

*elucidate: 설명하다

① 기술 의존도는 결국 인간의 무기력함을 초래할 것이다.
② 인공 지능이 초래할 수 있는 위험성이 예상보다 클 것이다.
③ 미래의 직업 선택 시 인간만이 할 수 있는 영역의 고려가 필요하다.
④ 인공 지능의 알고리즘은 인간이 예측하지 못한 부분을 보완할 수 있다.
⑤ 인공 지능 연구는 인간의 정신이 얼마나 복잡하고 미묘한지를 깨닫게 했다.

## 수능특강 Focus 4

2025학년도
수능특강 영어
4강 2번
주장 파악

The quality of news is difficult to measure because there are no agreed-upon standards that satisfy everyone's definition of high quality. The term *quality* generally refers to any attribute, service, or performance that is highly valued within a group or a community. Defining quality is thus context-dependent, field-specific, and subject to individual preferences and tastes. It is important to note, however, that compared to other cultural products such as music and paintings, journalistic content is unique because it has a strong civic and democratic component. The idea of the press as the "fourth estate" stems from the expectation that high-quality journalism promotes democratic ideals by playing the role of a watchdog, providing a public forum, and serving as a reliable information provider. Therefore, when discussing news quality, normative aspects cannot be overemphasized.

*normative: 규범적인

**소재** 뉴스의 질을 판단하는 기준

**3줄 요약**

- 뉴스의 질은 합의된 기준이 없어 판단하기 어려움
- 뉴스의 질은 상황에 따라 달라지고 개인의 선호도와 취향에 따라 달라짐
- 뉴스는 다른 문화적 산물에 비해 시민적이고 민주적인 요소가 강하기 때문에 고유하며, 뉴스의 질을 논할 때 규범적 측면이 중요함

**어휘**

refer to ~을 일컫다[언급하다]
attribute 속성, 특성
civic 시민적인, 시민의
democratic 민주적인, 민주주의의
component (구성) 요소
press 언론
watchdog 감시자, 감시 단체
overemphasize 지나치게 강조하다

**간접연계 출제 예상**

뉴스의 제작 및 전달 방식 등에 따라 다른 여론이 형성될 수 있는 등, 뉴스의 사회적 영향력을 다룬 내용이 출제될 수 있다.

>> 정답과 해설 24쪽

**간접연계 Practice 4** 다음 글의 밑줄 친 부분 중, 어법상 틀린 것은?

24660-0028

Traditionally, when studying the relationships between national and global news agencies in their historical context the main emphasis has been on showing ① how the former were dependent on the latter. This is understandable since the precise details of the global news cartel ② formed by Reuters (British), Havas (French) and Wolff (German) in 1859 had been relatively unknown even for scholars. So the first scholarly task was ③ to reveal the detail of the agreements that were formerly held secret by these global agencies. Such studies showed how the major agencies divided up the world's news market between themselves (and after 1927 with the US Associated Press) and made national agencies contractually dependent on ④ them. The global agencies restricted other agencies from operating in their exclusive territories, until 1934 when the cartel was breaking down. Meanwhile, a national agency in its home territory achieved an exclusive right to the cartel's news, but lost the right to send its news to any other news agency except to the global agency with ⑤ what it had signed the agreement.

# Exercise 08

2024학년도 수능완성 실전모의고사 1회 29번

The text-oriented theories dominating early-twentieth-century literary criticism paid minimal attention to the reader's role. Meaning in a literary work was to be found "out there," in the words on the page. Unlike earlier traditions adopting more humanistic or integrative approaches to literary texts, the so-called New Critics of the 1940s and 1950s generally insisted on the autonomy of the work itself, which could be interpreted through close, systematic reading and detailed textual analysis. Biography, personality, and intention of the author as well as cultural and historical contexts mattered less than internal consistency, allusion, and the clever resolution of ambiguity. Taking their cue from positivist success in other fields, literary critics of this time made reading more systematic by eliminating the most troublesome element in the literary process, the reader. Confusing "the work" with its psychological and emotional effects, they insisted, constituted an "affective fallacy" that resulted in a distorting relativism and an untrustworthy subjectivism.

*allusion: 인유(다른 예를 끌어다 비유함) **positivist: 실증주의적인

- 20세기 초반 텍스트 중심의 문학 비평은 독자를 배제하고, 텍스트 자체의 자율성을 강조함
- 작가, 문화, 역사 등의 요소는 텍스트 해석에 중요하지 않음
- 이 시기의 문학 비평가들은 문학의 과정에서 가장 골칫거리 요소인 독자를 제거함으로써 읽기를 체계적으로 만듦

간접연계 배경지식

**텍스트 중심 이론의 한계**

텍스트 중심 이론은 문학 작품의 본질적인 특성에 대한 귀중한 통찰력을 제공하지만, 문학에 대한 이해를 풍부하게 할 수 있는 외부 요인을 간과할 가능성이 있고 초점이 좁다는 비판을 받는다. 비평가들은 이러한 이론이 작가의 의도, 역사적 맥락, 사회적 함의를 고려하지 않아 작품에 대한 해석이 제한적일 수 있다고 주장한다.

>> 정답과 해설 25쪽

2024학년도 수능 31번

Over the last decade the attention given to how children learn to read has foregrounded the nature of *textuality*, and of the different, interrelated ways in which readers of all ages make texts mean. 'Reading' now applies to a greater number of representational forms than at any time in the past: pictures, maps, screens, design graphics and photographs are all regarded as text. In addition to the innovations made possible in picture books by new printing processes, design features also predominate in other kinds, such as books of poetry and information texts. Thus, reading becomes a more complicated kind of interpretation than it was when children's attention was focused on the printed text, with sketches or pictures as an adjunct. Children now learn from a picture book that words and illustrations complement and enhance each other. Reading is not simply word recognition. Even in the easiest texts, what a sentence 'says' is often not what it means.

*adjunct: 부속물

---

**3줄 요약**

- 지난 10년 동안 어린이 독서에 대한 연구가 다양한 형태의 텍스트를 포함하는 것으로 확대되어 '읽기'가 과거 어느 시대보다 훨씬 더 많은 표현 형식에 적용됨
- 다양한 유형의 어린이 문학에서 디자인의 기능이 두드러짐
- 읽기는 단지 단어 인식이 아니며, 가장 쉬운 텍스트에서도 문장이 '말하는 것'이 그 문장이 의미하는 것이 아닐 수 있음

**간접연계 문항 분석**

- **공통 소재**: 텍스트
- **Linking Point**: 20세기 초반 문학 비평의 가장 두드러지는 특징인 텍스트 중심의 이론을 설명한 수능완성 영어 지문과 연계하여 과거와는 달리 텍스트가 이제는 글뿐만 아니라 그림, 지도, 화면, 디자인 그래픽, 사진이 모두 텍스트로 여겨지므로 읽기가 단순히 단어 인식이 아니라는 내용에 대한 지문이 출제되었다.
- **Linking Words**: nature of textuality, text, reader

# 간접연계 Searchlight

**수능특강 Focus 1**

2025학년도
수능특강 영어
5강 3번
함축 의미 추론

The notion of a "circular economy" — in which materials circulate continuously, being used and reused time and time again — is an appealing vision. However, it is crucial to highlight just how far we are from that goal at present. Although most textiles are entirely recyclable, 73 percent of waste clothing was incinerated or went to landfills globally in 2015. Just 12 percent was recycled into low-value textile applications such as mattress stuffing and less than 1 percent was recycled back into clothing. Some would question how realistic the idea of <u>"closing the loop"</u> can be; the complexity of the fashion system means that there are multiple opportunities for materials to "leak" from the reuse cycle. Furthermore, it must be noted that fiber recycling is not without its own environmental footprint. Even the reuse of secondhand clothing has implications in terms of resource use and waste, particularly if items are transported over long distances, dry cleaned, and repackaged.

*textile: 직물 **incinerate: 소각하다

**소재** 섬유 재활용의 비현실성

**3줄 요약**

- '순환 경제'는 재활용을 통해 자원을 효율적으로 사용하는 경제 시스템임
- 현재 전 세계적으로 폐기된 의류의 대부분은 재활용되지 않고 소각되거나 매립되고 있음
- 패션 시스템의 복잡성과 재활용의 한계로 인해 순환 경제 실현이 쉽지 않음

**어휘**

material 재료, 자재, 직물
circulate 순환되다
crucial 매우 중요한
highlight 강조하다
landfill 매립지
stuffing 충전재
loop 루프, 고리
complexity 복잡성
leak 누출되다
environmental footprint 환경(에 악영향을 미치는) 발자국
secondhand 중고의
implication 영향, 함축
transport 운송하다

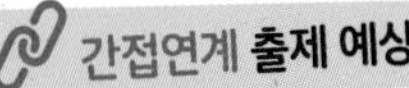


각종 친환경 소재가 갖고 있는 부정적 측면이나 한계를 다룬 내용이 출제될 수 있다.

>> 정답과 해설 26쪽

간접연계 Practice 1

24660-0029

**다음 글의 주제로 가장 적절한 것은?**

Recycled polyester fabric is often marketed as a sustainable option, and it is estimated that recycled polyester could reduce emissions by up to 32 percent in comparison with virgin polyester. However, there is a drawback to the approach of using PET bottles to make polyester fiber. There is an effective closed-loop recycling process for PET bottles which enables them to be recycled up to ten times, while the clothing industry is still a linear system: only a tiny fraction is currently recycled into new clothes. Thus, as journalist Emma Bryce puts it, "Converting plastic from bottles into clothes may actually accelerate its path to the landfill." A genuine fiber-to-fiber recycling system is needed but has not yet been achieved. As the *Fossil Fashion* report published in 2021 states, "many brands would have us believe they are moments away from 'closing the loop' on fashion and achieving 'true circularity' for the industry — a promise that is still very far from being fulfilled in reality."

*closed-loop: 폐기물을 처리하여 재이용하는 시스템의

① numerous economic effects of PET bottle recycling
② limitations of the recycling process of polyester fabric
③ the success of a genuine fiber-to-fiber recycling system
④ effects of recycling that most people still don't recognize
⑤ the positive outlook for the future of the fashion industry

**수능특강 Focus 2**

2025학년도
수능특강 영어
11강 4번
어법

Discrimination occurs on two levels: institutional and individual. On the institutional level, discriminatory practices are embedded in the social structures of a society, whereas on the individual level, discrimination takes place during direct interactions among individuals or groups. Unlike individual discrimination, which tends to be overt, intentional, and direct, institutional discrimination is often covert and unintentional, and this invisibility makes it much harder to detect. Standardized testing in schools, for example, may exclude certain historically marginalized groups from succeeding in academic settings. Although the government may not have intentionally established testing standards that are culturally or class biased, in practice these standards tend to have a disproportionate negative effect on ethnic minority students. Furthermore, institutional discrimination often has a generational or cyclical impact on certain ethnic minority groups and therefore its consequences are as severe, if not more so, than for those suffering individual discrimination.

*embed: 묻다, 끼워 넣다 **overt: 공공연한 ***marginalize: (사회적으로) 소외시키다

**소재** 제도적 차별과 개인적 차별

**3줄 요약**

- 차별은 제도적 차별과 개인적 차별의 두 가지 관점에서 발생함
- 제도적 차별은 사회 구조에 내재화된 차별적 관행으로, 개인적 차별은 개인 또는 집단 간의 직접적인 상호 작용 중에 발생함
- 제도적 차별은 종종 은밀하고 의도적이지 않은 경우가 많지만, 그 결과는 개인적 차별만큼이나 심각하거나 심지어 더 심각할 수 있음

**어휘**

| | | |
|---|---|---|
| discrimination 차별 | occur 발생하다 | institutional 제도적인 |
| discriminatory 차별적인 | covert 은밀한 | invisibility 보이지 않는 특성 |
| detect 감지하다, 발견하다 | exclude 차단하다, 배제하다 | establish 정하다, 마련하다 |
| biased 편향된 | disproportionate 균형이 맞지 않는 | generational 세대의, 세대 간의 |
| cyclical 순환적인, 주기적인 | consequence 결과 | if not more so 어쩌면 그보다 더 |

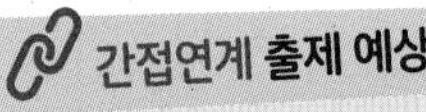


일상에서 우리가 예상하지 못한 다양한 유형의 차별을 다루는 내용이 출제될 수 있다.

>> 정답과 해설 26쪽

간접연계 Practice 2 주어진 글 다음에 이어질 글의 순서로 가장 적절한 것은?

24660-0030

*Unintentional discrimination* refers to discriminatory actions taken without intention to hurt. Some laws, policies, and practices are developed without a conscious intent to discriminate, and may appear ethnically neutral and impersonal.

(A) The results of this policy are discriminatory since it partly leads to higher proportions of blacks and Hispanics who do not have sufficient resources to attend colleges than whites. Hence, it is more important to consider the *effect* of a particular law, policy or practice on ethnic groups than it is to consider the *intention* of the law, policy or practice.

(B) Nonetheless, their effects are discriminatory against certain ethnic groups. For instance, raising the cost of college tuition seems to be a race-neutral practice.

(C) It does not intend to discriminate against minority groups. However, it has more negative effects on blacks and Hispanics than on whites because of their lower average family incomes.

① (A) – (C) – (B)
② (B) – (A) – (C)
③ (B) – (C) – (A)
④ (C) – (A) – (B)
⑤ (C) – (B) – (A)

수능특강 3 Focus

2025학년도 수능특강 영어 30강 3번 무관한 문장

The mode of consumption has been changing from ownership to access during recent years because of the shift in consumers' perception of value and the advancement of technology. With the advent of online platforms that has made unlimited number of tangible and intangible resources accessible, ownership has lost its value in the consumers' mind. Consumers believe that access to resources is associated with fewer risks than ownership; for example, they believe that the potential financial and social loss is greater in the purchase of a product than in the free or fee-based access to the product. (However, a vast majority of consumers prefer shopping online on their mobiles or tablets from the comfort of their homes or offices rather than going to a physical store and facing a limited stock of items and pushy sales assistants.) All these new changes and beliefs have created a sharing practice named "sharing economy" in which individuals share their resources with others through online networks and promote the culture of collaborative consumption. Sharing economy practices, which are seen in different sectors, have become very popular and started to disrupt traditional businesses.

*advent: 등장, 출현 **tangible: 유형의

**소재** 공유 경제

**3줄 요약**

- 소비자의 가치 인식 변화와 기술 발전으로 소비 방식이 소유에서 이용으로 변화하고 있음
- 소비자는 자원의 이용이 소유보다 위험이 적고 효율적이라고 믿음
- 공유 경제는 이러한 변화에 대한 대응으로 등장해 전통적인 기업들을 와해시키기 시작함

**어휘**

consumption 소비 | ownership 소유 | perception 인식
be associated with ~과 관련되다 | pushy 강요하려 드는 | collaborative 협력적인
disrupt 와해시키다

**간접연계 출제 예상**

현대 사회에서 통용되고 있는 새로운 공유 경제가 활용되는 분야에 대한 내용이 출제될 수 있다.

>> 정답과 해설 27쪽

**간접연계 Practice 3**

24660-0031

**다음 글의 밑줄 친 부분 중, 어법상 틀린 것은?**

Sharing, the core feature of the sharing economy business model, goes beyond what is mine and yours to something as ours, which ① necessitates a harmonious peer-to-peer interaction. Thus, ② that differentiates the sharing economy from the traditional economy is the type and level of interactions among participants. First, interactions occur among peers who typically do not know each other, so they need to build trust in the initial step to be able to develop interactions. Second, interactions occur in both online and offline environments. In the online environment, resource suppliers and consumers adopt an online platform to initiate the interaction. The boundary between suppliers/consumers is not clear in the online environment because both sides are ③ considered as consumers of an online service. However, in the offline environment, the boundary between the suppliers and consumers is clear from the perspective of product/service provision but ④ blurred from the perspective of sharing, which is a mutual relationship. Thus, in the real sharing phase, both sides are required to cooperate harmoniously with each other to make the sharing practice ⑤ agreeable.

수능특강 Focus 4

2025학년도 수능특강 영어 12강 1번 어휘

One should perhaps ask why even very simple animals would prefer familiar stimuli or familiar other animals. A tendency to grow fond of the familiar would help stamp in the preference for a stable environment (so animals might learn to like their homes). It would certainly promote stable social bonds. Imagine, for example, that nature programmed animals in the opposite way, so that familiarity led to contempt or some other form of disliking. How would families stay together? How would friendships, alliances, or other partnerships survive? If you always preferred a stranger to someone you knew, social life would be in constant turmoil and turnover. In contrast, if you automatically grew to like the people you saw regularly, you would soon prefer them over strangers, and groups would form and stabilize easily. Given the advantages of stable groups (e.g., people know each other, know how to work together, know how to make decisions together, know how to adjust to each other), it is not surprising that nature favored animals that grew to like (rather than dislike) each other on the basis of familiarity.

*contempt: 경멸 **alliance: 동맹 ***turmoil: 혼란

**소재** 익숙함에 대한 선호

**3줄 요약**

- 동물은 익숙한 것에 애착을 갖는 경향이 있음
- 이 경향으로 인간은 안정된 환경과 사회적 안정화를 획득함
- 자연은 익숙함을 기반으로 서로를 좋아하게 되는 동물들을 선호함

**어휘**

stimulus 자극(*pl.* stimuli)
tendency 경향
stamp in ~에 새겨 넣다
promote 촉진하다
bond 유대, 끈
program 길들이다, 조정하다
opposite 정반대의
constant 끊임없는
turnover 전복, 전환
automatically 자연히
adjust 적응하다

**간접연계 출제 예상**

익숙함이 초래할 수 있는 긍정적 혹은 부정적 영향에 대한 내용이 출제될 수 있다.

>> 정답과 해설 27쪽

간접연계 Practice **4** **다음 글에서 전체 흐름과 관계 없는 문장은?**

24660-0032

Exposure to a face and a voice led to a familiarity preference, whereas exposure to a static and silent face led to a novelty preference. These findings suggest that the presence or absence of a voice plays an important role in determining the direction of the preference in the subsequent test period. ① Such a factor may account for the different pattern of preference between the study on infants' recognition of their mothers' faces and unfamiliar face recognition. ② In most studies on the recognition of unfamiliar faces that reported a novelty preference, the infants were habituated to silent photographs of unfamiliar faces. ③ Face recognition technology offers a powerful way to protect personal data and ensures that sensitive data remains inaccessible if your phone is stolen. ④ In contrast, before infants showed a preference for their mother's face, they had had natural interactions with their mothers, which was very likely to involve exposure to both their mothers' voice and face. ⑤ In fact, F. Z. Sai reported that newborns who only had silent interactions with their mother before the experiment showed no looking preference between the mother's face and an unfamiliar female face.

간접연계 History

2024학년도 수능특강 영독 10강 2번

One of the ideas many scientists take as an ethical principle is that scientists should remain, like journalists, "objective" and not take sides on policy controversies. Indeed, historically, scientists such as the late astronomer Carl Sagan who appear to have become "too" public have risked losing the respect of other scientists. Under normal circumstances, some scientists might reasonably choose to avoid (as scientists) championing specific policy solutions, even on something like climate, lest they be mistaken for self-appointed (or media-appointed) authorities over what society should do. But scientists are also citizens, who may also reasonably choose to speak out, as citizens, on policy issues. To avoid involvement altogether can itself be seen as irresponsible. Scientists have the same rights and duties as other citizens, including the right and the duty to give thought to public issues and, on appropriate occasions, to take positions on them. For a climate scientist not to support appropriate action on climate might be likened to a medical doctor's not supporting routine cancer screening or prenatal nutrition initiatives.

*champion: 옹호하다 **prenatal: 태아기의

---

3줄 요약

- 과학자는 객관적 태도를 유지해야 한다는 윤리적 원칙이 있음
- 하지만 과학자도 시민으로서 정책 문제에 대한 목소리를 내야 하는 것이 당연할 수 있음
- 과학자는 공공 문제에 대해 생각해 보고 그것에 대해 입장을 취할 권리와 의무가 있음

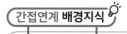

간접연계 배경지식

**Carl Sagan**

미국의 천문학자이자 천체물리학자로 과학 대중화의 선구자이다. 외계 생명의 존재 가능성을 탐구하고 과학의 대중화에 힘쓴 인물이며, 대표적인 저서로는 *Cosmos*가 있다. 과학적 사고의 중요성과 과학 교육의 필요성을 강조한 인물로, 오늘날에도 여전히 많은 사람들에게 영향을 미치고 있다.

>> 정답과 해설 28쪽

2024학년도 수능 41~42번

One way to avoid contributing to overhyping a story would be to say nothing. However, that is not a realistic option for scientists who feel a strong sense of responsibility to inform the public and policymakers and/or to offer suggestions. Speaking with members of the media has advantages in getting a message out and perhaps receiving favorable recognition, but it runs the risk of misinterpretations, the need for repeated clarifications, and entanglement in never-ending controversy. Hence, the decision of whether to speak with the media tends to be highly individualized. Decades ago, it was unusual for Earth scientists to have results that were of interest to the media, and consequently few media contacts were expected or encouraged. In the 1970s, the few scientists who spoke frequently with the media were often criticized by their fellow scientists for having done so. The situation now is quite different, as many scientists feel a responsibility to speak out because of the importance of global warming and related issues, and many reporters share these feelings. In addition, many scientists are finding that they enjoy the media attention and the public recognition that comes with it. At the same time, other scientists continue to resist speaking with reporters, thereby preserving more time for their science and <u>avoiding</u> the risk of being misquoted and the other unpleasantries associated with media coverage.

*overhype: 과대광고하다 **entanglement: 얽힘

---

- 과학자들은 대중과 정책 입안자에게 자신의 연구 결과를 알릴 책임감을 느끼지만, 언론의 오해와 논란으로부터 자신을 보호해야 할 필요도 있음
- 과거에는 지구 과학자들이 언론과 접촉하는 것이 드물었지만, 지구 온난화와 관련 문제의 중요성이 부각되면서 과학자들의 언론과의 소통이 증가하고 있음
- 그러나 여전히 일부 과학자들은 기자들과의 대화를 계속 거부하며, 자신의 과학을 위해 더 많은 시간을 지켜 내고, 잘못 인용되는 위험과 언론 보도와 관련된 다른 불쾌한 상황을 피함

간접연계 **문항 분석**

- **공통 소재**: 과학자의 입장
- **Linking Point**: 과학자의 정책 관련 입장 표명과 관련한 수능특강 영어독해연습 지문과 연계하여 과학자가 언론과 대화를 할 경우의 장점과 위험성, 그리고 그것을 고려한 과학자의 입장을 설명하고 있는 지문이 출제되었다.
- **Linking Words**: scientist, ethical principle/responsibility, avoid, involvement, mistaken/misinterpretations

간접연계 Searchlight

수능특강 Focus 1

2025학년도 수능특강 영어 5강 1번 함축 의미 추론

There are no black-and-white issues in life. No categorical answers. Everything is a subject for endless debate and compromise. This is one of the core principles of our current society. Because that core principle is wrong, the society ends up causing a lot of problems when it comes to sustainability. There *are* some issues that are black and white. There are indeed planetary and societal boundaries that must not be crossed. For instance, we think our societies can be a little bit more or a little bit less sustainable. But in the long run you cannot be a little bit sustainable — either you are sustainable or you are unsustainable. <u>It is like walking on thin ice</u> — either it carries your weight, or it does not. Either you make it to the shore, or you fall into the deep, dark, cold waters. And if that should happen to us, there will not be any nearby planet coming to our rescue. We are completely on our own.

*categorical: 단정적인

**소재** 지속 가능성을 추구하는 것의 엄중함

**3줄 요약**

- 현대 사회는 모든 것이 끝없는 토의과 타협의 대상이라는 원칙을 추구함
- 이 원칙은 지속 가능성 문제에는 통하지 않음
- 지속 가능성은 흑백 논리로서 장기적으로는 지속 가능하거나 지속 불가능하거나이며, 단지 우리의 힘으로 지속 가능성을 이루어야 함

**어휘**

compromise 타협, 절충 sustainability (환경의) 지속 가능성 societal 사회의
boundary 경계 rescue 구조

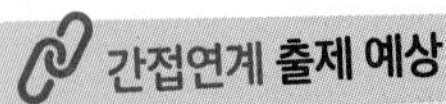

간접연계 출제 예상

지속 가능성이 환경 문제와 관련하여 우리 사회에 시사하는 바를 다루는 내용이 출제될 수 있다.

**간접연계 Practice 1**

24660-0033

**다음 글의 요지로 가장 적절한 것은?**

In 1987, the report of the Brundtland Commission described sustainability as having three co-equal parts or elements, all of which start with the letter e: environment, economy, and equity. Sometimes described as three pillars holding up the concept, these elements have formed the basis for disaggregating and elaborating sustainability. The argument is that sustainability can be achieved only by simultaneously protecting the environment, preserving economic growth and development, and promoting equity. The essential point, according to this broad concept, is that sustainability is about achieving results related to all three pillars, and that achievement in one pillar cannot and should not be accomplished by sacrificing another. In other words, it rejects the notion that there is necessarily a tradeoff between economic growth and the environment or between economic growth and equity.

*disaggregate: 구성 요소[성분]로 분해하다

① 상품의 책임 있는 소비와 생산이 지속 가능성을 보장한다.
② 지속 가능성은 양질의 일자리 확보를 통해 이루어질 수 있다.
③ 지속 가능성의 3대 요소 외에도 더 많은 사항을 고려할 필요가 있다.
④ 지속 가능성에 대한 최근 논의는 기후 변화 문제를 간과하고 있다.
⑤ 지속 가능성은 환경 보호, 경제 성장, 공정의 동시 추구를 통해 이루어진다.

수능특강 **2**
**Focus**

2025학년도
수능특강 영어
28강 3번
글의 순서

Much alarm and handwringing have occurred over the idea that the Internet allows you to lock yourself in an information bubble and see only facts that support your views. (C) I am sure this happens, but it would do us good to remember the alternative. In 1980, for instance, you got your daily dose of information from your local paper and your choice of any of three network news shows, which ran for an hour, all covering the same basic stories. (A) That was about it. We were all beholden to the views of a very few people. The Internet allows every statement to be fact-checked, every falsehood challenged. Anything you want to know is just a few keystrokes and a few clicks away. (B) Well over 100,000 web searches are performed each second, and at their heart, they each represent a person who wants to know something they don't currently know. It is the great democratization of knowledge, which is an unquestionably good thing.

*handwringing: (걱정으로 인한) 손떨림 **dose: 분량 ***beholden: 갇힌, 신세를 진

**소재** 인터넷의 발전으로 인한 정보 편식 해소

**3줄 요약**

- 인터넷은 사람들이 자신들의 견해를 뒷받침하는 사실만을 보고 정보 버블에 갇히게 하지만 동시에 정반대의 효과도 있음
- 소수의 뉴스 프로그램 네트워크로부터 얻는 정보에 비해, 인터넷은 모든 진술에 대해 사실 확인을 하고 모든 거짓에 이의를 제기할 수 있도록 해 줌
- 인터넷은 원하는 모든 정보를 몇 번의 키 입력과 클릭만으로 얻을 수 있도록 해 주며, 이것은 지식의 민주화임

**어휘**

information bubble 정보 버블
falsehood 거짓
democratization 민주화
alternative 다른 가능성, 대안
keystroke (컴퓨터의) 자판 키 누르기
unquestionably 의심할 여지가 없이
statement 진술
currently 현재

**간접연계 출제 예상**

인터넷을 통해 얻는 정보의 긍정적 혹은 부정적 영향에 대한 내용이 출제될 수 있다.

>> 정답과 해설 29쪽

간접연계 Practice 2

24660-0034

**다음 글의 제목으로 가장 적절한 것은?**

When considering a source on the Internet, it's extremely important to determine currency if for no other reason than not to look foolish. Periodically, stories that are years old start circulating on social media. Unwary readers assume that since the story is trending, it must be current. But that's not always the case! This seems to happen frequently with celebrity deaths. A major figure will pass away, and various media outlets will cover the news. Then a few years will pass and someone will share the story and you'll get a second massive outpouring of grief. For example, the BBC reported in 2016 that news had begun to spread across social media that the hilarious and beloved comedic actor Leslie Nielsen of *Airplane*! and *The Naked Gun* fame had passed away. Tributes rolled out across Facebook and Twitter. As it turned out, however, Nielsen had actually died in 2010 and had become the latest victim of what the BBC termed "Multiple Death Syndrome."

*unwary: 부주의한 **hilarious: 아주 재미있는

① Why Are Celebrities Obsessed with Social Media?
② The Internet: A Useful Tool for Predicting the Future
③ Outdated News: It Sometimes Circulates on Social Media
④ Celebrity Stories: What Can Test Even the Strongest Friendships
⑤ How to Get Accurate Information Online: Verify Websites' Reliability

수능특강 3 Focus

2025학년도 수능특강 영어 15강 6번 글의 순서

Since at least the late nineteenth century and the rise of industrial cities, the history of urbanism and urban planning has been a history of expertise — political, administrative, and technocratic. (C) Cities came to be seen as solutions to demands for wealth, health, safety, opportunity, and personal development, as society grew more economically, socially, and politically complex. Cities also came to be seen as posing new problems, often caused by their successes in meeting earlier social demands. (B) Both fueled by and fueling that problem/solution framework, the Progressive political movement of the early twentieth century relied heavily on trained and trusted experts, especially economists and other social scientists. Those experts were often educated in newly formed occupational disciplines and professional schools. (A) Degrees in hand, they were primed to lead both governments and businesses away from the era of laissez-faire and toward better outcomes for themselves and for workers and citizens. That meant safer food; safer water; better working conditions; safer and less expensive automobiles; expanded opportunities for education, leisure, and personal fulfillment; and so on.

*technocratic: 기술 관료적인 **prime: (사용할 수 있게) 준비시키다 ***laissez-faire: 자유방임주의

**소재** 도시화와 도시 계획

**3줄 요약**

- 19세기 후반 산업화 이후, 도시가 복잡해짐에 따라 도시화와 도시 계획은 사회적 수요를 해결하기 위한 해결책으로 여겨짐
- 도시화와 도시 계획은 이전의 사회적 수요를 충족시키는 과정에서 새로운 문제를 야기함
- 20세기 초 진보적 정치 운동은 경제학자 및 사회과학자 등의 훈련된 전문가를 활용하여 도시 문제를 해결하고자 했으며, 다양한 영역에서 개인적 성취를 위한 기회 확대를 지향했음

**어휘**

urbanism 도시화, 도시 계획
expertise 전문 지식
administrative 행정의, 관리상의
pose (문제를) 제기하다
fuel 자극하다
occupational 직업의
discipline 분야, 학문
degree 학위
expand 확대하다
fulfillment 성취, 달성

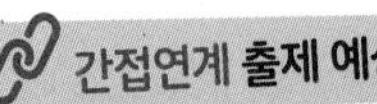


도시화 및 도시 계획 등과 같이 현대화된 도시의 기능과 역할을 다루는 내용이 출제될 수 있다.

>> 정답과 해설 30쪽

**간접연계 Practice 3** 24660-0035

**다음 글의 밑줄 친 부분 중, 어법상 틀린 것은?**

Smart cities today are often critiqued for injecting technologies of citizen surveillance into all manner of practice and places ① that should remain free of state intrusion. Asking where and how contemporary information collection is justified ② lining up with broader, independent histories and critiques of cities as instruments of surveillance and information collection. James Scott provocatively argues that the history of cities can be traced back to the premise that surveilling city residents and ③ collecting information about them, especially for tax purposes, explains the origins of cities in the first place. That work suggests that certain state-based surveillance functions might be essentially integral to the urban form, rather than ④ contradictory to the aspects of cities that we imagine promote individual freedom and autonomy. It raises a key question: Can cities sustain ⑤ themselves as institutions without relying in part on technologies of information collection?

*surveillance: 감시

**수능특강 4 Focus**

2025학년도 수능특강 영어 22강 1번 주제 파악

Shifting demographics, household structures, lifestyle preferences, and consumer values suggest a different built environment and urban fabric 30 years ahead compared with 30 years ago. More and more Americans, Australians, and Europeans are choosing to live in settings where they are less dependent on their cars because reducing air pollution and energy use matters to them. A 2011 survey of more than two thousand adult Americans found seven times more people said the neighborhood where a house is located is a bigger consideration in deciding where to live than the size of the house. Walking to restaurants, businesses, schools, and other amenities was the most appealing neighborhood feature for many respondents. To many 20- and 30-somethings, walkable communities are equated with a downsized environmental footprint and energy efficiency, with the added benefit of burning calories during everyday activities. If green buildings and solar panels dot the landscape and rooftops, all the better. Notes one economist with the Urban Land Institute, "Energy efficiency is becoming the new granite countertops; it's a necessary feature to sell the property."

*amenity: 생활 편의 시설 **dot: (점으로) 덮다 ***granite: 화강암

**소재** 거주지 결정 시 선호되는 항목

**3줄 요약**

- 점점 더 많은 사람이 자동차에 덜 의존하는 환경에서 살기를 선택하고 있음
- 젊은 세대는 자동차 의존도가 낮고 보행자 친화적인 지역에 거주하는 것을 선호함
- 친환경 건물과 태양 전지판이 설치되어 있다면 더 바람직함

**어휘**

| | | |
|---|---|---|
| demographics 인구 통계 | fabric 구조 | consideration 고려 사항 |
| appealing 매력적인 | equate 동일시하다 | efficiency 효율성 |
| solar panel 태양 전지판 | countertop 조리대 상판 | property 부동산 |

**간접연계 출제 예상**

미래 세대에게 있어 거주지 결정 시 중요하게 여겨지는 항목에 관한 내용이 출제될 수 있다.

>> 정답과 해설 30쪽

**간접연계 Practice 4** 다음 글의 주제로 가장 적절한 것은?

24660-0036

Companies increasingly realize that offices close to residences, shops, recreational outlets, and educational centers — once called multiuse centers and now often referred to as live-work-learn-play (LWLP) places — appeal to highly sought young professionals. The 2010 U.S. census showed that nearly two-thirds (64 percent) of college-educated 25- to 34-year-olds said they looked for a job after they chose the city where they wanted to live. Where most want to live is in walkable districts with Starbuck's-like away-from-home-and-work places to hang out, surf the Internet, chat with other locals, and work on their laptops, known as "third places." And where educated Millennials go, so do employers and retailers. Over the past 5 years, America's fastest job growth has been in urban areas, reversing the past few decades of job suburbanization.

① various reasons retailers prefer densely populated areas
② measures to improve areas lacking commercial infrastructure
③ negative effects of lack of healthcare facilities in "third places"
④ reasons and prospects for the elderly and wealthy leaving LWLP
⑤ considerations for young professionals when choosing a place to live

# Exercise 10

2024학년도 수능특강 영어 3강 1번

In the past there was little genetic pressure to stop people from becoming obese. Genetic mutations that drove people to consume fewer calories were much less likely to be passed on, because in an environment where food was scarcer and its hunting or gathering required considerable energy outlay, an individual with that mutation would probably die before they had a chance to reproduce. Mutations that in our environment of abundant food now drive us towards obesity, on the other hand, were incorporated into the population. Things are of course very different now but the problem is that evolutionary timescales are long. It's only in the last century or so, approximately 0.00004 per cent of mammalian evolutionary time, that we managed to tweak our environment to such a degree that we can pretty much eat whatever we want, whenever we want it. Evolution has another couple of thousand years to go before it can catch up with the current reality of online food shopping and delivery.

*mutation: 돌연변이 **outlay: (에너지 등의) 소비 ***tweak: 변경하다, 수정하다

---

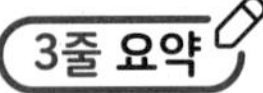


- 먹을 것이 부족한 과거에는 비만이 되는 것을 막는 유전자가 전달될 가능성이 거의 없었음
- 먹을 것이 풍부한 환경에서 비만으로 몰아가는 돌연변이가 인구 집단에 포함됨
- 바뀐 현재의 환경을 진화가 따라잡기까지는 몇천 년이 더 걸림

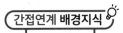

간접연계 배경지식

**돌연변이(mutation)**

돌연변이는 한 개체가 가진 DNA 뉴클레오타이드 염기 서열에서 발생하는 모든 변화를 말하며 무작위로 일어난다. 모든 생물 집단에서 세대가 거듭될수록 돌연변이가 축적되며 이렇게 만들어진 유전적 변이는 자연 선택에 의한 진화를 가능하게 한다.

>> 정답과 해설 32쪽

2024학년도 6월 모의평가 40번

The evolutionary process works on the genetic variation that is available. It follows that natural selection is unlikely to lead to the evolution of perfect, 'maximally fit' individuals. Rather, organisms come to match their environments by being 'the fittest available' or 'the fittest yet': they are not 'the best imaginable'. Part of the lack of fit arises because the present properties of an organism have not all originated in an environment similar in every respect to the one in which it now lives. Over the course of its evolutionary history, an organism's remote ancestors may have evolved a set of characteristics — evolutionary 'baggage' — that subsequently constrain future evolution. For many millions of years, the evolution of vertebrates has been limited to what can be achieved by organisms with a vertebral column. Moreover, much of what we now see as precise matches between an organism and its environment may equally be seen as constraints: koala bears live successfully on *Eucalyptus* foliage, but, from another perspective, koala bears cannot live without *Eucalyptus* foliage.

*vertebrate: 척추동물

---

**3줄 요약**

- 자연 선택은 가능한 가장 적합한, 혹은 아직은 가장 적합한 상태로 환경에 맞춰짐
- 생물체의 먼 조상들이 미래의 진화를 제약하는 특성을 진화시켰을 수도 있음
- 현재 생물체와 그 환경 간의 정확한 일치로 보이는 것의 대부분을 제약으로 볼 수 있음

**간접연계 문항 분석**

- **공통 소재**: 진화
- **Linking Point**: 비만을 막는 유전자와 관련하여 진화가 환경을 따라잡기까지 몇천 년이 더 걸린다는 내용의 수능특강 영어 지문과 연계하여, 진화 과정은 이용 가능한 유전적 변이에 작용하기 때문에 자연 선택이 현재 환경에 최대한 적합한 개체의 진화로 이어지지 못할 가능성이 있다는 내용의 지문이 출제되었다.
- **Linking Words**: evolutionary, genetic variation, natural selection, environment

수능특강 1
Focus

2025학년도
수능특강 영어
Test 3 · 13번
어휘

Overfishing is in large part a consequence of excessive effort and capacity in fisheries. Too often, fishery managers have been unable to control fishing effort, resulting in unsustainable levels of catch. This has been a particular problem for open-access fisheries where management does not limit the number of participants or high individual effort. In this situation, the economic incentives favor short-term exploitation over long-term sustainable use because the economic benefits of sacrificing current catch to rebuild the stock are hard to perceive compared to short-term needs (bills to be paid), and long-term benefits may have to be shared with newcomers when the fishery recovers. As more people enter the fishery or improve their fishing capabilities, the future yield to the individual fisher decreases. This often fosters competition to maintain or even increase individual catch levels even as stocks decline. In response, managers may shorten fishing seasons; participants then increase their fishing power, and effort becomes concentrated in time, sometimes resulting in "races for fish" or "fishing derbies."

*exploitation: 이기적 이용 **derby: 시합, 경기

**소재** 어류 남획으로 인해 파생되는 문제

**3줄 요약**

- 어류 남획은 어장에서의 과도한 어획 노력과 능력의 결과임
- 장기적으로 지속 가능한 이용보다 단기적인 이기적 이용을 선호
- 자원이 감소할 때도 개인별 어획량을 증가시키려는 경쟁이 조장됨

**어휘**

| | | |
|---|---|---|
| overfishing 어류 남획 | excessive 과도한 | fishery 어장, 양식장 |
| catch 어획량 | incentive 유인, 동기 | rebuild 복원하다, 재건하다 |
| stock 자원 | foster 조장하다, 촉진하다 | |

**간접연계 출제 예상**

어류 남획의 심각성, 어류 남획 해결 방안, 지속 가능한 어업 관행, 해양 생물 다양성 보존 방안, 해양 생태계 관리 방안, 해양 보호 구역 등을 다룬 내용이 출제될 수 있다.

>> 정답과 해설 32쪽

간접연계 Practice 1

24660-0037

**다음 빈칸에 들어갈 말로 가장 적절한 것은?**

When conventional means of regulating fishing such as catch quotas or effort limitations are not an option (because they are either impractical, unenforceable, or too costly, or because the information required is simply not available), ______________________________ could become the primary regulatory tool. Conventional, single-species management tools, for example, rapidly become impractical in multispecies fisheries when the fleet cannot selectively target individual stocks. Effort cannot be fine-tuned to meet individual species targets. Implementation of catch quotas by species leads to complex arrays of limits on the catch by species per fishing trip, which not only result in high levels of discard but also may fail to reduce fishing mortality. Reserves may be the only practical way to protect the most vulnerable species in these complexes or stocks that have been overfished in the past. Even if no directed fisheries were allowed on these overfished species, rebuilding may be possible only if areas in which significant incidental catch occurs are closed.

*quota: 할당, 쿼터　**fleet: 선단(船團)

① autonomously managing fishing areas and fish stocks
② profoundly altering ecosystem structures and functions
③ identifying and maintaining a wide range of habitat types
④ enhancement of recreational marine activities and tourism
⑤ large spatial closures placed on areas of high fish concentrations

수능특강 **2** Focus

2025학년도
수능특강 영어
16강 6번
문장 삽입

One important point related to the possibility of reproducing believable tactile sensations in virtual or machine-mediated environments lies in the role of "pain." Certainly, a number of real interactions can never be entirely believable without the presence of painful stimulation. However, one might wonder whether reproducing such kinds of stimulation would ever be of any use within virtual or mediated interactions. Shouldn't a "virtual" world be, in some sense, "better" without pain? Even if not immediately intuitive, there are a (admittedly small) number of situations in which the ability to deliver painful stimulation comes in handy within mediated environments. In fact, numerous attempts have been made over the course of the last few years to reproduce these aspects of our perception as well. This may occur in video games to increase the realism of the simulation or even more importantly in training programs for soldiers where pain is an occupational hazard and will need to be dealt with.

*tactile: 촉각의 **intuitive: 직관적인 ***hazard: 위험

**소재** 고통스러운 자극의 재현

**3줄 요약**

- 촉감을 재현하는 시뮬레이션 환경에서 고통의 역할이 중요함
- 고통스러운 자극을 전달하는 능력이 매개되는 환경 내에서 유용한 상황이 있음
- 비디오 게임이나 군인을 위한 훈련 프로그램에서 고통스러운 자극을 재현하려는 시도가 있어 왔음

**어휘**

| | | |
|---|---|---|
| sensation 감각 | virtual 가상의 | mediate 매개하다, 중재하다 |
| presence 존재 | stimulation 자극 | immediately 즉각적으로 |
| admittedly 물론, 틀림없이 | come in handy 유용하다, 쓸모가 있다 | |
| numerous 수많은 | perception 지각 | occupational 직업상의 |

**간접연계 출제 예상**

인공 촉각 기술, 촉각을 통한 이해와 소통, 가상 현실 훈련 시뮬레이션, 다중 감각 기반 시뮬레이션, 신체 감각 전이 실험, 뇌의 착각 등을 다룬 내용이 출제될 수 있다.

간접연계 Practice 2

24660-0038

다음 글에서 전체 흐름과 관계 없는 문장은?

We sometimes don't need to simulate very complex stimuli in order to obtain the immersive experiences. ① That is, often finding a simple stimulus that can capture the user's attention will suffice in terms of enhancing the overall sense of presence within a given multi-sensory environment. ② In fact, since we typically only pay attention to a small part of our environment, there is little point in accurately (not to mention expensively) simulating what falls outside of the focus of our attention. ③ Rather, these approaches merely provide tools that allow for indirect interactions with a simulated environment. ④ In other words, if we know what people are going to attend to, or what kind of stimuli naturally pop out from their backgrounds, we also know what one needs to simulate with great accuracy (leaving all the rest to lower-resolution representations that perhaps capture nothing more than the "gist" of a scene). ⑤ Understanding the way in which our brains process and integrate tactile information can lead not only to the development of better and more efficient environments/interfaces but also to avoiding the unnecessary waste of both economical and professional resources.

*gist: 요점

수능특강 3 Focus

2025학년도 수능특강 영독 1강 3번 빈칸 추론

The history of ethics is largely a history of the development of two central lines of thought: one that emphasizes our fundamental duties to others, and the other that strives to justify decisions based on the effects that our actions have on others. Immanuel Kant, William David Ross, Seyla Benhabib, and others argued that the most important question to pose is whether a person understood and was attempting to carry out a moral obligation or *duty*. If so, the outcome of one's action has no bearing on whether he or she acted ethically. Their duty-based, or deontological, approach <u>is focused almost exclusively on intent</u> and is the only way, they argued, to acknowledge the existence of universal moral obligations and to assess one's moral character. What makes a lie immoral, Kant said, is not the consequence of the lie — whether it prevents embarrassment or results in serious harm. A deliberately told lie is wrong because of what it *is*, not what it *does*: by its nature, a lie is an assault on our human dignity. We are failing morally if our intent is to deceive, and whatever results from that deception is immaterial.

*deontological: 의무론의 **assault: 공격 ***immaterial: 중요하지 않은

**소재** 개인의 도덕성 평가 준거로서의 의도

**3줄 요약**

- 윤리의 두 가지 중심적인 사고방식: 타인에 대한 우리의 기본적인 의무 강조 vs. 우리의 행동이 타인에게 미치는 영향에 기반한 결정의 정당화
- 의무론에서 행동의 결과는 그가 윤리적으로 행동했는지 여부와 아무런 관계가 없음
- 칸트는 거짓말의 결과에 상관없이 누군가를 기만하려는 의도 자체가 비도덕적이라고 봄

**어휘**

ethics 윤리, 윤리학
line of thought 사고방식, 사상
emphasize 강조하다
fundamental 기본적인, 근본의
strive to *do* ~하려고 노력하다
justify 정당화하다
pose (문제 등을) 제기하다
moral 도덕적인
obligation 책무, 의무
outcome 결과
have no bearing on ~과 아무런 관계가 없다
existence 존재
assess 평가하다
consequence 결과
embarrassment 곤란한[난처한] 상황
deliberately 고의로
dignity 존엄성
deceive 기만하다, 속이다
deception 속임수

**간접연계 출제 예상**

윤리학, 칸트의 의무론, 공리주의, 보편적 도덕 규칙, 윤리적 딜레마, 윤리성 판단 기준, 인공 지능의 윤리성 등을 다룬 내용이 출제될 수 있다.

간접연계 3 Practice

24660-0039

**다음 글의 요지로 가장 적절한 것은?**

Ethics is about our *thinking process*. The experience of learning about ethics can be frustrating for students who expect to walk out of class armed with clear-cut answers for how to deal with different types of problems. But in fact, such direct answers are rare in ethics. Instead, ethics is concerned with asking the right questions. The focus is on the quality of the *deliberative process* and not on the outcome. This can be discomforting because so much of Western culture is goal oriented. We care deeply about good performance, about results, about the bottom line — often with only passing interest in how we achieve those goals or what we do to attain "success." But expecting ethics to provide the necessary "correct" answers usually just leads to *moralizing* — making broad, often unconfirmed claims about a course of action that some will accept as reflecting their moral beliefs and others won't. Most ethical dilemmas don't present any fully acceptable solutions and instead offer several options that are unsatisfactory in some way. The trick is to figure out which one is most justifiable as you see it and which embodies key values.

① 윤리학은 도덕적 행위의 의도와 결과 둘 다를 중요하게 다룬다.
② 윤리적 딜레마는 다양한 도덕적 신념과 가치가 충돌할 때 발생한다.
③ 윤리학은 사람들의 가치 판단과 의사 결정의 합리적 방안을 제시한다.
④ 윤리학은 정답을 찾기보다 올바른 질문을 던지며 숙고하는 과정에 관한 것이다.
⑤ 성공을 중시하는 목표 지향적인 사회에서 직업 윤리의 중요성이 더욱 커지고 있다.

수능특강 4
Focus

2025학년도
수능특강 영독
5강 3번
글의 순서

We all have an intuitive sense of what "politics" means, but may find it harder to define the term precisely. (C) Modern political science offers a clear and helpful concept: politics is collective choice that is binding on a community. To see this, draw a contrast between politics as the domain of collective choice and economics as the domain of individual choice. Economic choices — for example, what to consume or produce, or what kind of employment to engage in — are individual and voluntary. (A) Such choices will be constrained — we may not be able to buy everything we want, or choose the exact job we want — but they are not coerced. We make these choices, and no one else forces us to do so. Furthermore, these choices affect only the person who makes them and other, similarly consenting individuals who freely enter into voluntary, contractual relationships. (B) By contrast, political choices are collective and binding. They may be a consequence of individual decisions (in a dictatorship, the choice of a single leader; in a democracy, the choices of a majority of citizens), but everyone in the community is obliged to accept these decisions whether or not they support them.

*constrain: 제한[제약]하다 **coerce: 강요하다

**소재** 정치에 대한 정의

**3줄 요약**

- 현대 정치학에서 정치란 공동체에 대해 구속력이 있는 집단적 선택으로 정의
- 경제적 선택은 개인적이고 자발적임
- 정치적 선택은 공동체의 모든 구성원이 지지 여부에 상관없이 받아들여야 함

**어휘**

intuitive 직관적인
define 정의하다
precisely 정확하게
collective 집단적인, 공동의
binding on ~에게 구속력이 있는
contrast 대조
domain 영역
voluntary 자발적인
consenting 동의[승낙]하는
contractual 계약상의, 계약된
dictatorship 독재 국가[정권]
be obliged to *do* 어쩔 수 없이 ~해야 하다

**간접연계 출제 예상**

정치의 의미와 기능, 정치적 선택의 의미, 정치적 위험의 개념과 원인, 정치적 위험 해결 방식, 민주주의의 중요성 등을 다룬 내용이 출제될 수 있다.

>> 정답과 해설 34쪽

간접연계 **4**
**Practice**

24660-0040

**다음 글의 밑줄 친 부분 중, 문맥상 낱말의 쓰임이 적절하지 않은 것은?**

Today, force and money are being delegitimized as tools for managing political risks. They are not necessarily unusable, but their use is now publicly unacceptable. Norms of sovereignty and nonviolence have made the one-sided use of force, even for traditional security reasons, domestically ① controversial. Its use in the service of economic interests, while not impossible, is now nearly unthinkable for most major states, especially western ones. Even though bribery and corruption remain globally widespread, their legality and morality are also under sustained ② attack. National legislation with extraterritorial reach, international conventions, and global civil society are making corruption more costly and less acceptable. These efforts remain uneven and highly imperfect, but the direction of ethical travel is toward more ③ flexible expectations of complete honesty and transparency. No one now openly ④ admits to corruption: it is always disguised as something else and called by another name. As markets spread through societies and between states, political influence has become the one commodity that is less ⑤ permissible to trade.

*delegitimize: 비합법화하다 **sovereignty: 주권, 통치권 ***bribery: 뇌물

# Exercise 11

간접연계 **History**

2024학년도 수능특강 영독 4강 9번

In European history, many of the song forms favored by the most popular performers were explicitly connected to dances. These origins are often preserved in the musical terminology we use today. The *rondo* is now treated as a specifically musical form with a recurring refrain, but the term likely derives from the circular dance that accompanied the *rondeau* of the wandering musicians of the late medieval era. Today we use the word *carol* to describe a Christmas song, but it comes from a very popular dance of that period, the *carole*. A host of other terms, from *minuet* to *waltz*, are now used to describe concert hall music, but originated among dancers. I doubt we will ever grasp the full impact of dancing on musical style, which shows up even where we least expect to find it. Charles Rosen, in his seminal study *The Classical Style*, marvels over the process by which the four-bar phrase gained a "stranglehold on rhythmic structure" in classical music, and is forced to conclude that "the periodic phrase is related to the dance, with its need for a phrase pattern that corresponds to steps and to groupings." In other words, even the elitist masterworks of Mozart and Beethoven move to the beat of the peasants' feet.

*refrain: 후렴구 **seminal: 중요한 ***stranglehold: 완전한 지배

---

- 오늘날 우리가 사용하는 음악 형식 용어가 춤에서 유래함
- 음악 스타일에 대한 춤의 영향은 리듬 구조에서도 나타남
- 고전주의 음악에서 네 마디의 주기적인 악구는 춤과 관련 있음

간접연계 **배경지식**

**Rondo**

론도란 악곡에서 중심이 되는 주제가 삽입부를 사이에 두고 몇 번이나 되풀이해서 나타나는 형식을 말하며 중세 프랑스에서 시작한 2박자 형식의 춤곡이 발달하여 고전파로 접어들면서 완전한 기악 형식으로 변하였다.

>> 정답과 해설 35쪽

2024학년도 9월 모의평가 26번

Charles Rosen, a virtuoso pianist and distinguished writer, was born in New York in 1927. Rosen displayed a remarkable talent for the piano from his early childhood. In 1951, the year he earned his doctoral degree in French literature at Princeton University, Rosen made both his New York piano debut and his first recordings. To glowing praise, he appeared in numerous recitals and orchestral concerts around the world. Rosen's performances impressed some of the 20th century's most well-known composers, who invited him to play their music. Rosen was also the author of many widely admired books about music. His most famous book, *The Classical Style*, was first published in 1971 and won the U.S. National Book Award the next year. This work, which was reprinted in an expanded edition in 1997, remains a landmark in the field. While writing extensively, Rosen continued to perform as a pianist for the rest of his life until he died in 2012.

3줄 **요약**

- 거장 피아니스트이자 저명한 작가인 Charles Rosen은 1927년 뉴욕에서 출생함
- 불문학 박사 학위를 받은 1951년에 피아노로 데뷔했으며, 그 후 유명 작곡가들로부터 작품 연주를 요청받음
- *The Classical Style*을 포함하여 많은 음악 저서를 집필하였으며, 글쓰기와 피아노 연주를 병행함

- **공통 소재**: Charles Rosen
- **Linking Point**: 음악 형식 용어와 리듬 구조에서 나타나는 춤의 영향에 관한 수능특강 영어 지문과 연계하여, 지문에 언급된 고전주의 음악에 관한 책 *The Classical Style*을 쓴 Charles Rosen에 대한 지문이 출제되었다.
- **Linking Words**: *The Classical Style*, music, book

수능특강 1 Focus

2025학년도 수능특강 영독 3강 9번 빈칸 추론

Small mammals and insects live near one another, often in dense vegetation. Their hearing range extends into what humans call the ultrasonic because these high sounds reveal useful information about the close-at-hand environment. Social and breeding signals of these animals are therefore also ultrasonic. To human ears, for example, mice and rats seem almost entirely silent, but these animals have rich vocal repertoires including play sounds, calls from pups to mothers, alarms, and breeding songs. Such high-frequency sounds travel very poorly in air, and so these sounds offer rodents good close-at-hand communication without revealing their locations. For animals that interact on larger scales, like humans and birds, lower frequencies work better for long-distance communication. Their ears — and thus breeding songs and calls — are tuned to lower frequencies. The diversity of sonic expression therefore <u>reflects the varied ecologies of each species</u>.

*ultrasonic: 초음파의 **pup: 새끼 ***rodent: 설치류

**소재** 동물들이 처한 환경에 따른 의사소통 소리의 다양성

**3줄 요약**

- 작은 포유동물과 곤충은 근거리 환경에 유용한 고주파 소리로 의사소통함
- 이러한 고주파 소리는 자기 위치를 드러내지 않은 채로 원활한 근거리 의사소통을 제공함
- 인간과 새는 더 큰 규모로 상호 작용을 하므로 장거리 의사소통을 할 수 있도록 더 낮은 주파수로 의사소통함

**어휘**

mammal 포유동물
insect 곤충
dense 무성한, 빽빽한
vegetation 초목
range 범위
extend 확장되다
reveal 드러내다, 보여 주다
close-at-hand 근거리의
breeding 번식
repertoire 목록, (한 개체가 할 수 있는) 모든 것
high-frequency 고주파의
interact 상호 작용을 하다
diversity 다양성
sonic 소리의
reflect 반영하다
ecology 생태

**간접연계 출제 예상**

동물의 의사소통 방식, 동물이 내는 소리의 특성, 동물들의 사회적 신호, 생물들의 상호 작용 등을 다룬 내용이 출제될 수 있다.

>> 정답과 해설 36쪽

**간접연계 1 Practice**

24660-0041

**주어진 글 다음에 이어질 글의 순서로 가장 적절한 것은?**

A defining characteristic of all living organisms is the ability to perceive their habitat with the help of receiver systems and then to react. Thus, the habitat is full of visual, auditory, chemical, and electrical data.

(A) The ability to exchange information is in turn the basis for communication! Only the exchange of information by living organisms among themselves and their consequent interaction with their inanimate environment results in the creation of the big picture, the ecosystem.

(B) This data only becomes information when a living organism is able to perceive it with its receiver cells. Such receiver cells are also called 'receptors', from the Latin word *receptor*, which means 'sensor'. The type of receptors decides which information a living organism perceives: the animal sensory organs 'eyes' are made for perceiving colours and shapes; 'noses' are perfect for perceiving smells.

(C) Receptors therefore enable a living organism to find its way in its own habitat: where is the light or the water, and where can I move to without bumping into a stone? If one organism encounters another organism, then they can both receive and exchange information by means of their receptors.

① (A) – (C) – (B)
② (B) – (A) – (C)
③ (B) – (C) – (A)
④ (C) – (A) – (B)
⑤ (C) – (B) – (A)

수능특강 2 Focus

2025학년도 수능특강 영어 27강 2번 무관한 문장

Languages are far more similar than had previously been thought, and that universality suggests that the human brain is designed to understand the world in certain ways, which may also correspond to the structure of reality. Thus, all languages have nouns and verbs, modifiers (adverbs and adjectives), and names and pronouns. Languages may differ as to the sequence of words in a sentence (e.g., verb in the middle or at the end), but sentences are always used. (Therefore, individuals belonging to a particular community may not follow the language habits of that community.) Even the sequence of words does not vary as widely as it could: Steven Pinker says that there are 128 possible orderings of the main parts of a sentence, but most languages use one of only two of those possibilities. Crucially, most languages seem to have an almost identical list of concepts, and as a result nearly all words and sentences can be translated effectively from one language into another.

*modifier: 수식어

**소재** 언어의 보편성

**3줄 요약**

- 언어는 보편성을 지니며 이는 인간의 뇌가 특정 방식으로 세상을 이해하도록 설계되어 있음을 보여 줌
- 모든 언어에는 명사와 동사, 수식어, 이름과 대명사가 있고 항상 문장이 사용됨
- 대부분 언어는 거의 동일한 개념 목록을 가지고 있고, 그 결과 한 언어에서 다른 언어로 효과적 번역이 가능함

**어휘**

previously 이전에
correspond to ~과 부합하다, ~과 일치하다
adverb 부사
adjective 형용사
pronoun 대명사
as to ~에서, ~에 관해
sequence 순서
particular 특정한
vary 다르다, 다양하다
ordering 순서
crucially 결정적으로
identical 동일한
concept 개념
translate 번역하다
effectively 효과적으로

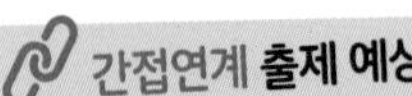

**간접연계 출제 예상**

언어의 보편적 특성, 언어와 사고 능력, Steven Pinker, 언어와 사회 및 문화의 관계 등을 다룬 내용이 출제될 수 있다.

>> 정답과 해설 36쪽

**간접연계 Practice 2**

24660-0042

**다음 글의 밑줄 친 부분 중, 어법상 틀린 것은?**

As for the color wheel, although it may be a continuum in terms of the physics of light, the human eye has the same color receptors everywhere, and so all cultures that distinguish colors end up with the same list. Some languages apparently do not distinguish all of the different shades that we do, but new colors ① are added in about the same sequence. That is, cultures that have only two color words almost always ② have them for light (white) and dark (black). If the culture has a third color, it is always red; the fourth is generally yellow or green; and the fifth is ③ the other of those two; the sixth is always blue; and so forth. Most cultures recognize the 11 basic colors and do so in precisely the same way. Maybe the color spectrum is a continuum in terms of light waves, but the receptors in the human eyes ④ do not, and they attune us to certain colors. Anyone ⑤ whose eyes work properly (that is, anyone not color blind) can tell the difference between red and green, regardless of culture and language.

*attune: 순응시키다

수능특강 3 Focus

2025학년도 수능특강 영독 3강 2번 빈칸 추론

The expanding nature of digital technology meant new forms were constantly surfacing and rapidly diversifying. As Dieter Daniels wrote regarding the growing complexity of current digital media, it is "impossible to take in the whole picture." No technology has ever unfolded its potential as swiftly as computers. In contrast to traditional tools, which retained their form and function for hundreds of years, the computer has changed dramatically in a short space of time. There was, as pioneering artist Mark Wilson suggests, a "bewildering variety of computational techniques" available to the artist. Throughout the history of computer art, it seems that artists have often struggled with the morphology and tempo of digitalization. For the theorist and artist, it was difficult to follow the rapidly evolving nature of the technology and the sudden succession and redundancy of forms. Equally, the historian was faced with the difficulty of mapping these rapidly transforming and ever-expanding digital forms. This is perhaps why art historians have traditionally preferred subjects that evolved at a manageable pace.

*bewildering: 당혹하게 하는 **morphology: 형태(론) ***redundancy: (불필요한) 중복, 과잉

**소재** 컴퓨터 기술의 빠른 진화와 예술 사학자의 선호 주제

**3줄 요약**

- 디지털 기술의 빠른 발전과 그 복잡성으로 인해 전체적인 모습을 이해하는 것이 어려움
- 예술가들은 흔히 디지털화의 형태 및 속도와 싸워 왔으며, 사학자는 계속 확장되는 디지털 형태를 상세히 기술하는 어려움에 직면함
- 예술 사학자들은 감당할 수 있는 속도로 진화한 주제를 전통적으로 선호함

**어휘**

expand 확장되다, 팽창되다
surface 나타나다, 수면으로 올라오다
diversify 다양해지다
regarding ~에 관하여
take in ~을 이해하다, ~을 흡수하다
unfold 펼치다
potential 잠재력
swiftly 신속하게
retain 유지하다, 보유하다
dramatically 극적으로
struggle 싸우다, 고군분투하다
tempo 속도, 빠르기
digitalization 디지털화
theorist 이론가
succession 계승, 연속
map 상세히 기술하다, (지도에) 나타내다
ever-expanding 항상 확장되는

**간접연계 출제 예상**

디지털 미디어의 특성, 디지털 기술 발달의 속도, 인공 지능 예술, 컴퓨터 예술의 역사, 디지털 정보 활용 능력, Dieter Daniels, Mark Wilson 등을 다룬 내용이 출제될 수 있다.

>> 정답과 해설 37쪽

간접연계 **3** Practice

24660-0043

**다음 글의 제목으로 가장 적절한 것은?**

Compared to the speed with which the newer generation students and young adults are exposed to and use media, the speed of transition in both research and educational practice is glacially slower. The current situation certainly presents serious concerns. We should be worried not only because technology integration is less common and effective in education than it should be, but also because the ways in which today's students use technology and the amount of time they spend using that technology are far from ideal. Moreover, with respect to both media education and information literacy, a gap clearly exists between what today's learners have been taught and what they should have been taught. Our current educational systems do not sufficiently teach or guide our students about how to live in a society tremendously transformed by technology. Technology has become a central part of virtually everyone's life and has transformed reading, writing, communicating and even thinking for most people. However, the new generation has not had sufficient opportunities to competently adapt to those changes and become adept with digital technologies and living.

*glacially slow: (빙하의 속도만큼) 엄청 느린 **adept: 능숙한

① Educational Challenges Technology Cannot Help
② Digital Literacy Necessary for Educators and Teachers
③ Educational Innovations Caused by Technology's Rapid Rise
④ How to Help the Young Generation Escape from Digital Addiction
⑤ The Need to Prepare Young People for a Technology-Driven World

수능특강 4 Focus

2025학년도 수능특강 영독 12강 9번 문장 삽입

Ascorbic acid, or vitamin C, is an essential component of the human diet. Yet your cat, your dog or your sheep, goat, or pet rat doesn't have the same need to consume it in their food. They can make it themselves, having the necessary enzymes to synthesize it. The reason why it is a vitamin for humans is that, sometime in our primate past, our ancestors lost the enzyme required to synthesize ascorbic acid. This ancestor wasn't careless; it didn't actually *lose* the enzyme. Rather, there was a mutation in the gene for the particular enzyme, and this change in the gene altered the enzyme's structure, such that it was no longer able to do its job of making ascorbic acid molecules. However, although it could no longer make ascorbic acid molecules, there was no disadvantage to this ancestor because it was already consuming plenty of ascorbic acid in its food. At that particular time, ascorbic acid went from being an optional component of this animal's diet to being an essential component. This was the moment that ascorbic acid became vitamin C.

*enzyme: 효소 **synthesize: 합성하다 ***mutation: 돌연변이

**소재** 인간의 비타민 C 섭취

**3줄 요약**

- 인간은 다른 동물과는 달리 아스코르브산을 스스로 만들지 못함
- 아스코르브산 합성에 필요한 효소를 만드는 유전자에 돌연변이가 생긴 결과임
- 비타민 C는 인간 식단의 필수 구성 요소가 됨

**어휘**

| | | |
|---|---|---|
| acid 산 | component 구성 요소 | diet 식단, 식사 |
| goat 염소 | consume 섭취하다, 먹다 | primate 영장류 |
| alter 바꾸다, 변경하다 | molecule 분자 | disadvantage 불리한 점 |
| optional 선택적인 | | |

**간접연계 출제 예상**

비타민 C의 중요성, 효소의 종류와 특징, 효소의 다양한 기능, 효소가 이용되는 분야, 유전 공학을 활용한 인공 효소 개발 등을 다룬 내용이 출제될 수 있다.

>> 정답과 해설 38쪽

간접연계 Practice 4

24660-0044

**글의 흐름으로 보아, 주어진 문장이 들어가기에 가장 적절한 곳은?**

> Such modified enzymes can prove more effective as catalysts, accept a wider range of substrates, and survive harsher reaction conditions.

Enzymes and nucleic acids are increasingly being used in commercial applications. For example, enzymes are used routinely to catalyse reactions in the research laboratory, and for a variety of industrial processes involving pharmaceuticals, agricultural chemicals, and biofuels. In the past, enzymes had to be extracted from natural sources — a process that was both expensive and slow. ( ① ) But nowadays, genetic engineering can incorporate the gene for a key enzyme into the DNA of fast growing microbial cells, allowing the enzyme to be obtained more quickly and in far greater yield. ( ② ) Genetic engineering has also made it possible to modify the amino acids making up an enzyme. ( ③ ) For example, a modified enzyme was used to catalyse a key synthetic step in the synthesis of sitagliptin — an agent used to treat diabetes. ( ④ ) The natural enzyme was unable to catalyse this reaction because the substrate involved was too big to fit the active site. ( ⑤ ) Genetic engineering produced a modified enzyme with a larger active site.

*catalyst: 촉매 **substrate: 기질(효소의 작용을 받는 물질) ***synthetic: 종합의

# Exercise 12

간접연계 History

2024학년도 수능완성 실전모의고사 1회 37번

Scientists are often in the position of judging dramatic-sounding claims. In 2012, physicists at the Large Hadron Collider announced the discovery of a new particle, most likely the long-sought-after Higgs boson. (B) Scientists around the world were immediately ready to accept the claim, in part because they had good theoretical reasons for expecting the Higgs to be found exactly where it was; their prior was relatively high. (C) In contrast, in 2011 a group of physicists announced that they had measured particles that were apparently moving faster than the speed of light. The reaction in that case was one of universal skepticism. (A) This was not a judgment against the abilities of the experimenters; it simply reflected the fact that the prior credence assigned by most physicists to any particle moving faster than light was extremely low. And, indeed, a few months later the original team announced that their measurement had been in error.

*Higgs boson: 힉스 입자 **prior: 사전 확률; 사전의 ***credence: 신뢰

---

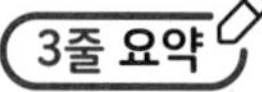


- 과학자들은 극적으로 들리는 주장을 판단하는 위치에 있음
- 이론적으로 사전에 예측한 경우, 즉 사전 확률이 높을 경우 과학자들이 즉시 받아들임(힉스 입자 발견)
- 과학자들이 해당 주장에 대한 사전 신뢰가 높지 않을 때는 회의적인 반응을 보임(빛보다 빠른 입자 측정 발표)

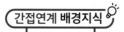

간접연계 배경지식

**빛의 속도(speed of light)**

진공 속에서 빛의 속도(c)는 약 $3.0\times10^8$m/s로 일정하며, 아인슈타인의 상대성 이론에 따르면 빛의 속도는 모든 에너지, 물질, 정보가 가질 수 있는 속도의 최대값이며, 빛보다 빠른 물질은 존재할 수 없다.

>> 정답과 해설 39쪽

2024학년도 수능 38번

Science is sometimes described as a winner-take-all contest, meaning that there are no rewards for being second or third. This is an extreme view of the nature of scientific contests. Even those who describe scientific contests in such a way note that it is a somewhat inaccurate description, given that replication and verification have social value and are common in science. It is also inaccurate to the extent that it suggests that only a handful of contests exist. Yes, some contests are seen as world class, such as identification of the Higgs particle or the development of high temperature superconductors. But many other contests have multiple parts, and the number of such contests may be increasing. By way of example, for many years it was thought that there would be "one" cure for cancer, but it is now realized that cancer takes multiple forms and that multiple approaches are needed to provide a cure. There won't be one winner — there will be many.

*replication: 반복 **verification: 입증

- 과학을 승자 독식 대회로 보는 것은 극단적이면서 부정확한 견해임
- 과학에서 반복과 입증이 일반적이고 소수의 대회만 있는 것이 아님
- 과학 대회는 다양하고 그 수도 증가하고 있으며 다수의 승자가 있음

간접연계 문항 분석

- **공통 소재**: science, Higgs
- **Linking Point**: 어떤 과학적 주장에 대한 과학자들의 반응이 해당 주장의 사전 신뢰도에 따라 달라짐을 설명하는 수능완성 영어 지문과 연계하여 과학적 주장이 과학자들에게 받아들여지는 것을 과학 대회에서 승자가 되는 것에 비유하면서 과학 대회는 다양하고 그 수가 증가하고 있으며, 다수의 승자가 있다는 내용의 지문이 출제되었다.
- **Linking Words**: science, the Higgs particle

간접연계 Searchlight

**수능특강 Focus 1**

2025학년도 수능특강 영독 11강 9번 문장 삽입

Despite the significant importance of marketplaces as the core of economic and socio-cultural transactions in the city, local authorities often tend to problematise them as unhygienic and unhealthy urban environments. Early examples of this situation were in the major European cities in the mid-19th century, where poverty, overpopulation and pollution were the main problems in inner-city areas. For example, in London, street markets were a part of the vivid urban scene in the 19th century supplying cheap food and products. However, they were unorganised and naturally growing. <u>The city authorities have viewed these markets as components of the city's degraded living conditions.</u> They introduced structural spatial changes to address this problem, including removing street markets and developing new and enlarged indoor marketplaces. These new indoor markets functioned as an urban renewal tool as well, as their construction required the demolition of existing building blocks and reorganisation of streets.

*unhygienic: 비위생적인 **demolition: 철거

**소재** 길거리 시장을 향한 부정적 시선

**3줄 요약**

- 시장은 그것의 중요성에도 불구하고 비위생적이고 건강에 좋지 않은 도시 환경으로 문제시되는 경향이 있음
- 19세기 중반 주요 유럽 도시에서는 가난, 인구 과잉 및 오염이 도심 지역의 주요 문제였음
- 런던시 당국은 시장을 도시의 낙후된 생활 환경의 구성 요소로 여겨, 길거리 시장을 없애고 실내 시장을 개발함

**어휘**

| | | |
|---|---|---|
| core 핵심 | transaction 거래 | local authority 지방 정부 당국 |
| urban 도시의 | vivid 생생한 | supply 공급하다 |
| unorganised 체계적이지 않은 | degraded 낙후된, 질이 떨어진 | structural 구조적인 |
| spatial 공간의 | address 해결하다, 다루다 | enlarged 확대된 |
| renewal 재개발 | construction 건설, 구성 | existing 기존의 |

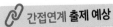

시장의 역사, 재래시장의 긍정적 역할과 기능, 시장의 종류와 변화 양상, 근대 산업 도시의 문제점, 도시 환경 개선 방안 등을 다룬 내용이 출제될 수 있다.

>> 정답과 해설 39쪽

간접연계 Practice 1 다음 글의 주제로 가장 적절한 것은?

24660-0045

As flexible spatial-temporal organisations, marketplaces can facilitate a spontaneous synergy between people of different social-economic and cultural backgrounds. They can give a sense of the city's life and 'soul.' Markets worldwide share certain commonalities, which makes them familiar environments with similar routines and codes of conduct. Along with relatively low entry barriers for traders, marketplaces are generally thought of as inclusive spaces, where diverse people feel they have an equal right to be. Recent studies have also shown that marketplaces can provide platforms for alternative consumption models of sharing and upcycling, reuse and recycling at non-monetary-based private and public sharing events. And perhaps most importantly, the marketplace constitutes part of the minimal urban infrastructure required to meet basic human survival needs in many cities worldwide. They function as the economic engine that connects rural farmers to urban traders and urban consumers, as an active part of the supply and demand chain as the basics of economics. They serve as grounds for job opportunities, livelihood sources, touristic attractions, education platforms for entrepreneurial skills and growth of wealth.

*commonality: 공통점 **entrepreneurial: 기업가의

① the history and evolution of urban infrastructures
② major challenges markets worldwide are facing today
③ various types of urban marketplaces around the world
④ preserving traditional marketplaces as part of cultural heritage
⑤ significance of marketplaces and their diverse positive functions

**수능특강 Focus 2**

2025학년도 수능특강 영어 25강 2번 문장 삽입

Architectural spaces become memorable through the architectural characteristics that define them. Qualities of scale, appropriateness for people, aesthetics, and visual impact are among the many components that give a place its character and feel. The purpose of a space can make it a place. The Oval Office in the White House is a good example of a place with enormous historic significance. The unique oval shape of this splendid room makes it memorable and gives it a special importance without being ostentatious. Incidentally, George Washington had two rooms at Mount Vernon altered to include bowed ends so he could greet guests while standing in the middle as they circled around him. Thomas Jefferson designed two oval meeting rooms in the main floor of the Rotunda at the University of Virginia. Oval rooms were seen as being democratic because no person could be placed at a more important position in the room than anyone else.

*splendid: 훌륭한 **ostentatious: 대단히 호사스러운

**소재** 공간을 정의하는 건축적 특성

**3줄 요약**

- 건축 공간은 건축적 특성을 통해 기억에 남게 됨
- 건축적 특성을 나타내는 요소에는 규모, 사람에 대한 적합성, 미학, 시각적 효과 등이 있음
- 대통령 집무실이나 회의실의 타원형 모양은 그것을 기억에 남게 하고 그 장소에 민주적인 성격을 부여함

**어휘**

architectural 건축의
appropriateness 적합성
aesthetics 미학
component 요소
enormous 엄청난, 막대한
incidentally 덧붙여 말하자면
bowed 굽은

**간접연계 출제 예상**

건축물의 형태와 상징성, 건축의 미적 효과, 건축의 요소, 건축의 특성, 건축이 개인과 사회에 미치는 영향 등을 다룬 내용이 출제될 수 있다.

>> 정답과 해설 40쪽

**간접연계 Practice 2**

24660-0046

**다음 빈칸에 들어갈 말로 가장 적절한 것은?**

Architecture is a ____________. On the surface, the parts of a building must first serve a function, shielding us from the elements and keeping us safe. But as we look past necessary functionality, buildings frame our lives and even convey emotions. Architecture communicates moods. A building can be shy and restrained or it can be showy and loud. Some architecture is whimsical, some is serious. Cathedrals are obvious examples of architecture that express devotion and inspire quiet thought. Over the history of our civilization, certain forms gain status and meaning. Arches define entrances and passageways. Spires reach up to the heavens. Pillars convey strength. Rhythms, patterns, and curves express the passage of time, energy, and excitement. A sheltering roof expresses protection and safety. Whether we are aware of it or not, architecture speaks to us in a very real way.

*whimsical: 엉뚱한 **spire: 첨탑 ***pillar: 기둥

① science
② religion
③ business
④ language
⑤ commodity

**수능특강 Focus 3**

2025학년도 수능특강 영독 9강 10번 요약문 완성

Proteins are among the most important molecules we possess, because they are also among the most collaborative. They play distinct roles in helping the body to interpret changes, communicate them and decide on actions as a result. Our bodies work in large part because our proteins know their own role, appreciate that of their peers and act accordingly. They work as part of a team, but through the expression of entirely individual personalities and capabilities. Dynamic yet defined, individual within a team context, proteins can offer a new model for how we organize and interact as people. Like humans, proteins respond to their environment, communicate information, make decisions and then put them into action. But unlike us, proteins are actually very good at doing this: working in an instinctively collaborative way without letting personality clashes, personal problems or office politics become obstacles. And they achieve this not by trying to 'fit in' with their environment, but by aligning and making use of their various chemistries: embracing the complementarity of contrasting 'types'.

*complementarity: 상호보완성

**소재** 협업에 대한 단백질과 인간의 비교

**3줄 요약**

- 단백질은 가장 협업적이므로 가장 중요한 분자에 속함
- 단백질은 사람들이 조직하고 상호 작용하는 방식에 대한 새로운 모델을 제공함
- 조직 내에서 자신들의 환경에 맞추려고 애쓰는 인간과는 달리, 단백질 분자는 자기의 다양한 화학적 성질을 조정하여 사용함으로써 협업함

**어휘**

| | | |
|---|---|---|
| collaborative 협업적인, 합작의 | distinct 뚜렷한 | interpret 해석하다, 이해하다 |
| in large part 주로, 대개 | appreciate 인식하다, 인정하다 | personality 특성, 개성, 성격 |
| defined 경계가 분명한 | put ~ into action ~을 행동에 옮기다 | instinctively 본능적으로 |
| obstacle 장애(물) | fit in with ~에 맞추다, ~과 어울리다 | align 조정하다, 정렬하다 |
| make use of ~을 이용하다 | embrace 수용하다 | contrasting 대조적인 |

**간접연계 출제 예상**

단백질 종류와 역할, 단백질 구조와 기능, 조직 내 협업의 필요성, 갈등 해결 전략, 환경에 반응하고 적응하는 방식 등을 다룬 내용이 출제될 수 있다.

>> 정답과 해설 40쪽

## 간접연계 Practice 3

24660-0047

주어진 글 다음에 이어질 글의 순서로 가장 적절한 것은?

In the same way that a friendship group decides where to go out, or what film to watch, a cell relies on different inputs and actions, from different protein types, to perform necessary functions.

(A) By contrast, proteins are a marvel of efficient organization over emotional compromise and social politics. You can see this by looking at the process of 'cell signalling' — essentially how different proteins combine to sense changes in the body, communicate them to each other and make decisions as a result.

(B) Or at least that's the theory behind efficient organization, and something we see in cell structures and the animal kingdom. Human behaviour is often a much messier reality. Think about your own friends and how good you are at deciding how to socialize.

(C) How long does it take to agree a date, fix a venue and get everyone signed up? And how much of that process involves people doing things they don't really want to do, or at times that don't really suit them? Again, the desire for conformity and to be positively judged by others tends to override the necessity of communicating and acting effectively in concert.

*venue: 장소

① (A) – (C) – (B)　② (B) – (A) – (C)　③ (B) – (C) – (A)
④ (C) – (A) – (B)　⑤ (C) – (B) – (A)

수능특강 4 **Focus**

2025학년도 수능특강 영독 6강 7번 어법

Reading is a tool for understanding human cognition. The capacity to use language evolved in humans over many thousands of years, the end result being that children acquire it easily and rapidly through interactions with other speakers. Reading is different: it is a technology, like radio, that came into existence because a person — or possibly several — had the insight to invent it. The advent of reading occurred relatively recently in human history, well after humans had evolved capacities to speak, think, perceive, reason, learn, and act. Reading was a new tool created out of existing parts. The fortuitous by-product of this history is that we can use reading to investigate all these capacities. A person doesn't have to be a reading scientist to study reading; they might study vision or memory, for example, using experimental methods that happen to involve having people read words and sentences. This bonus has resulted in the creation of a research literature of exceptional depth and quality.

*advent: 출현 **fortuitous: 우연한

**소재** 인간의 인지를 이해하기 위한 도구로서의 읽기

**3줄 요약**

- 언어 사용 능력은 상호 작용을 통해 쉽게 습득할 수 있지만 읽기는 그렇지 않음
- 읽기는 인간의 역사에서 비교적 최근에 출현한, 기존 인지 능력을 바탕으로 만들어진 새로운 도구임
- 읽기를 이용하여 시각과 기억을 비롯한 인간의 인지 능력 전반을 연구할 수 있음

**어휘**

cognition 인지
evolve 진화하다
insight 통찰력
perceive 인식하다, 인지하다
by-product 부산물
investigate 연구하다
literature 문헌
exceptional 탁월한

**간접연계 출제 예상**

언어 능력과 읽기 능력, 읽기 능력의 발달 과정, 읽기 장애, 성공적인 읽기 능력 향상법, 인지 능력 발달, 인지 발달에서 읽기의 역할 등을 다룬 내용이 출제될 수 있다.

>> 정답과 해설 41쪽

간접연계 Practice 4

24660-0048

다음 글의 밑줄 친 부분 중, 문맥상 낱말의 쓰임이 적절하지 않은 것은?

A process called the phonological model takes a child from simply seeing symbols to understanding the formation of words to the realization that letters stand for the sounds the child hears when that word is spoken. This process follows a ① logical sequence. A child realizes first that words consist of smaller segments, and next that these segments correspond to ② sounds. Written letters now become linked to spoken language. The realization that letters on the printed page match with the same phonemes as when the word is spoken begins to sink in. The relationship between written and spoken words ③ disintegrates — both can be broken down into sounds, and the symbols on the page represent sounds. This connection is known as the alphabetic principle, which must be mastered by children in order to learn to read. Shaywitz explains that speaking, unlike reading, is a ④ natural process for humans. Readers have to make the leap of translating symbols into speech, something our brains know how to do — otherwise, letters will remain ⑤ meaningless symbols on a page. Teaching a child to read is a process that systematically unlocks this code.

*phonological: 음운론적인 **phoneme: 음소

2025학년도 수능 대비

수능 영어 간접연계

**서치라이트**

# Ⅱ

# 간접연계 정복하기

## <실전테스트편>

# 실전테스트 1회

(수능특강 Link) 2025학년도 수능특강 영독 Mini Test 1회 · 18번

**01** 다음 글의 목적으로 가장 적절한 것은?

24660-0049

Dear Mr. Daniel,

I am writing this letter on behalf of Richmond Lane's residents to draw your kind attention towards a serious problem in our neighborhood. Since the last year, the St. Anthony Road outside our locality has been in serious need of road repair. Due to the overdue need for repairs, the condition of the road has gone from bad to worse. It is becoming extremely difficult to drive on the road. There have also been several accidents which resulted in people being injured. Of late, the conditions are only worsening due to flooding. If the road is not repaired on an urgent basis, things will only get all the more difficult. Therefore, I am writing this letter to bring to your attention the need for road repairs in our area. I hope you will understand the urgency of the situation and take immediate action. Thank you in advance for your prompt attention to this matter.

Sincerely,
Robin Smith

① 지역의 도로 보수 공사를 요청하려고
② 지역 고속도로 통행료 인상에 항의하려고
③ 도로 공사로 인한 교통 체증 해결을 요구하려고
④ 통행시간 단축을 위한 도로 개통 계획을 문의하려고
⑤ 교통사고 다발 지역에 대한 경고 표지판 설치를 제안하려고

>> 정답과 해설 42쪽

수능특강 Link 2025학년도 수능특강 영독 8강 3번

**02** **다음 글에 드러난 Luke의 심경 변화로 가장 적절한 것은?**

24660-0050

Luke walked out of the noise of the great feast hall, out of the imposing halls of Valhalla, into the surreal loveliness of Asgard at night: the gold-glowing tree of Glasir, the flower-fragrant fields beyond leading to the cliffs that surveyed the vast sea between the worlds. The moon was climbing, high and full, and it did cast a path — a clear, luminous, guiding path. Luke felt excitement and impatience, the feeling of adventure. Even... *destiny*. He didn't know where he was going; he was just following the moon. The air was cool and sweet, constantly moving with a teasing breath. He wasn't walking, wasn't running, but striding, impatient, and yet sure. He reached the edge of the cliff... and stopped, looking out at the great sea of Asgard, phosphorescent under the blue-white moonbeams. There was nowhere left to go but to step out into the light of the moon, shimmering above the water. But he was alone. He looked around him, letting his heart rate slow. Disappointment crashed in on his thoughts. He had been so sure... so sure.

*luminous: 빛나는 **phosphorescent: 인광을 내는

① frustrated → calm
② bored → terrified
③ gloomy → joyful
④ grateful → regretful
⑤ expectant → disheartened

(수능특강 Link) 2025학년도 수능특강 영어 22강 2번

**03** **다음 글에서 필자가 주장하는 바로 가장 적절한 것은?**

24660-0051

Integrating diverging cultural beliefs about the natural environment into conservation practices remains an obstacle. Many Africans continue to fixate on cultural justifications ("We have been hunting for many generations") without acknowledging that human population growth, more sophisticated weapons, and increased levels of consumption are putting unsustainable pressure on natural landscapes. Others believe that the destruction of nature is simply not possible because their ancestors will intervene before this happens, effectively removing individual or community responsibility from conservation management and planning. Breaking down such barriers is hard, frustrating, and takes a long time to achieve. It requires an interdisciplinary approach bringing together aspects of conservation science and the social sciences to find common ground. Despite the challenges to putting effective conservation into practice, it is important to remember that fortress conservation models — telling people how they should act, with little to no local input — are more likely to produce enduring counter-productive results.

① 환경 보존 노력의 지속성을 위해서 지역주민의 주도적 참여를 독려해야 한다.
② 간학문적 접근을 통해 문화적 장벽을 허물고 환경 보존 실천을 끌어내야 한다.
③ 환경친화적인 전통문화의 역사적 의미와 경제적 가치에 대한 인식을 높여야 한다.
④ 전 지구적인 환경 문제 해결을 위해서 자연과학자와 사회과학자가 협력해야 한다.
⑤ 일상에서 실천할 수 있는 환경 보존 방법을 대중 친화적인 방법으로 안내해야 한다.

수능특강 Link 2025학년도 수능특강 영어 13강 4번

**04** 밑줄 친 that of a butterfly in its caterpillar form이 다음 글에서 의미하는 바로 가장 적절한 것은?

24660-0052

Our situation today is not unlike that of a butterfly in its caterpillar form. In the generations past, we have chomped our way across the planet consuming forests, soils, fisheries and mineral deposits. We have grown very large. It is not the caterpillar's role to grow forever. At a certain point, it has enough wealth within its skin to take a rest, allowing other possibilities to arise and to metamorphose the material resources it has mobilized and become something more appropriate for its adult stage in life. At some point, as societies, we must recognize that we have harnessed enough wealth to last for generations and to then think about what form might be more appropriate for the centuries ahead. We know what the Earth offers and what we need for healthy lives. A secure, fulfilling future is possible if we make it our primary goal. Security won't be found under the street light of perpetual economic expansion, but the option of a secure future exists as surely as life has thrived on this planet for thousands of millions of years.

*chomp: 우적우적 씹다 **metamorphose: 변형되다

① the life cycle of technology that doesn't suit the current generation's needs
② the situation of immoderately relying on natural and physical surroundings
③ the era of growth and consumption without consideration for future generations
④ the advanced stage of preparing for a sustainable and resilient future for the planet
⑤ the transformation of agricultural societies into urban ones with focus on industry

(수능특강 Link) 2025학년도 수능특강 영어 6강 4번

## 05 다음 글의 요지로 가장 적절한 것은?

24660-0053

To aid thinking about sustainability progress, consider the tale of a man who runs out of an airport and hails a cab. He jumps into the cab and yells to the driver, "Hurry up, I'm late." The cabbie tears off through the traffic. A few minutes later, the passenger inquires, "Where are you taking me?" to which the cabbie replies, "I don't know, but I'm going as fast as I can." I suggest that environmental scientists often behave something like the passenger in this vignette — the taxi being environmental science itself. We're going as fast as we can, rarely stopping to consider where to go or whether we have found the right means to get there. We tend to focus on the means for getting "there," giving little reflection to what that "there" is or what the purpose of the striving is. Sustainability thus transmogrifies into sustainable development, allowing the implication of "sustained" development to prevail, despite inadequate focus on lessening it to levels that can truly be sustained.

*vignette: 소품문(특정한 상황을 보여 주는 짧은 글) **transmogrify: 변신시키다

① 환경 과학은 지속 가능성과 지속 가능한 발전의 개념을 과도하게 엄격하게 구분하고 있다.
② 환경 과학자가 사회적 책임과 참여보다는 연구자의 가치 중립적인 태도를 중시하고 있다.
③ 지속 가능한 발전의 개념은 각국의 상이한 경제개발 및 환경적인 상황을 충분히 반영하지 못한다.
④ 현재의 산업 중심의 과학기술로는 지속 가능한 발전에 과학자들의 본래 의도만큼 기여할 수 없다.
⑤ 환경 과학이 지속 가능성의 진정한 의미에 대한 고려 없이 급속적인 발전을 추구하는 경향이 있다.

(수능특강 Link) 2025학년도 수능특강 영어 7강 4번

## 06 다음 글의 주제로 가장 적절한 것은?

24660-0054

You may have run into the story of Galileo's dropping things off the Leaning Tower of Pisa in order to observe how they fall. This story (along with the other famous falling-body story in which Newton gets klunked on the head by a falling apple) is probably false. What historians think went on is this: in Galileo's time, the instruments for measuring time were very crude, and they weren't up to the delicate task of giving good measurements for freely falling bodies. However, Galileo had the brilliant idea that he could get relevant information by rolling balls down an inclined plane. These traveled much slower than freely falling objects, and their speed at various times could be calculated with the aid of the crude time-measuring device he used (essentially a water-bucket with a hole in the bottom: water drained out of it at a constant rate, so you could tell how much time had passed by looking at the level of the water). As a result of his experiments, he concluded that the velocity of a falling body increases at a constant rate, and that this increase was the same for anything, regardless of weight.

① a misconception about Galileo's experiment and his true method
② Galileo's contribution to the development of measuring equipment
③ the scientific difference between an observation and a measurement
④ controversial aspects of the scientific revolution in the Middle Ages
⑤ historians' evaluations of Galileo's mathematical natural philosophy

(수능특강 Link) 2025학년도 수능특강 영어 3강 2번

## 07 다음 글의 제목으로 가장 적절한 것은?

24660-0055

Personalized environmental efforts can be more powerful because they align financial incentives with environmental effectiveness. By tracking my energy use, I can determine if the lightbulbs I installed are actually saving money. Smartphone apps allow me to see if the low-flow showerhead is saving water even though I'm taking longer showers now. If they aren't, the cost of that electricity and water comes out of my pocket. When I have skin in the game, the cost of failure is paid by me. This isn't always the case with political decisions. Few politicians are environmental experts, or scientists, or economists, but we ask them to make decisions requiring all these skills. They are experts, however, in what the public wants, so they often choose environmental fads — policies that sound good but may do little for, or may even harm, the environment. They make decisions based on what they know, not necessarily what is effective. What sounds cool isn't always what helps the environment.

① Can Financial Development Help Improve the Environment?
② Empowering Environmental Change: Personal vs. Political Action
③ Cost of Living: Personalized Eco-Friendly Options That Save Money
④ Environmental Policy Making: Act Now or Wait for More Information?
⑤ The Role of Felt Responsibility in Climate Change Political Participation

수능특강 Link 2025학년도 수능특강 영어 19강 1~3번

**08** 다음 도표의 내용과 일치하지 않는 것은?

24660-0056

**US Adults' Daily Engagement with Audio and Video Media**

"Shares who said in May 2023 they did each of the following daily in the past month:"

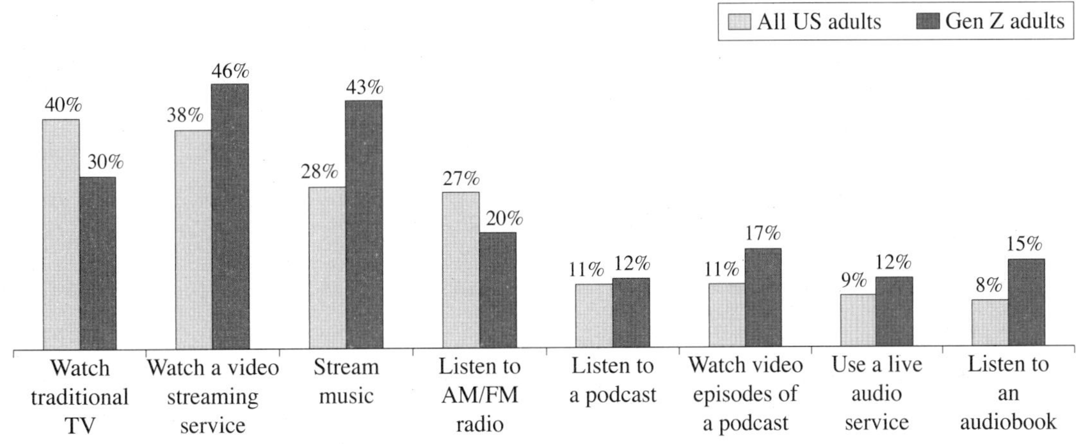


Published on MarketingCharts.com in June 2023 | Data Source: Morning Consult
*Based on May survey of roughly 2,200 US adults (18+)*

The graph above shows the results of research that investigated the daily media engagement of all US adults and Gen Z adults in 2023. ① The research found that US adults were more inclined to say they watched traditional TV daily as compared to a video streaming service, but Gen Z adults reported the opposite trend. ② In terms of daily media consumption, while adults in general were nearly equally divided between daily AM/FM radio listening at 27% and streaming music at 28%, more than twice as many Gen Z adults stated that they streamed music compared to those who listened to AM/FM radio. ③ 11% of all US adults reported either listening to a podcast or watching a video podcast every day, with Gen Z adults reporting watching a video podcast at a higher rate, 17%, than listening to a podcast, 12%. ④ Regarding other media, 12% of Gen Z adults stated that they used a live audio service daily, whereas this was reported by 9% of adults overall. ⑤ Additionally, 15% of Gen Z adults shared that they listened to an audiobook every day, which was more than double the percentage of all adults.

(수능특강 Link) 2025학년도 수능특강 영어 20강 3번

**09** **Hugo de Vries에 관한 다음 글의 내용과 일치하지 않는 것은?**

24660-0057

Hugo de Vries was a great Dutch botanist and one of the first geneticists who is best remembered for proposing the concept of genes and the mutation theory in biological evolution. de Vries was also the first to rediscover Gregor Mendel's papers on the laws of inheritance. From an early age, de Vries was very much interested in botany and won several prizes for a herbarium that he had prepared at home. de Vries studied botany under the notable German botanist Julius von Sachs at Leiden University and graduated in 1870. In 1877, de Vries became a professor of plant physiology at the newly founded University of Amsterdam, and in 1881, he became a full professor. In 1885, he also became professor and director of the Amsterdam Botanical Institute and Garden until 1918. In 1883, de Vries studied the effect of the concentration of salt solutions on plant cells. This inspired the Dutch physical chemist Jacobus van 't Hoff to do his theoretical analysis of the properties of solutions, for which he won the 1901 Nobel Prize in Chemistry.

*herbarium: 식물 표본집

① 유전자의 개념과 돌연변이 이론을 제안한 것으로 알려진 유전학자였다.
② 독일 식물학자인 Julius von Sachs 밑에서 식물학을 공부했다.
③ University of Amsterdam에서 식물생리학 교수가 되었다.
④ 1885년부터 1918년까지 Amsterdam Botanical Institute and Garden의 교수로 일했다.
⑤ 용액의 특성에 대한 이론적 분석으로 1901년에 노벨상을 받았다.

수능특강 Link 2025학년도 수능특강 영독 6강 4번

**10** National Honey Bee Essay Contest에 관한 다음 안내문의 내용과 일치하지 않는 것은?

24660-0058

## National Honey Bee Essay Contest

Have you ever wondered what honey bees mean to you, your community, and the world? Well, keep that thought, grab your keyboard, and enter this fun essay contest! The contest topic is "The Super Organism in Honey Bees."

**Rules:**

- Submit a typed essay on one sheet of A4 size paper (double-sided is okay).
- Word limit: 750 to 1,000 words
- Essays will be judged on depth of support, accuracy, creativity, conciseness, and logical development.
- Essays must be submitted online by midnight on Sunday, February 18th.
- To register, submit an application form, including general information about the essayist.
- All entries become the property of the foundation (essays will not be returned).

**Awards:**

- Cash prizes will be awarded to the top three winners:
  - 1st place: $200
  - 2nd place: $100
  - 3rd place: $50
- Winners will be announced in the first week of March.

**Contest Sponsor:** The Foundation for the Preservation of Honey Bees

① A4 크기 용지에 타자로 친 글 한 장을 제출해야 한다.
② 글은 다섯 가지의 기준에 의해 심사된다.
③ 글을 쓴 사람에 관한 정보를 포함한 신청서를 제출해야 한다.
④ 원하는 경우 출품작을 되돌려 받을 수 있다.
⑤ 상위 3명의 수상자에게 상금이 지급된다.

(수능특강 Link) 2025학년도 수능특강 영어 23강 3번

**11** 다음 안내문의 내용과 일치하는 것은?

24660-0059

**"Strike Out Childhood Cancer" Bowling Fundraiser**

The Kiwanis Club of Randolph Township will be hosting our annual bowling fundraiser, "Strike out Childhood Cancer," soon. Join us for a fun day of bowling for a cause.

The fundraiser will be held on Sunday, March 17, from 1:30 p.m. to 3:30 p.m at Rockaway Lanes.

**General Information**

- Form a team of 4 to 6 bowlers.
- The participation fee is $25 per bowler, which includes two hours of unlimited bowling and shoe rental.
- All proceeds will be donated to Sarah's Fight for Hope, a nonprofit organization committed to providing help to children battling cancer and their families.
- Prizes will be given for the highest game and second highest game.
- Registration and team formation closes on Sunday, March 10.
- To reserve your spot, download the team registration form from RandolphKiwanis.org, complete and upload the form with payment at the site.

① 일요일 오전에 열리는 행사이다.
② 4명 이내로 팀을 구성해야 한다.
③ 참가비에 신발 대여료가 포함되어 있다.
④ 가장 높은 점수를 낸 참가자에게만 상이 수여된다.
⑤ 참가비는 당일 현장에서 지불하면 된다.

(수능특강 Link) 2025학년도 수능특강 영어 7강 1번

**12** **다음 글의 밑줄 친 부분 중, 어법상 틀린 것은?**

24660-0060

The aisles of a grocery store can be like a highway ① lined with billboards, each trying to lure you into spending money. By planning ahead, you can keep clever merchandising displays from derailing your thrifty shopping intentions. A 2005 Arbitron study found that 40 percent of "smart shoppers" who consulted sales circulars and collected coupons still ② making unplanned purchases after hearing an audio advertisement for a product over the store's loudspeakers. The study also found that 35 percent of "smart shoppers" purchased a different brand than the one on their list after hearing an audio advertisement in the store. I'm not suggesting you ③ wear earmuffs, although I suppose that might work. But do know that the longer you stay in the store, the more likely you are ④ to succumb to store merchandising. A carefully planned list and strategy helps you get in and get out quickly, before marketing ploys snare you in ⑤ their catchy clutches.

*snare: 유혹하다

수능특강 Link 2025학년도 수능특강 영어 Test 2 · 4번

**13** **다음 글의 밑줄 친 부분 중, 문맥상 낱말의 쓰임이 적절하지 <u>않은</u> 것은?**

24660-0061

When it comes to the human-made world, the world of stock markets, corporate mergers, politics, and perhaps even morality, it is ① <u>difficult</u> to find, or even conceive of, mind-independent objects to fit our thoughts. Here it seems we can't just look and see what is true or false, and our desires and conceptual prejudices more clearly ② <u>affect</u> the very nature of what it is we are thinking about. Yet talk about these sorts of things is as susceptible to truth and falsity as talk about mountains and mongooses. We can make mistakes, and big ones, about economic, political, and moral matters. And to ③ <u>admit</u> that we can make mistakes about a subject is tantamount to accepting that our thoughts about that subject can be objectively true or false. Thus, in some areas, our beliefs can be true or false, but their truth and falsity seems to have ④ <u>little</u> to do with the behavior of various mind-independent objects. In such cases, we are more ⑤ <u>reluctant</u> to think that we have much more latitude in our conceptual choices, and that the world more willingly tolerates different descriptions. We think that context matters more.

*mongoose: 몽구스(사향고양잇과의 포유동물) **tantamount: 동등한, 같은

수능특강 Link 2025학년도 수능특강 영어 Test 2 · 20번

**14** **다음 빈칸에 들어갈 말로 가장 적절한 것은?**

24660-0062

The ____________ associated with climbing may play a role in helping put climbers in the right state of mind to experience freedom. Climbers simply must attend to issues of the moment, such as when and where to set up a camp, where the next gear placement will be, or just making sure the next footstep is solid. If climbers are not focused on their immediate situation the results can be disastrous. The danger of the climbing environment persistently encourages climbers to enter into a greatly simplified mental existence. This in turn helps climbers be in accord with themselves, at least for certain periods of time. Add to this as well that, given the isolated nature of climbing and ethos of self-sufficiency, there is often little room for lamenting one's situation rather than accepting it and acting. Once one understands what action is required, it is clear that there are no acceptable options other than simply attempting to accomplish what needs to be done.

*ethos: 정신, 기상

① expenses ② risks ③ plans
④ skills ⑤ motives

수능특강 Link 2025학년도 수능특강 영어 Test 2 · 7번

## 15 다음 빈칸에 들어갈 말로 가장 적절한 것은?

24660-0063

One way to abandon a commitment is ______________________________. After a lapse of time, a negotiator can make a new proposal in the area of the commitment without mentioning the earlier one. A variation on this process is to make a tentative step in a direction previously excluded by the other's commitment. For example, an employee who has said that he would never accept a certain job assignment may be asked to consider the benefits to his career of a "temporary" placement in that job. In bureaucratic institutions, changes can be introduced as "innovative experiments" to see if they work before they are formally adopted. If the other party, in response to either of these variations, indicates through silence or verbal comment a willingness to let things move in that direction, the negotiation should simply be allowed to progress.

*lapse: 시간의 경과 **tentative: 잠정적인 ***bureaucratic: 관료제의

① to let the matter die silently
② to illuminate the matter with clarity
③ to hand off the matter to a third party
④ to ignore the other party without explanation
⑤ to intentionally make the issue less important

수능특강 Link 2025학년도 수능특강 영독 1강 4번

**16** **다음 빈칸에 들어갈 말로 가장 적절한 것은?**

24660-0064

Even if recent algorithm machines follow a completely determined course, we want their outcomes to be unpredictable, and to produce something we do not yet know — that is, new information appropriate to a given interaction with a user. The expected outcome is not predicted by anyone and, in the case of self-learning algorithms, could not be predicted — that's why we use algorithms, and why they appear creative. The dilemma faced by designers, therefore, is to build machines that are creative yet controlled at the same time — to program the production of unpredicted outcomes. Even if the machine is completely determined, its behavior should appear contingent and react to the contingency of the user. Cozmo, for example, a real-life toy robot based on a series of machine-learning algorithms, is "programmed to be unpredictable" without being simply random. Cozmo's behavior must appear responsive and appropriate to the user, otherwise it is no fun. The paradoxical purpose of programming intelligent algorithms is ______________________________.

*contingent: 우연의

① to build unpredictable machines in a controlled way
② to remove creativity from creative machine behavior
③ to establish strict and unchanging machine behavior
④ to create machines that can surpass their human creators
⑤ to develop machines that can be both beneficial and harmful

수능특강 Link 2025학년도 수능특강 영어 16강 3번

**17** **다음 빈칸에 들어갈 말로 가장 적절한 것은?**

24660-0065

In an environment where information is vast, overwhelming, and constantly changing, it is important for leaders to have a strong point of view but also to be open enough to say, "I don't know," and admit that their skill set or background has not prepared them to deal with a particular issue. Leaders face so much ambiguity, complexity, and uncertainty that they cannot possibly know all the answers. At times, the appropriate response is ________________. We know that this confused response is tremendously uncomfortable for some people. But every so often, it's important to admit that you are uninformed about a subject or a situation is so convoluted that you cannot grasp it. Leaders who are certain and knowledgeable in other areas will motivate others with their honesty. Today, direct reports, team members, and others respect managers who can admit their shortcomings without whining or pretending.

*convoluted: 대단히 난해한 **whine: 투덜대다

① to be perplexed
② to be uninterested
③ to become aggressive
④ to try to mask ignorance
⑤ to assert self-righteousness

(수능특강 Link) 2025학년도 수능특강 영어 28강 1번

## 18 다음 글에서 전체 흐름과 관계 없는 문장은?

24660-0066

Mining data from social network spaces helps us gain insight into our audiences. ① This data can help us understand when people are active, and what topics users are interested in. ② In the same way that looking left and right before crossing the street helps us make a more informed decision, having a data-driven view of what conversations are taking place can help us better engage with our audience. ③ Accidents at the crosswalk continue to happen due to inattentive drivers despite various programs encouraging safe driving and pedestrian awareness, highlighting the need for ongoing education and strict enforcement of traffic regulations. ④ Entities that once easily commanded an audience need to use data-driven methods to gain a better understanding of the topical and attention landscape. ⑤ They must meet the challenge that those engaged in news have always contended with, trying to balance what will interest people with what editors consider important.

(수능특강 Link) 2025학년도 수능특강 영어 Test 3 · 15번

**19** 주어진 글 다음에 이어질 글의 순서로 가장 적절한 것은?

24660-0067

Many inner-city youth lack local role models and mentors who are college graduates and work full-time.

(A) They also found that growing up in a family or neighborhood with a high innovation rate in a specific technology leads to a higher probability that the child will be a successful innovator in that same technology. This implies that if we were simply able to expose children to more innovators and inventors, they would have a greater chance of succeeding.

(B) Such role models would help to expand their imagination about different careers and the possibility of their becoming wealthier by investing in their education. Robb and Fairlie found that a lack of experience working in a family-owned business is associated with worse business performance outcomes.

(C) Exposure to inventors and innovators can have a similar effect on children. Researchers found that children in the highest-income families are tenfold more likely to become inventors as those in families below the median income, even after controlling for test scores.

① (A) – (C) – (B)　② (B) – (A) – (C)　③ (B) – (C) – (A)
④ (C) – (A) – (B)　⑤ (C) – (B) – (A)

(수능특강 Link) 2025학년도 수능특강 영어 13강 5번

## 20 주어진 글 다음에 이어질 글의 순서로 가장 적절한 것은?

24660-0068

Researchers in one study asked children whether their parents had rules governing their use of different forms of technology.

(A) This study suggested that the lack of meaningful action in response to these concerns was due to the presence of computers in 50 percent of children's rooms and the fact that 55 percent of parents believed that social media was just a passing Internet fad. The bottom line is that the majority of parents don't keep an eye on or set limits on their children's use of technology.

(B) In most categories, most children said no: television, 68 percent; computers, 60 percent; video games, 66 percent; and music, 85 percent. When asked whether parents set limits on their children's Internet and social media use, 46 percent of parents said they set limits, but only 36 percent of children confirmed those limits.

(C) So who are we to believe? In either case, those numbers are alarmingly low, particularly given the strength of the concerns that so many parents expressed.

① (A) – (C) – (B)　② (B) – (A) – (C)　③ (B) – (C) – (A)
④ (C) – (A) – (B)　⑤ (C) – (B) – (A)

수능특강 Link 2025학년도 수능특강 영어 Test 1 · 21번

## 21 글의 흐름으로 보아, 주어진 문장이 들어가기에 가장 적절한 곳은?

24660-0069

However, this productivity cannot be stockpiled.

If we have enough raw ingredients to make 1000 pizzas, those ingredients could be used to make 1000 pizzas in one night, or one pizza a night for 1000 nights. ( ① ) The productivity of raw ingredients is simply measured as the physical number of pizzas into which they can be transformed. ( ② ) In addition, as the ingredients for a pizza are produced over time, those ingredients can be used when they are produced, or stockpiled for future use. ( ③ ) In contrast, while a cook or a kitchen may be capable of producing many thousands of pizzas over the course of their lifetimes, they can produce no more than a few pizzas in any given evening, even if limitless ingredients are available. ( ④ ) The productivity of cooks and kitchens is measured as a number of pizzas per hour. ( ⑤ ) For example, if we rest a cook for 6 nights, his capacity to produce a week's worth of pizzas cannot be used up all on the seventh night.

(수능특강 Link) 2025학년도 수능특강 영어 Test 1 · 19번

**22** 글의 흐름으로 보아, 주어진 문장이 들어가기에 가장 적절한 곳은?

24660-0070

> But while we have this right as citizens, it is not so clear this tolerance extends to our work life.

Groups will tolerate a range of opinions but only if they stay within the boundaries of the accepted philosophy. That is, as long as you believe in quality, your opinions are welcome. If you don't, your views will be censured. ( ① ) In democracies, the danger of allowing only certain opinions is well recognized and special pains have been taken to address the problem. ( ② ) Freedom of speech guarantees me the right to my opinion even if others vehemently disagree, even if my world view is repugnant. ( ③ ) In organizations, freedom of speech is a rarer commodity. ( ④ ) Thus, while groups are excellent vehicles to generate commitment and get things done, they are not necessarily stellar at coming up with the best ideas. ( ⑤ ) They can impose a kind of groupthink that discourages innovation.

*vehemently: 격렬하게 **repugnant: 불쾌한 ***stellar: 뛰어난

수능특강 Link 2025학년도 수능특강 영어 6강 3번

**23** 다음 글의 내용을 한 문장으로 요약하고자 한다. 빈칸 (A), (B)에 들어갈 말로 가장 적절한 것은?

24660-0071

If a country has taken a strong ideological position on an issue — say, the predominance of public sector enterprise over that of the private sector in the field of energy — it does little good to try to persuade officials of that country that its position is wrong. Rather, try to determine the goals that the other side is pursuing through that ideological position, and then seek to propose options that will enable it to achieve those goals. In the case of the soft drink plant, it would have been confrontational and counterproductive for the U.S. company to try to persuade the Soviet government to provide more goods to consumers. Instead, the U.S. investor identified the country's interests in developing its industrial capacity and convinced the government that the soft drink plant, distribution system, and farm would help the country advance its interests.

When dealing with a country that holds a strong ideological stance, it is advisable to ___(A)___ direct discussions of their ideological positions and instead focus on ___(B)___ their underlying goals.

| | (A) | | (B) |
|---|---|---|---|
| ① | avoid | …… | aligning with |
| ② | dismiss | …… | resisting |
| ③ | suggest | …… | contradicting |
| ④ | ignore | …… | understanding |
| ⑤ | prevent | …… | countering |

수능특강 Link 2025학년도 수능특강 영어 Test 1 · 13번

## [24~25] 다음 글을 읽고, 물음에 답하시오.

Teams and clubs depend on the continued on-field and off-field success of their opponents. If a league is divided into two groups, one group of wealthy and high performing teams and another group of poor and low performing teams, this will ultimately (a) damage all the clubs involved and the competition in general. In practice, clubs must cooperate with their rivals in order to deliver what their consumers want. Sport organisations need their (b) opposition to remain successful, and may cooperate to share revenues and trade player talent to maintain competitive balance. In most industries, businesses would not be allowed to cooperate in this way; it is considered anti-competitive, or *cartel* behaviour, and there are often laws that prohibit it. But in sport, cartel arrangements are (c) common. For example, clubs may share revenue, prevent other clubs from entering the market, collectively fix prices and generally limit the amount of competition.

Some sport codes and leagues have pursued a balance in their competition, and have implemented policies to encourage it. Sport regulators (d) rarely believe that a balanced competition will produce exciting and close results, which will increase the level of public interest in the sport and generate larger attendances and broadcast rights fees. For example, salary caps for players, rules about sharing revenues and regulations regarding how players are to be drafted to teams are all designed to (e) maintain a competitive balance between teams.

**24** 윗글의 제목으로 가장 적절한 것은?

24660-0072

① Policies to Discourage Cartel Behavior in Sports
② Promoting Global Unity Through Sports Competition
③ Cooperation in Sports Marketing: Breaking Boundaries
④ Competition and Cooperation in Sports: Striking a Balance
⑤ The Recipe for Sports Success: Defeating Opponents at All Costs

**25** 밑줄 친 (a)~(e) 중에서 문맥상 낱말의 쓰임이 적절하지 않은 것은?

24660-0073

① (a) ② (b) ③ (c) ④ (d) ⑤ (e)

수능특강 Link 2025학년도 수능특강 영독 9강 5~7번

**[26~28] 다음 글을 읽고, 물음에 답하시오.**

(A)

The nineteenth-century British artist and writer Edward Lear gained fame as a painter of animals and landscapes. But he also published several books of children's nonsense poems that made (a) him internationally famous. Many, including *The Owl and the Pussycat*, are still read to toddlers today.

(B)

Lear illustrated his poems with lighthearted cartoons. One of his favorite subjects was a striped cat named Foss, who he acquired in 1872. Lear's devotion to his pet is quite amazing, considering that Foss was by all accounts a most unattractive subject. He was fat, with a short tail reportedly cut off by a superstitious servant who believed it would stop (b) him from roaming.

(C)

But there's something mysterious about them. The real Foss didn't enter the artist's life until 1872. Yet years earlier (c) he regularly produced drawings of a similar fat, striped, short-tailed cat. And for some reason, Lear was convinced that Foss lived a near-impossible thirty-one years — so much so that (d) he had that figure carved on his friend's tombstone. Perhaps he saw the real Foss as the incarnation of the imaginary cat he'd carried in his mind's eye for decades.

*incarnation: 화신(化身)

(D)

Yet there's no end to the pictures Lear drew of himself and his fat friend on adventures. Lear loved Foss so much that, when the artist built a new home, (e) he made it look exactly like his old one, so as not to upset the cat. And when Foss passed away in 1887, he was buried in his master's garden under a large memorial stone. Today pictures of Foss can still be seen in collections of Lear's nonsense poems.

**26** 주어진 글 (A)에 이어질 내용을 순서에 맞게 배열한 것으로 가장 적절한 것은?

24660-0074

① (B) – (D) – (C)
② (C) – (B) – (D)
③ (C) – (D) – (B)
④ (D) – (B) – (C)
⑤ (D) – (C) – (B)

**27** 밑줄 친 (a)~(e) 중에서 가리키는 대상이 나머지 넷과 다른 것은?

24660-0075

① (a)
② (b)
③ (c)
④ (d)
⑤ (e)

**28** 윗글의 Edward Lear에 관한 내용으로 적절하지 않은 것은?

24660-0076

① 동물과 풍경을 그리는 화가로 명성을 얻었다.
② 자신의 시에 경쾌한 만화를 삽화로 삽입했다.
③ 제일 좋아하는 주제는 Foss라는 자신의 고양이였다.
④ Foss가 31년을 살았다고 믿었다.
⑤ Foss를 그린 그림은 남아 있지 않다.

# 실전테스트 2회

(수능특강 Link) 2025학년도 수능특강 영어 1강 4번

**01** **다음 글의 목적으로 가장 적절한 것은?**

24660-0077

Dear Mr. Cole,

Do you find yourself in need of a secretary, but your cash flow says "no" to hiring a full-time person with experience? Does your company just not have enough work to keep a full-time secretary busy? If so, I have the solution for you. Now you can have the benefit of an experienced secretary without having to pay for idle time. Let me explain. The services I can provide are endless. With over 20 years of office experience, I can offer quality word processing, typing, and many other related services at a very affordable rate. I've enclosed letters of reference from some of my small-business clients, and I hope to add your company to that list of well-served businesses. I'll phone you in a couple of weeks after you've had time to assess your needs to discuss how we can help you use your time and cash flow more profitably.

Sincerely,
James Sharpe

① 회사 홍보물 제작을 의뢰하려고
② 비서 업무 제공 서비스를 홍보하려고
③ 비서직 지원자로 자신의 지인을 추천하려고
④ 업무 능력 향상을 위한 교육 프로그램을 소개하려고
⑤ 경영난 극복을 위한 직장 구성원의 노력을 촉구하려고

(수능특강 Link) 2025학년도 수능특강 영어 2강 1번

**02** **다음 글에 드러난 Amy의 심경으로 가장 적절한 것은?**

24660-0078

It had been three years since Amy's mother had passed. Some days she could pretend that her mother was just in another room, dusting a chandelier or turning down a bed, singing French lullabies. Amy would run up to their shared bedroom and the pain of remembering her passing would force her to her knees. When the ache eventually subsided, happy memories would fill her mind. The best were the stories her mother used to tell her about Saint Lucia — the colorful birds that visited their home, the bright mangoes that grew in the yard, and the sweet smell of the bougainvillea mixing with the salty sea air. She missed the views of the mountains, Gros Piton and Petit Piton, reaching for the sky. Amy had been only five when they left the island, so she didn't remember much. Her mother's memories felt like hers.

*subside: 가라앉다, 진정되다 **bougainvillea: 부겐빌레아(빨간 꽃이 피는 열대 식물)

① irritated and upset
② nervous and fearful
③ indifferent and bored
④ sorrowful and longing
⑤ suspicious and doubtful

(수능특강 Link) 2025학년도 수능특강 영어 4강 4번

## 03 다음 글에서 필자가 주장하는 바로 가장 적절한 것은?

24660-0079

The fundamental problem facing an environmental approach to macroeconomics as an area of intellectual inquiry is this: the global economy is growing while the global ecosystem is stable in terms of its capacity to supply energy and materials, absorb wastes, and provide a host of ecosystem services. As a result, stocks of nonrenewable resources in the earth's crust are being depleted, waste sinks are filling up, and human-created ecosystems (i.e., agriculture) are taking over a larger and larger percentage of global biotic productivity. Further consequences of these events include a plunge in global biotic diversity, the disappearance of natural habitats (such as tropical rain forests), and numerous environmental problems, including global warming, air and water pollution, toxic wastes, and destruction of the protective ozone layer. To fully understand the impact of economic activity on ecosystems, we need to know something of the services they provide. Then we will be able to move forward and consider the economy-environment relationship in detail.

*plunge: 급락

① 전 지구적 환경 문제를 해결하기 위해 더 많은 나라가 공조해야 한다.
② 생물학적 다양성 확보를 위한 연구에 대기업은 전폭적인 지원을 해야 한다.
③ 환경에 대한 경제활동의 부정적 영향을 줄일 수 있도록 기술을 개발해야 한다.
④ 생태계의 안정성과 다양성을 보장하기 위해 경제활동을 부분적으로 제한해야 한다.
⑤ 생태계에 미치는 경제활동의 영향을 이해하기 위해 생태계가 제공하는 서비스를 이해해야 한다.

(수능특강 Link) 2025학년도 수능특강 영어 11강 1번

**04** 밑줄 친 a note in a symphony currently being played by an orchestra of incalculable size 가 다음 글에서 의미하는 바로 가장 적절한 것은?

24660-0080

Your laptop is a note in a symphony currently being played by an orchestra of incalculable size. It's a very small part of a much greater whole. Most of its capacity resides beyond its hard shell. It maintains its function only because a vast array of other technologies are currently and harmoniously at play. It is fed, for example, by a power grid whose function is invisibly dependent on the stability of a myriad of complex physical, biological, economic and interpersonal systems. The factories that make its parts are still in operation. The operating system that enables its function is based on those parts, and not on others yet to be created. Its video hardware runs the technology expected by the creative people who post their content on the web. Your laptop is in communication with a certain, specified ecosystem of other devices and web servers.

*a myriad of: 무수하게 많은

① a technology that will have more potential in the future
② a small component within a vast network of technologies
③ an application that is sensitive to small differences in input
④ a tool that provides easy access to various genres of music
⑤ an innovative technology derived from seemingly chaotic data

수능특강 Link 2025학년도 수능특강 영독 5강 2번

## 05 다음 글의 요지로 가장 적절한 것은?

24660-0081

Using a precise definition of sport has important advantages, but it also has potentially serious problems. For example, when we focus our attention only on institutionalized competitive activities, we may overlook physical activities in the lives of many people who have neither the resources to formally organize those activities nor the desire to make their activities competitive. In other words, we may spend all our time considering the physical activities of relatively select groups in society because those groups have the power to formally organize physical activities and the desire to make them competitive. If this happens, we privilege the activities of these select groups and treat them as more important parts of culture than the activities of other groups. This, in turn, can marginalize people who have neither the resources nor the time to play organized sports or who are not attracted to competitive activities.

① 시대의 변화에 따라 스포츠의 개념과 의미도 변화한다.
② 과도한 스포츠 마케팅은 기업의 수익성을 저해할 수 있다.
③ 스포츠는 경제적 요소로 인해 개인의 성취감을 극대화한다.
④ 스포츠 시장 활성화에 따라 스포츠의 경쟁적 양상이 더욱 심화되고 있다.
⑤ 스포츠를 명확하게 정의하는 것은 특정 집단을 배제하는 결과를 낳을 수 있다.

수능특강 Link 2025학년도 수능특강 영독 2강 6번

## 06 다음 글의 주제로 가장 적절한 것은?

24660-0082

In any given moment, if you misinterpret excitement or uncertainty-based adrenaline as fear, you will be anxious. As such, you will then most likely label the context in which you experienced this adrenaline as dangerous and continue to be afraid. For example, Iris often felt anxious arriving at parties, though it wasn't due to a social phobia. The truth is, she didn't know why she suffered such party dread. With treatment, Iris soon accepted that parties can be fraught with uncertainty over who you might meet or whether you'll enjoy yourself as the evening progresses. She had been misinterpreting her uncertainty-based adrenaline as a threat, which sent her off to the anxiety races! The more she misinterpreted this threat, the more intimidating parties became. And the more she fought "party anxiety," the more she taught her brain to protect her from "dangerous parties" with an even bigger adrenaline wave. By adding additional scary false beliefs to this process, like "I can't take the noise and chaos at parties," she created a monster of a party phobia!

*dread: 공포증 **be fraught with: ~로 가득 차다 ***intimidating: 위협적인

① why an adrenaline rush gives your muscles an energy boost
② ways of overcoming the misunderstood fear of public speaking
③ effects of attending parties on reducing uncertainty-based adrenaline
④ the process by which fear helps improve concentration in social settings
⑤ how mistaking adrenaline caused by uncertainty for fear can lead to anxiety

(수능특강 Link) 2025학년도 수능특강 영독 5강 11~12번

**07** 다음 글의 제목으로 가장 적절한 것은?

24660-0083

While an independent media sector is a desirable outcome, every agency or organization needs some checks and balances. Many in the media business see the role of the media as defenders of the truth and a voice for the people. Marquez and Adam Michnik both discuss the glory of the journalism profession, but also the need for journalists to be incorruptible, honest, and unprejudiced. Unfortunately, human nature being what it is, we sometimes fail to maintain the high standards that we aspire to attain. Without checks and balances to ensure accountability and a sense of responsibility, the media can abuse their power. As Viktor Muchnik and Yulia Muchnik point out, the abuse of power may come about from an unclear understanding of what journalism is about. They discuss how they freely participated in politics, taking sides, until they realized the difference between being dedicated to ideas and forming political alliances with specific individuals, and that good-quality journalism means maintaining a certain distance from politicians.

① Do People Know the Potential Risks Posed by Media Control?
② Unveiling the Truth: The Role of Independent Media in Society
③ Checks and Balances: What Constitutes Good-Quality Journalism
④ Ownership Abandonment: Embracing the Lack of Control in Media
⑤ Lost Independence: The Media's Surrender to External Manipulation

수능특강 Link 2025학년도 수능특강 영어 8강 4번

**08** **다음 도표의 내용과 일치하지 않는 것은?**

24660-0084

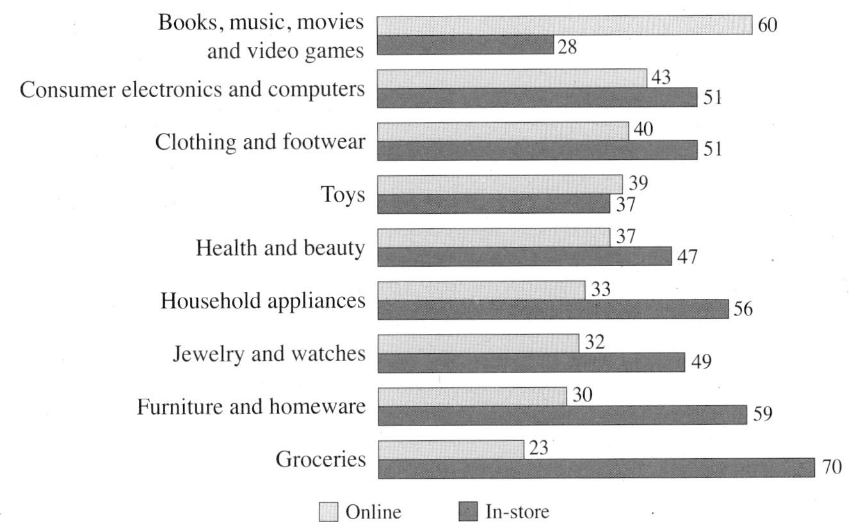


The graph above shows whether people preferred to buy products online or in stores. ① While the goods most purchased online were books, music, movies and videos games, groceries were the most purchased in stores. ② The percentage of people who bought books, music, movies and video games online was more than double that of people who bought them in stores. ③ The percentage of people who bought groceries in stores was more than three times that of people who shopped for groceries online. ④ Other than books, music, movies and video games, toys were the only product with a higher percentage of online purchases than in stores. ⑤ Both household appliances and furniture and homeware items were purchased in stores at more than twice the rate of online purchases.

(수능특강 Link) 2025학년도 수능특강 영독 Mini Test 1 · 9번

## 09

24660-0085

**Edward Pigott에 관한 다음 글의 내용과 일치하지 않는 것은?**

Edward Pigott was an English astronomer who was born in London in 1753. Born to astronomer Nathaniel Pigott, he was educated in France before the family moved to York in 1781. He was a self-taught astronomer and mathematician, and he made a number of important contributions to astronomy. Pigott's first major contribution was the discovery of the asteroid 4 Vesta in 1807. This was the first asteroid to be discovered by a British astronomer. Pigott was also a pioneer in the field of astronomical photography. He built his own telescope and began taking photographs of the moon in 1840 and his photographs were the first to show the moon's surface in detail. Pigott made a significant impact on the field of astronomy and his discoveries and contributions helped to advance our understanding of the solar system.

*asteroid: 소행성

① 1753년에 런던에서 태어난 천문학자였다.
② York로 이사 가기 전에 프랑스에서 교육받았다.
③ 영국인 최초로 소행성 4 Vesta를 발견한 천문학자였다.
④ 망원경을 제작했으나 달의 표면 사진 촬영은 실패했다.
⑤ 태양계에 대한 우리의 이해를 돕는 것에 기여했다.

수능특강 Link 2025학년도 수능특강 영어 10강 1번

**10** 2024 Treasures of Our Heritage에 관한 다음 안내문의 내용과 일치하지 않는 것은?

24660-0086

## 2024 Treasures of Our Heritage

The Grand Museum of Treasures is thrilled to invite you to our upcoming special exhibition, "2024 Treasures of Our Heritage."

- Date: May 6 to 12
- Time: From 10 a.m. to 5 p.m.
- Location: The Grand Museum of Treasures

**Special Features:**
- Rare Relics: Get up close and personal with priceless artifacts.
- Historical Narratives: Explore the stories behind each exhibit.
- Guided Tours: Enhance your experience with expert-led tours, providing in-depth knowledge and unique perspectives.

※Admission to the special exhibition is included with your general admission ticket.

Don't miss this extraordinary opportunity to uncover the secrets and beauty of our shared heritage.

For more information, please visit our website at www.GrandMusOT.org.

*relic: 유물

① 5월에 7일 동안 열린다.
② 하루에 7시간 동안 관람이 가능하다.
③ 귀중한 유물을 가까이에서 볼 수 있다.
④ 가이드의 안내를 통해 깊이 있는 지식을 제공한다.
⑤ 특별 전시회를 위한 입장료를 별도로 지불해야 한다.

(수능특강 Link) 2025학년도 수능특강 영어 Test 2 · 10번

**11** 2024 Children's Model Airplane Making Challenge에 관한 다음 안내문의 내용과 일치하는 것은?

24660-0087

## 2024 Children's Model Airplane Making Challenge

Get ready to soar to new heights by joining the 2024 Children's Model Airplane Making Challenge!

- Date: June 15 (Sat)
- Time: 9:00 a.m. to 4:00 p.m.
- Location: High Plain Park

**Event Highlights:**
- Model airplane making: Kids will be given materials and guidance to make their model airplanes.
- Judging: A panel of judges will evaluate each airplane for creativity, design, and flight performance.
- Family fun: Families can enjoy food, refreshments, and games while cheering on their little pilots.

**Registration Fee:** $10 per participant

To register your child for the event, please visit www.2024CMAMC.org and complete the online registration form.
※ Limited spots are available, so be sure to secure your child's spot early!

**Don't forget to bring safety goggles for the kids!**

① 토요일과 일요일 이틀간 열린다.
② 모형 비행기의 비행 성능만을 심사한다.
③ 행사장 내 음식물 섭취가 금지되어 있다.
④ 등록 비용은 참가자당 10달러이다.
⑤ 안전 보호안경은 현장에서 제공된다.

(수능특강 Link) 2025학년도 수능특강 영어 30강 1번

**12** 다음 글의 밑줄 친 부분 중, 어법상 틀린 것은?

24660-0088

Color isn't simply surface decoration. It seeps deep into our lives, saturating our words, thoughts, and feelings, belonging to a larger web of significance that our species ① weaves around itself. For millennia, we have used color as a universal language, ② to communicate ideas of fundamental importance: how to live and love, what to worship or fear, who we are and where we belong. It might even be our most powerful bearer of meaning, because it speaks to us in such a direct and vivid voice. But color doesn't only transmit meaning; it creates the context in which those meanings exist. ③ Swinging between nature and culture, experience and understanding, it mediates our relationship with the world. Color is an ever-present prism through ④ what we see the people, places, and objects around us, as well as how we think and feel about them. Like the air we breathe, or the water in which we swim, we are enmeshed in ⑤ it.

*seep: 스며들다 **saturate: 흠뻑 적시다 ***enmesh: 얽히게 하다

(수능특강 Link) 2025학년도 수능특강 영독 Mini Test 3 · 14번

## 13

24660-0089

**다음 글의 밑줄 친 부분 중, 문맥상 낱말의 쓰임이 적절하지 않은 것은?**

Scientists and scientific knowledge play several roles in environmental politics, shaping not only regulatory decisions and other environmental protection initiatives, but also the processes by which decisions are made and initiatives are taken, as well as the debates and controversies that surround these processes. The science itself is often a focus of ① debate. In countless environmental controversies, opposing parties assemble scientific evidence, expressing their conflicting interests or values in terms of scientific knowledge. Citizens are increasingly ② unwilling to accept uncritically the judgments of experts, and this has become one of the primary political dynamics of environmental decision-making. Often this resistance ③ reflects awareness of the close ties between scientists and powerful economic and political interests. In a society in which environmental affairs can be the scene of intense disputes over divergent worldviews and conflicting interests, the portrayals of the environment provided by scientists are themselves often fiercely ④ contested. Thus, while science is widely considered essential to environmental affairs, its role is filled with ⑤ ease.

수능특강 Link 2025학년도 수능특강 영독 8강 4번

**14** **다음 빈칸에 들어갈 말로 가장 적절한 것은?**

24660-0090

In the offline world, people who are "well connected" are commonly understood to be individuals whose connections are gauged by their quality and status rather than their quantity. In the context of social media, the term "friends" and its adjunct verb "friending" have come to designate strong *and* weak ties, intimate contacts *as well as* total strangers. Their significance is commonly articulated in one indiscriminate number. The term "followers" has undergone a similar transformation: the word connotes everything from neutral "groups" to "devotees" and "believers," but in the context of social media it has come to mean the sheer number of people who follow you. From the technological inscription of online sociality we derive that connectivity is a(n) ____________ value, also known as the *popularity principle*: the more contacts you have and make, the more valuable you become, because more people think you are popular and hence want to connect with you.

① flexible
② outdated
③ classifiable
④ unexpected
⑤ quantifiable

(수능특강 Link) 2025학년도 수능특강 영어 Test 2 · 23번

**15** 다음 빈칸에 들어갈 말로 가장 적절한 것은?

24660-0091

In one study, blind people were tested to see how well they could remember lists of words. Those with *more* of their occipital cortex taken over could score higher: they had more territory to devote to the memory task. The general story is straightforward: the more real estate, the better. This sometimes leads to counterintuitive results. Most people are born with three different types of photoreceptors for color vision, but some people are born with only two types, one type, or none, giving them diminished (or no) ability to discriminate among colors. However, color-blind people don't have it all bad: they are *better* at distinguishing between shades of gray. Why? Because they have the same amount of visual cortex, but fewer color dimensions to worry about. Using the same amount of cortical territory available for a simpler task ______________________. Although the military excludes color-blind soldiers from certain jobs, they have come to realize that the color-blind can spot enemy camouflage better than people with normal color vision.

*occipital cortex: 후두엽 피질 **counterintuitive: 직관에 반대되는 ***photoreceptor: 광수용체

① gives improved performance
② requires more sensitive skills
③ expands memorization capacity
④ activates different parts of the brain
⑤ weakens higher-level thinking skills

>> 정답과 해설 63쪽

수능특강 Link 2025학년도 수능특강 영어 13강 8번

## 16 다음 빈칸에 들어갈 말로 가장 적절한 것은?

24660-0092

The purpose of any experiment is observation. But it is not a casual observation, loosely related or inconsequential. It is an observation made to use as evidence in the process of building up a case, that case being the hypothesis concerning the connectedness between selected events of nature. As a witness in a court case is expected to give the same answer to the same question asked by the trial attorney, time after time, so the experimenter expects, from that part of nature that is "fenced in" by his experimental setup, to yield the same response to the same stimulus created in his experimental condition. The experimenter acts in a certain way in terms of his experimental variables, and he expects nature to react the same way, time after time, whatever that reaction may be. In addition, if the experimenter creates the same condition elsewhere and repeats his actions, he expects the reaction from nature to be the same as in the previous site of his experiment. Thus, the observation made by the experimenter is expected to ______________________________.

*inconsequential: 중요하지 않은

① be independent of both time and place
② drive the development of new hypotheses
③ challenge pre-existing common assumptions
④ reveal unexpected patterns within the dataset
⑤ indicate a strong correlation between variables

(수능특강 Link) 2025학년도 수능특강 영독 2강 8번

**17** 다음 빈칸에 들어갈 말로 가장 적절한 것은?

24660-0093

While hydropower was a major advance over muscle power, it still had its drawbacks. Namely, you needed incredible quantities of water flowing down altitude drops to make it work. And in many parts of the world nature did not provide that combination. And this is where steam power became revolutionary. Burning fuels to make heat to boil water allowed heavy machinery to be moved by the force of steam. The industrial age is really the age of steam, as the invention of steam engines created the opportunity to turn heat into motion. Creating heat is rudimentary and the materials for it are readily available, but the ability to turn heat into motion was revolutionary. In the United States, this transition occurred at the end of the 1800s. The amount of water needed for steam was a fraction of the water needed for hydropower. And, even in low-lying areas that didn't have the altitude drop needed for waterwheels, there was sufficient water to make steam. Steam not only increased the energetic output over hydropower but also ______________________________.

*altitude: 고도 **rudimentary: 가장 기초적인

① revolutionized the water supply methods in energy production
② freed manufacturers to build their factories where they wished
③ facilitated the spatial diversity common in rapid urban expansion
④ triggered the environmental problems we have with fossil fuels today
⑤ drastically changed the relationships among various economic agents

>> 정답과 해설 64쪽

수능특강 Link 2025학년도 수능특강 영어 31강 1번

**18** 다음 글에서 전체 흐름과 관계 없는 문장은?

24660-0094

It is true that some patients need the kind of focused distress intervention that exceeds a practitioner's skill set, but so often all that patients need is a sense that their health care providers have joined with them in their difficult situation. ① Patients need to feel understood and accepted when their emotions spill out and their despair becomes clearly felt. ② They need clinicians who have the personal resilience to remain empathic and calm, capable of witnessing strong patient emotions without their own anxiety getting in the way. ③ They also need to understand their diagnosis and treatment options, which requires a smooth flow of communication between care team members, the patient, and the patient's family. ④ The patient needs a clinician who can remain focused on the patient's need for understanding rather than the clinician's own desire to escape the situation. ⑤ Patients need physicians, nurses, social workers, and physical therapists who are able to tolerate their own distress so that the patients' distress can remain the focus of care.

수능특강 Link 2025학년도 수능특강 영독 6강 3번

**19** 주어진 글 다음에 이어질 글의 순서로 가장 적절한 것은?

24660-0095

Aging can be a time of positive change and growth for you and the older person you care about, but it can also be tough.

(A) This is especially true when the older adult has experienced cognitive or functional decline. Reframing what independence means, and how getting help can make one more independent, is important.

(B) Even if your previous relationship was perfect, there's lots of potential for conflict. At times the roles become reversed, and you begin to act like a parent and the older adult a child who is angry, resentful, or depressed that you are telling them what to do. Most older adults want to be independent, make their own decisions, and not become a burden.

(C) But their families can be burdened by fear that the older adult could get worse or be injured by refusing to adapt to their new normal. This is an understandable concern, and it requires patience and thoughtfulness to see both sides and negotiate solutions everyone can live with.

① (A) – (C) – (B) ② (B) – (A) – (C) ③ (B) – (C) – (A)
④ (C) – (A) – (B) ⑤ (C) – (B) – (A)

>> 정답과 해설 65쪽

(수능특강 Link) 2025학년도 수능특강 영어 Test 1 · 6번

## 20 주어진 글 다음에 이어질 글의 순서로 가장 적절한 것은?

24660-0096

> The brain is a prime example of a biological object too complex to be understood without mathematics. The brain is the seat of cognition and consciousness.

(A) To understand how all this can be accomplished by a single complex of cells, interfacing with a body and the world, demands mathematical modelling at multiple levels. Despite the hesitancy felt by some biologists, mathematical models can be found hidden in all corners of the history of neuroscience.

(B) And while it was traditionally the domain of adventurous physicists or wandering mathematicians, today 'theoretical' or 'computational' neuroscience is a fully developed subdivision of the neuroscience enterprise with dedicated journals, conferences, textbooks and funding sources. The mathematical mindset is influencing the whole of the study of the brain.

(C) It is responsible for how we feel, how we think, how we move, who we are. It is where days are planned, memories are stored, passions are felt, choices are made, words are read. It is the inspiration for artificial intelligence and the source of mental illness.

① (A) – (C) – (B) ② (B) – (A) – (C) ③ (B) – (C) – (A)
④ (C) – (A) – (B) ⑤ (C) – (B) – (A)

(수능특강 Link) 2025학년도 수능특강 영독 7강 7번

**21** 글의 흐름으로 보아, 주어진 문장이 들어가기에 가장 적절한 곳은?

24660-0097

And because the encouragements and constraints of the built environment do not require other actors, like police, to enforce them, they often work on us silently and invisibly, even subconsciously.

While it is clearly related, the power of the built environment is distinct from the ways in which other institutions, like laws or social norms, shape our behavior by suggesting appropriate actions in given circumstances: we *shouldn't* roll through stop signs, because it is against the law. ( ① ) But, of course, we *can* (and often do). ( ② ) The physical characteristics of a stop sign, as opposed to, say, a brick wall, afford us that possibility. ( ③ ) But we literally cannot do things — like look outside from a room with no windows, make a phone call with Microsoft Word, or "Dislike" posts on Facebook — if the built environment does not afford those possibilities. ( ④ ) This passivity and subtlety with which the built environment manifests power means it is both very easy and very dangerous to ignore. ( ⑤ ) But the fact of its near-invisible power also reinforces the importance of centering the built environment in any project of democratizing digital technologies.

(수능특강 Link) 2025학년도 수능특강 영어 Test 3 · 7번

**22** 글의 흐름으로 보아, 주어진 문장이 들어가기에 가장 적절한 곳은?

24660-0098

> Generally, it appears that the more you are connected socially and emotionally to people in a space or an event, the more the sending and receiving of a mobile phone call is disruptive.

The transformation of space through mobile media has raised a number of etiquette issues. ( ① ) One is the invasion of space and the disruption of etiquette protocols for those spaces. ( ② ) A person who makes or receives a mobile phone call during a meeting when someone else is speaking would generally be considered breaking an unwritten rule in many meetings to not talk when someone else has the floor. ( ③ ) This all too common practice has been reduced somewhat as more people switch to texting messages during meetings. ( ④ ) Other common breaches of etiquette are making mobile calls from bathroom stalls, on a supermarket line when the cashier is waiting for payment and people behind you are delayed, and in church. ( ⑤ ) So, it is perceived as more rude to make a mobile call at church, at a dinner with a loved one, in a classroom or in a theater and less so on a train, at a ballpark, on a beach or walking on the street.

*breach: 위반, 파기

수능특강 Link 2025학년도 수능특강 영어 3강 4번

**23** 다음 글의 내용을 한 문장으로 요약하고자 한다. 빈칸 (A), (B)에 들어갈 말로 가장 적절한 것은?

24660-0099

Your consciousness produces an ongoing series of thoughts, one right after the other. When you focus on any particular thought, it is present and visible. Once your attention goes elsewhere, the thought disappears from your mind. Your thoughts come and go. You have surprisingly little control over the content of your own thinking unless you are actively trying to control it. Once you understand that you are the thinker of your own thoughts, and that your mind doesn't produce "reality," it produces "thoughts," you won't be as affected by what you think. You'll see your thinking as something that you are doing — an ability you have that brings your experience of life — rather than as the source of reality. Do you remember the old saying "Sticks and stones may break my bones but words can never hurt me?" *Thoughts* could be substituted for *words*. Your thoughts can't hurt or depress you once you understand that they are just thoughts.

> Your consciousness generates a continuous stream of thoughts, but by ____(A)____ the fact that they are just mental constructs, you can reduce their ____(B)____ on your emotions and overall well-being.

| | (A) | | (B) |
|---|---|---|---|
| ① | recognizing | …… | impact |
| ② | denying | …… | impact |
| ③ | recognizing | …… | dependence |
| ④ | reflecting | …… | dependence |
| ⑤ | denying | …… | appearance |

수능특강 Link 2025학년도 수능특강 영독 4강 6번

**[24~25] 다음 글을 읽고, 물음에 답하시오.**

The ostrich with its head in the sand is a famous symbol of not wanting to know or wanting not to know, also described as voluntary, wilful or resolute ignorance. The idea may be extended to include (a) deliberate omissions or silences. For example, the Haitian historian Michel-Rolph Trouillot distinguished four moments in the production of knowledge of the past in which individuals choose between communicating particular items of information and keeping silent about them. The four moments are those of producing documents, storing them in archives, retrieving the information and making use of it in a written history.

For an example of the (b) opposite quality, involuntary ignorance, we might turn to Catholic theology. Medieval theologians such as Thomas Aquinas used the phrase 'invincible ignorance' to refer to those who were unaware of the existence of Christianity and so could not be blamed for their failure to accept it. On the other hand, if they were (c) aware, they would be guilty of 'culpable' ignorance.

Culpable ignorance may be individual or collective. Social historians are particularly concerned with the latter, with 'white ignorance,' for example, a phrase coined by the Jamaican philosopher Charles W. Mills to refer to the prejudices underlying racism. Collective ignorance supports the rule of one group over another by encouraging them to accept their situation as (d) unfair. The ignorance of the dominant keeps them from questioning their privileges, while the ignorance of the dominated has often kept them from (e) rebellion. Hence the efforts of those in power, as Diderot remarked, 'to keep the people in a state of ignorance and stupidity.'

*theology: 신학 **invincible: 극복할 수 없는 ***culpable: 비난할 만한

**24** 윗글의 제목으로 가장 적절한 것은?

24660-0100

① Differences and Similarities Between Ignorance and Prejudice
② Critical Moments in the Production and Storage of Information
③ Ignorant Ostriches: Symbol of Silent Histories and Suppressed Truth
④ A Varied Spectrum of Ignorance: From Wilful, Involuntary, to Collective
⑤ How the Ignorance of the Dominant Makes Them Doubtful About the World

**25** 밑줄 친 (a)~(e) 중에서 문맥상 낱말의 쓰임이 적절하지 않은 것은?

24660-0101

① (a) ② (b) ③ (c) ④ (d) ⑤ (e)

(수능특강 Link) 2025학년도 수능특강 영독 11강 2번

**[26~28] 다음 글을 읽고, 물음에 답하시오.**

(A)

It was late afternoon. My younger brother had come home from a friend's house, said hello to Mom, and produced a bright red sponge ball from his pocket. It was about an inch in diameter. Holding the ball in the fingertips of his right hand, (a) he calmly placed it in his left, balled his fist around it, and held up the now-closed hand for all to see. Someone — maybe me, maybe Mom — was asked to blow on it. Mom did the honors. And then he opened his fingers and blew my mind. The ball had simply vanished. I mean, just like that.

(B)

So even though my brother had accomplished the impossible, there had to be an explanation. Perhaps it was his mastery of a certain skill set, or maybe a specific process (b) he adhered to. This was a startling realization. It meant that impossible had a formula. And more than anything I had ever wanted, I wanted to know that formula. I started studying magic tricks. Card tricks, coin tricks, even those little sponge balls. By the time I was eleven, I was essentially living at Pandora's Box, the local magic shop, where I saw plenty of the impossible.

(C)

The major lesson of those years was that, no matter how mind-bendingly improbable a trick looked on the front end, there was always an understandable logic on the back end. The impossible always had a formula and if I applied myself, sometimes I could learn that formula. One of my mentors liked to point out that history is littered with the impossible. In each case, impossible became possible because someone figured out the formula. "Sure," (c) he said, "if you don't know the formula, it looks like magic. But now you know better."

(D)

My brother, I was pretty sure, had just done the impossible. Now, of course, to many, (d) his trick of vanishing a sponge ball isn't that shocking. But I was nine years old and had never seen magic tricks before. Under these conditions, it was a truly puzzling experience. And puzzling on two fronts. First, the obvious: that sponge ball was gone. Second, the slightly less obvious: my brother didn't do magic. Until then nothing he'd yet done defied the laws of physics. There had been no accidental levitations and no one, when Mom's favorite cup went missing, accused (e) him of teleporting it to other dimensions.

*defy: 거스르다, 무시하다 **levitation: 공중 부양

**26** 주어진 글 (A)에 이어질 내용을 순서에 맞게 배열한 것으로 가장 적절한 것은?

24660-0102

① (B) – (D) – (C) ② (C) – (B) – (D) ③ (C) – (D) – (B)
④ (D) – (B) – (C) ⑤ (D) – (C) – (B)

**27** 밑줄 친 (a)~(e) 중에서 가리키는 대상이 나머지 넷과 다른 것은?

24660-0103

① (a) ② (b) ③ (c) ④ (d) ⑤ (e)

**28** 윗글에 관한 내용으로 적절하지 않은 것은?

24660-0104

① 남동생은 자기 주머니에서 빨간색 스펀지 공을 꺼냈다.
② 엄마가 공을 쥔 남동생의 손에 바람을 불었다.
③ 필자는 카드 묘기, 동전 묘기 등을 배웠다.
④ 필자는 믿기 어려운 일에 늘 이해 가능한 논리가 있음을 배웠다.
⑤ 필자는 자기 남동생이 마법을 썼다고 확신했다.

# 한눈에 보는 정답

## Ⅰ 간접연계 파악하기 <연습편>

### Exercise 01
간접연계 **Practice 1** ⑤　간접연계 **Practice 2** ④
간접연계 **Practice 3** ③　간접연계 **Practice 4** ⑤

### Exercise 02
간접연계 **Practice 1** ①　간접연계 **Practice 2** ④
간접연계 **Practice 3** ②　간접연계 **Practice 4** ②

### Exercise 03
간접연계 **Practice 1** ④　간접연계 **Practice 2** ④
간접연계 **Practice 3** ②　간접연계 **Practice 4** ③

### Exercise 04
간접연계 **Practice 1** ①　간접연계 **Practice 2** ③
간접연계 **Practice 3** ③　간접연계 **Practice 4** ①

### Exercise 05
간접연계 **Practice 1** ②　간접연계 **Practice 2** ③
간접연계 **Practice 3** ⑤　간접연계 **Practice 4** ①

### Exercise 06
간접연계 **Practice 1** ④　간접연계 **Practice 2** ⑤
간접연계 **Practice 3** ⑤　간접연계 **Practice 4** ④

### Exercise 07
간접연계 **Practice 1** ④　간접연계 **Practice 2** ⑤
간접연계 **Practice 3** ⑤　간접연계 **Practice 4** ⑤

### Exercise 08
간접연계 **Practice 1** ②　간접연계 **Practice 2** ③
간접연계 **Practice 3** ②　간접연계 **Practice 4** ③

### Exercise 09
간접연계 **Practice 1** ⑤　간접연계 **Practice 2** ③
간접연계 **Practice 3** ②　간접연계 **Practice 4** ⑤

### Exercise 10
간접연계 **Practice 1** ⑤　간접연계 **Practice 2** ③
간접연계 **Practice 3** ④　간접연계 **Practice 4** ③

### Exercise 11
간접연계 **Practice 1** ③　간접연계 **Practice 2** ④
간접연계 **Practice 3** ⑤　간접연계 **Practice 4** ③

### Exercise 12
간접연계 **Practice 1** ⑤　간접연계 **Practice 2** ④
간접연계 **Practice 3** ③　간접연계 **Practice 4** ③

## Ⅱ 간접연계 정복하기 <실전테스트편>

### 실전테스트 1회

| | | | | |
|---|---|---|---|---|
| 01 ① | 02 ⑤ | 03 ② | 04 ③ | 05 ⑤ |
| 06 ① | 07 ② | 08 ⑤ | 09 ⑤ | 10 ④ |
| 11 ③ | 12 ② | 13 ⑤ | 14 ② | 15 ① |
| 16 ① | 17 ① | 18 ③ | 19 ③ | 20 ③ |
| 21 ⑤ | 22 ③ | 23 ① | 24 ④ | 25 ④ |
| 26 ① | 27 ② | 28 ⑤ | | |

### 실전테스트 2회

| | | | | |
|---|---|---|---|---|
| 01 ② | 02 ④ | 03 ⑤ | 04 ② | 05 ⑤ |
| 06 ⑤ | 07 ③ | 08 ⑤ | 09 ④ | 10 ⑤ |
| 11 ④ | 12 ④ | 13 ⑤ | 14 ⑤ | 15 ① |
| 16 ① | 17 ② | 18 ③ | 19 ③ | 20 ④ |
| 21 ④ | 22 ⑤ | 23 ① | 24 ④ | 25 ④ |
| 26 ④ | 27 ③ | 28 ⑤ | | |

Memo

Memo

# 가벼운
# 학습의 시작!

종이책보다 저렴하게

**eBook으로 만나는 EBS 교재**

스스로 정리하며 완성하는 학습 루틴

**학습계획표 | 학습노트**

언제 어디서나 데이터 부담 없이

**오프라인 이용 가능**

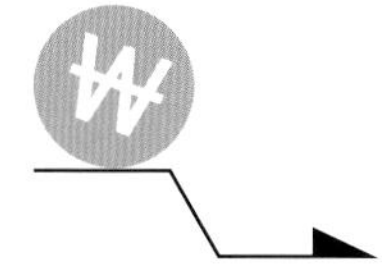

종이책 정가 대비 할인

**가장 저렴한 가격**

EBS 교재와 강의를 한 번에

**더욱 가볍고 자유로운 학습**

할인 쿠폰 **10%** 할/인/적/용

2209 - 6024 - 9709 - EXRC

EBS 교재사이트 > 나의 교재방 > eBook 쿠폰 등록

* 1인 1회 1권 사용 가능 (~2024.12.31.)

단체 할인 구입 문의 | pub@ebs.co.kr

EBS eBook은 EBS 교재사이트에서 구입할 수 있습니다.

book.ebs.co.kr

최신 교재도, 지난 교재도 한눈에!
EBS 공식 네이버 스마트스토어!

EBS
북스토어
OPEN

EBS 북스토어

https://smartstore.naver.com/ebsmain

EBS

문제를 사진 찍고
**해설 강의 보기**
Google Play | App Store

EBS*i* 사이트
**무료 강의 제공**

2025학년도 수능 대비
수능 영어 간접연계의 해답

# 수능 영어 간접연계 서치라이트

## 정답과 해설

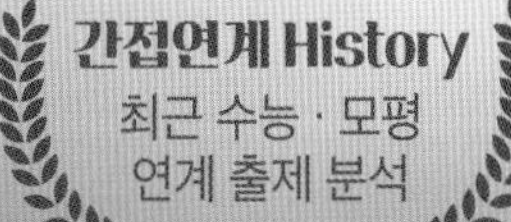

간접연계 History
최근 수능 · 모평
연계 출제 분석

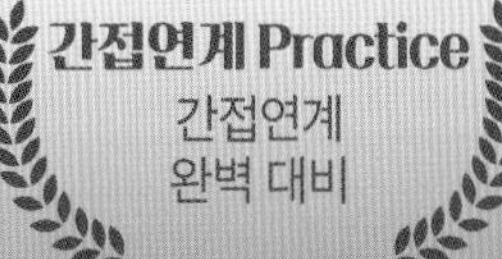


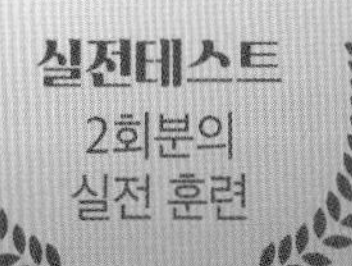

# 정답과 해설

2025학년도 수능 대비

수능 영어 간접연계

**서치라이트**

# 정답과 해설

## 간접연계 파악하기 <연습편>

### 간접연계 History

본문 8~9쪽

2024학년도 수능특강 영어 21강 3번

여러 가지 요인들이 도덕적 정체성 발달에 영향을 미치는 것으로 밝혀졌는데, 어떤 것은 개인적이고, 어떤 것은 상황적이다. 개인적 차원에서는, 성격, 인지 발달, 태도와 가치관, 그리고 더 폭넓은 자아 및 정체성 발달 같은 것들이 도덕적 정체성 발달에 영향을 미칠 수 있다. 예를 들어, 인지 및 정체성 발달에서 더 뛰어난 사람들은 도덕적 정체성 발달에 대한 능력이 더 뛰어나다. 또한, 도덕적 가치관에 대한 더 많은 이해는 이후에 그것(도덕적 가치관)이 정체성으로 통합되는 것을 촉진할 수도 있다. 상황적 차원에서는, 한 가지 중요한 요소가 이웃, 학교, 가족, 그리고 종교 단체, 청소년 단체 또는 지역 사회 단체와 같은 기관을 포함하는, 그 개인이 속한 사회 구조이다. 예를 들어, 배려하고 도와주는 가정 환경은 도덕성과 정체성 발달을 촉진할 수 있고, 그뿐만 아니라 그 두 가지(도덕성과 정체성)가 도덕적 정체성으로 통합되는 것도 촉진할 수 있다. 게다가, 종교 단체 및 청소년 단체에 참여하는 것은 도덕적 신념 체계뿐만 아니라, (예를 들어, 지역 사회 참여를 통해) 그러한 신념에 따라 행동할 기회도 제공할 수 있으며, 이는 그것이 정체성으로 통합되는 것을 도울 수 있다.

어휘 | identify 밝히다, 확인하다 contextual 상황적인, 문맥상의 cognitive 인지의 moral 도덕적인 appreciation 이해, 감상 facilitate 촉진하다 subsequent 이후의, 그다음의 integration 통합 institution 기관 caring 배려하는 aid 돕다

2024학년도 6월 모의평가 38번

특정 관행이 시간이 지나면서 반복되고 더 널리 공유됨에 따라, 그 관행이 구현하는 가치는 강화되고 재현되며 우리는 그것이 '제도화'된다고 말한다. 일부의 경우, 이러한 제도화는 규칙과 프로토콜이 문서화되고 절차가 반드시 올바르게 준수되도록 전문화된 역할이 만들어지는 등 공식적인 면모를 갖춘다. 의회, 법원, 경찰 등 국가의 주요 기관이 일부 전문직과 더불어 이러한 공식적인 성격을 보여 준다. 다른 사회 기관들, 아마도 대다수는 이와 같지 않은데 과학이 하나의 예이다. 과학자들은 자기 학문의 실질적인 내용은 훈련받지만, '좋은 과학자가 되는 방법'은 공식적으로 교육받지 않는다. 대신 어린아이가 '멋지게 노는 법'을 배우는 것과 아주 흡사하게, 도제 과학자는 동료들로부터의 흡수, 즉 사회화를 통해 그 역할에 내재된 도덕적 가치에 대한 이해를 얻는다. 우리는 직업 자체의 가치가 위협받고 있는 것과 꼭 마찬가지로, 이러한 가치도 작업들 중 많은 것들에 영향을 미치는 가치와 마찬가지로 위협받고 있다고 생각한다.

어휘 | embody 구현하다 reinforce 강화하다 institutionalization 제도화 protocol 프로토콜, 관례 parliament 의회 substantive 실질적인 absorption 동화, 흡수 inform 영향을 미치다

### 간접연계 Searchlight

본문 10~17쪽

#### 수능특강 Focus 1

2025학년도 수능특강 영어 14강 2번

식물은 언제 경쟁이 필요한지, 언제 협력하는 것이 더 현명한지 가늠한다. 이러한 종류의 결정을 내리기 위해 그것은 성장 및 지속성 향상에 따른 이익과 비교하여 에너지 비용을 따져 본다. 예를 들어 일반적으로 식물은 햇빛을 우선적으로 이용하기 위해 가까운 곳에 있는 이웃의 식물보다 더 크게 자라려 하지만, 이웃 식물이 이미 키가 상당히 더 커서 경쟁에서 질 것 같으면, 그 식물은 자신의 경쟁 본능을 누그러뜨릴 것이다. 즉, 식물은 자신의 성장과 번식을 유지할 능력을 향상하기 위해 경쟁이 필요하고 성공 가능성이 어느 정도 있을 경우에만 경쟁한다. (모든 유기체에서와 마찬가지로, 식물의 진화, 발달 및 성장은 끊임없고 치열한 경쟁에 달려 있다.) 일단 경쟁이 필요한 결과를 산출하면, 식물은 경쟁을 중단하고 에너지를 생존하는 데로 돌린다. 식물에게 경쟁은 승리의 짜릿함이 아니라 생존에 관한 것이다.

**배경지식 UP**

**식물의 경쟁과 적응**

식물은 다른 식물과 어떤 형태로든 관계를 맺고 살아가는데, 동종 간 또는 이종 간의 협조와 경쟁의 형태로 나타난다. 자연 상태에서 식물 집단은 복잡하여 필요로 하는 환경 조건과 자원이 매우 다양하기에 생태적 지위(서식지 안에서 정해져 있는 각자의 역할)의 분화가 쉽게 일어나 공존 가능한 쪽으로 변한다. 즉, 살아남기 위해 둘 중 하나가 변하든지, 둘 다 조금씩 변함으로써 공존이 이루어진다.

#### 간접연계 Practice 1

정답 | ⑤

소재 | 식물의 효율적인 에너지 사용

해석 | 식물은 적응 행동 및 에너지 공급과 함께 내부 및 외부 신호를 사용하여 자신이 자라는 환경을 최대한 활용한다. 광합성에는 빛, (이산화탄소의 형태로 된) 무기 탄소, 그리고 물이 필요하고, 식물은 또한 인과 질소 같은 영양분도 필요하다. 그러므로, 식물이 이러한 자원의 가용성에 매우 민감하고 에너지 예산을 신중하게 관리하는 것은 놀라운 일이 아니다. 자양분을 만들기 위해 식물은 햇빛 수확에 필요한 잎을 키우는 데 에너지를 할당한다. 그러고 나서 그것은 이산화탄소와 물을 사용하여 모은 빛 에너지를

화학적 에너지(당)로 전환한다. 동시에 식물은 비생산적인 에너지 사용을 제한한다. 예를 들어, 빛이 좋은 환경에서 식물은 잎을 만드는 데는 에너지를 공급하지만, 줄기를 늘리는 것으로부터는 에너지를 다른 곳으로 돌린다.

해설 | ⑤ 앞의 문장은 식물이 이산화탄소와 물을 사용하여 모은 빛 에너지를 화학적 에너지로 전환한다는 내용을 기술하며, ⑤ 다음의 문장은 식물이 줄기를 늘리는 것으로부터는 에너지를 다른 곳으로 돌린다는 내용을 기술하고 있다. 주어진 문장은 식물이 에너지의 비생산적 사용을 제한한다는 내용을 기술하고 있으므로, ⑤ 다음의 문장은 주어진 문장 내용의 예시임을 알 수 있다. 따라서 주어진 문장이 들어가기에 가장 적절한 곳은 ⑤이다.

어휘 | nonproductive 비생산적인 alongside ~과 함께, ~과 나란히 adaptive 적응성의, 적응할 수 있는 photosynthesis 광합성 nutrient 영양분, 영양소 availability 가용성, 이용 가능성 convert 전환하다 favorable 좋은, 유리한, 호의적인 divert ~을 딴 데로 돌리다, 전환하다

## 수능특강 Focus 2

2025학년도 수능특강 영어 Test 3 · 23번

Michael Ross, Cathy McFarland, Garth Fletcher가 수행한 간단한 실험에서, 대학생들은 자주 양치질하는 것의 중요성을 주장하는 설득력 있는 메시지를 받았다. 그 메시지를 받은 후에, 학생들은 양치질에 대한 태도를 바꾸었다. 말할 필요도 없이 이것은 놀라운 일이 아니다. 하지만 놀라웠던 것은 이것이다. 나중에 같은 날 다른 상황에서 학생들은 "지난 2주 동안 양치질을 몇 번이나 했습니까?"라는 질문을 받았다. 그 메시지를 받은 학생들은 대조군의 학생들보다 훨씬 더 자주 이를 닦았다고 기억했다. 학생들은 연구자를 속이려고 한 것이 아니었는데, 그들이 거짓말을 할 이유가 없었기 때문이다. 그들은 단지 기억을 돕기 위한 휴리스틱으로 자신의 새로운 태도를 사용하고 있던 것뿐이었다. 어떤 의미에서 학생들은 이제 막 그 분별 있는 행동이 무엇일지 알게 되었음에도 불구하고 자신이 항상 분별 있고 합리적인 방식으로 행동했다고 믿을 필요가 있었다.

배경지식 UP

**heuristic(휴리스틱)**

휴리스틱(heuristic)의 어원은 고대 그리스어 'heuriskein'과 라틴어의 'heuristicus'이며 '찾아내다(find out)', '발견하다(discover)'라는 의미를 가진다. 휴리스틱(heuristic)은 시간이나 정보가 불충분하여 합리적인 판단을 할 수 없거나, 굳이 체계적이고 합리적인 판단을 할 필요가 없는 상황에서 신속하게 사용하는 어림짐작의 기술을 뜻한다. 휴리스틱은 큰 노력 없이도 빠른 시간 안에 대부분의 상황에서 만족할 만한 정답을 도출해 낸다는 점에서 긍정적이지만, 때로는 터무니없거나 편향된 결과를 가져오기도 한다.

## 간접연계 Practice 2

정답 | ④

소재 | 같은 집단에 속한 사람들을 선호하는 경향

해석 | 우리가 자주 취향, 가치관, 신념, 그리고 정치적 이념의 진정한 차이에 근거하여 그 집단에 있기로 선택한다는 것을 고려할 때, 우리 자신의 집단을 선호하는 것은 완벽하게 합리적으로 보일 수 있다. 그러나 인간은 너무나 당연히 세상을 '우리'와 '그들'로 나누는 경향이 있어서 심지어 집단 구성원이 사소하고 심지어 무의미한 차이에 근거할 때조차 내집단 편향이 나타난다. 사회 심리학자인 Henri Tajfel은 완전히 낯선 사람들을 'X 집단' 또는 'W 집단'으로 명명된 집단으로 무작위로 나눴다. 이 낯선 사람들은 연구 동안 상호 작용을 한 적이 없고, 그들의 행동은 완전히 익명이었지만, 그들은 무의미한 이름표(X 또는 W)를 공유한 사람들이 마치 자신의 좋은 친구이거나 가까운 친척인 것처럼 행동했다. 거듭되는 연구에서, 집단 배정에만 근거하여, 참가자들은 자신들의 이름표를 공유하는 사람들을 선호하는데, 그들은 그들이 다른 이름표를 배정받은 사람들보다 더 유쾌한 성격을 갖고 더 일을 잘할 가능성이 더 크다고 평가하기 때문이다. 그들은 심지어 자신의 '집단'에 있는 사람들에게 더 많은 돈과 보상을 배분한다.

해설 | 무작위로 집단을 나누고 집단 구성원 간의 상호 작용이 없었음에도, 자신과 같은 집단에 속한 사람들을 선호하고 좋게 평가하는 경향이 있다는 내용의 글이다. 따라서 글의 제목으로 가장 적절한 것은 ④ '집단 배정이 사람들의 태도에 미치는 지대한 영향'이다.

① 어떤 집단이든 중요한 소수와 사소한 다수를 보유할 것이다
② 우정의 기술: 낯선 사람과 유대를 맺는 방법
③ 내집단 편향은 마케팅 전략에 어떻게 적용되는가?
⑤ 집단 소속감과 인간관계의 무관함을 밝히기

어휘 | ideology 이념, 관념 be inclined to *do* ~하는 경향이 있다 bias 편향, 편견 trivial 사소한, 하찮은 anonymous 익명의, 신원 불명의

## 수능특강 Focus 3

2025학년도 수능특강 영어 Test 3 · 4번

일부 부모에게는 어린아이를 마치 그들이 나이가 훨씬 더 많은 것처럼 대하는 경향이 있다. 그들은 마치 자신의 아이가 나이 이상으로 성숙하다는 인상을 주고 싶어 하는 것 같다. 그들은 어린아이가 너무 어려 결정할 수 없는 문제에 관해 결정을 내리도록 요구한다. 아이가 이런 상황에 처하면, 때때로 아이는 부모가 자신에게 하기를 바라는 것을 할 것이고, 때로는 그저 "싫어."라고 말할 것이다. 이것은 자신의 권위를 보여 주고 자신의 힘을 드러

내려는 아이의 시도이다. 결코 어린아이는 자신이 너무 어려 내릴 수 없는 결정을 하도록 요구받아서는 안 된다. 부모가 결정을 내린 다음 아이에게 지시해야 한다. 예를 들어, 부모는 아이가 그만 놀고 밥을 먹어야 한다고 생각하면, 아이에게 "이제 밥 먹고 싶니?"라고 물어서는 안 된다. 부모가 아이에게 장난감을 치우고 먹을 준비를 하라고 말해야 한다. 부모는 아이가 낮잠을 자야 한다고 생각하면, 아이에게 "낮잠 자고 싶니?"라고 물어서는 안 된다. 부모가 아이에게 낮잠을 잘 시간이라고 말해야 한다.

## 간접연계 Practice 3

정답 | ③

소재 | 권위 있는 부모를 둔 아이의 특징

해석 | 연구에 따르면 권위 있는 부모를 둔 아이들은 자기 생각과 의견을 표현하는 것을 두려워하지 않는 균형 잡힌 어른이 될 가능성이 가장 크다. 그들은 자녀들에게 성숙함과 문제 해결을 동시에 요구하는데, 이것은 그들이 어려운 상황에 직면했을 때 통찰력과 객관성을 유지하도록 도와주는 효과적인 방법이고, 또한 그들이 같은 실수를 반복해 저지르지 않게 해 준다. 자녀가 어느 정도 지원받고 감시받기 때문에, 그 아이가 기분이나 자아상의 장애와 고위험 행동과 같은 문제를 일으킬 가능성이 크게 줄어든다. (권위 있는 양육의 가장 큰 결점은 그것이 모든 부모에게 반드시 당연히 나타나는 것이 아니며, 특히 자신의 삶에서 스트레스 기간을 겪고 있는 경우, 일부 부모는 장기간 그것을 유지하기 어렵다고 느낀다는 것이다.) 자녀들은 자신의 의견과 생각을 말할 자유를 갖도록 장려되지만, 대체로 아이가 최종 결정권을 갖는 허용적인 부모들과는 달리 결국에는 부모들이 최종 결정을 내린다. 이것은 자녀들이 스스로 사고하는 습관을 기르도록 돕는 데 이바지하고, 또래들의 부정적인 영향을 멀리하게 한다.

해설 | 권위 있는 부모를 둔 아이들은 자기 생각과 의견 표현을 두려워하지 않으며 어려운 상황에 직면하여 통찰력과 객관성을 유지하고 기분이나 자아상의 장애와 고위험 행동과 같은 문제를 일으킬 가능성이 적고 스스로 사고하는 습관을 기르는 등 장점이 있다는 내용의 글이다. 따라서 권위 있는 양육이 모든 부모에게 당연히 나타나지 않는다는 단점을 기술하는 ③은 글의 전체 흐름과 관계가 없다.

어휘 | authoritative 권위 있는, 권위적인 maturity 성숙함, 원숙함 insightful 통찰력 있는 stumble upon (실수 등을) 저지르다 disorder 장애, 혼란 drawback 결점, 문제점

## 수능특강 Focus 4

2025학년도 수능특강 영어 Test 2 · 19번

자존감과 대중의 존경을 구분할 수 있는 한, 후자가 더 중요한 것 같다. 나르시시스트의 최우선시되는 동기는 다른 사람들로부터 사회적 인정을 받는 것인 것 같다. (A) 즉, 그들은 다른 사람들이 자신을 존경하게 만드는 방법을 찾는 데 많은 시간과 에너지를 소모한다. 다른 사람의 존경보다는 호감을 받는 면에서는 그들은 다소 무관심하다. 즉, 나르시시스트는 호감을 얻는 데 관심이 있는 정도가 다른 어떤 사람보다 더 많지도 더 적지도 않다. (C) 하지만 존경을 받는 것은 그들에게 매우 중요하다. (아마도 이미 자기 자신의 좋은 자질을 은밀히 확신하고 있기 때문에) 일반적으로 그들은 자신에게 무언가를 증명하는 데 지나치게 관심이 있는 것 같지는 않지만, 다른 사람들에게 자신의 우월성을 보여 주는 데는 상당히 관심이 있다. (B) 예를 들어, 어려운 과제를 다루며 자신이 얼마나 유능한지 알아볼 기회가 주어지면, 나르시시스트는 아무도 보지 않을 때는 최소한의 노력을 기울이는데, 이는 자신의 탁월함을 자신에게 입증하는 데 별로 관심이 없다는 신호이며, 반면에 다른 사람이 보고 있으면 그들은 돋보이기 위해 최대한의 노력을 기울인다.

배경지식 UP

**Narcissism(나르시시즘)**

나르시시즘은 그리스 신화에서 호수에 비친 자기 모습을 사랑하며 그리워하다가 물에 빠져 죽어 수선화가 된 나르키소스(Narcissus)라는 미소년의 이름에서 유래되었다. 프로이트(Freud)가 이 말을 정신 분석학에서 자아의 중요성이 너무 과장되어 자기 자신을 너무 사랑하는 것을 지칭하는 용어로 사용하였다. 프로이트는 나르시시즘에 대해 자기 자신을 리비도의 대상으로 삼는 것이라고 하였으며, 인격 장애의 일종으로 보았다.

## 간접연계 Practice 4

정답 | ⑤

소재 | 나르시시즘의 특징

해석 | 최근 몇 년 동안, 많은 연구자들이 자존감 그 자체에서 관심을 돌려 나르시시즘이라는 관련 구성 개념을 다루었다. '나르시시즘'이라는 용어는 물에 비친 자신의 모습에 반한 청년에 관한 그리스 신화에 기반을 두고 있으며, 따라서 나르시시즘은 과도하거나 부적절한 자기애라는 함축된 의미를 갖고 있다. 나르시시즘은 높은 자존감의 한 하위 범주로 간주될 수 있으며, 특히 자신에 대해 호의적이고 아마도 과장된 견해를 가지고 있고 그것을 유지하려는 동기가 높은 사람들을 말한다. 높은 자존감을 가진 많은 사람들도 그러하기는 하지만, 높은 자존감은 단순히 자기에 대해 상당히 편안함을 느끼면서도 자기애적이지 않은 범주의 사람들도 포함한다. 따라서 나르시시즘은 두 가지 점, 즉 자존심 과장과 매우 긍정적인 자아상을 확립하려는 동기를 강조한다는 점에서 자존감이라는 더 단순한 개념과는 다르다. 나르시시즘의 성별 차이는 자존감의 차이보다 약간 더 큰데, 이는 남성이 여성보다 사회

적 우월에 더 관심이 있으며 자기 평가를 과장하는 경향이 더 크다는 것을 시사한다.

해설 | ⑤ that절에서 주격 보어 역할을 하는 명사절을 이끌며 명사절 내에서 빠진 요소가 없으므로 what을 접속사 that으로 바꾸어야 한다.

① 부사적 용법으로 쓰인 to부정사이므로 어법상 적절하다.

② favorable, probably inflated views of themselves를 지칭하는 대명사이므로 them은 어법상 적절하다.

③ quite comfortable with themselves를 수식하므로 부사 simply는 어법상 적절하다.

④ 전치사 다음에는 명사나 동명사를 사용해야 하므로 어법상 적절하다.

어휘 | per se 그 자체로는, 그 자체가 construct 구성 개념, 구성체 reflection (거울 등에 비친) 모습, 반사, 반영 connotation 함축(된 의미) subcategory 하위 범주 inflated 과장된, 부풀린 inflation 과장, 부풀리기 dominance 우월, 지배 be prone to *do* ~하는 경향이 있다 self-appraisal 자기 평가

## Exercise 02

본문 18~19쪽

2024학년도 수능특강 영독 6강 1번

수목은 다른 생물 자원과 많은 특징을 공유하지만, 또한 몇 가지 독특한 측면을 가지고 있다. 수목은 생산물이자 자본재라는 특징을 다른 많은 생물 자원과 공유한다. 나무는 수확이 되었을 때 시장성이 있는 원자재를 제공하지만, 벌채하지 않고 두면 그것은 자본재로서 다음 해에 성장의 증가가 일어날 수 있게 한다. 매년, 삼림 경영자는 특정한 무리의 나무를 수확할지 혹은 추가적인 성장을 기다릴지의 여부를 결정해야 한다. 그러나 다른 많은 생물 자원과 달리, 초기 투자(심기)와 그 투자에 대한 회수(수확) 사이의 기간이 유난히 길다. 25년 또는 그 이상의 간격은 임업에서 흔하지만, 다른 많은 산업에서는 그렇지 않다. 마지막으로, 임업은 특이할 정도로 매우 다양한 외부 요인의 영향을 받는데, 이것은 벌채하지 않은 수목 혹은 수목을 수확하는 행위 중 하나와 관련이 있다. 이러한 외부 요인은 효율적인 배분을 규정하는 것을 어렵게 할 뿐만 아니라 장려책에도 혼란을 초래하여, 기관들이 효율적인 관리를 달성하는 것을 더 어렵게 한다.

어휘 | timber (목재용) 수목, 목재 characteristic 특징 aspect 측면 output 생산물, 산출물 capital good 자본재 saleable 시장성이 있는, 팔기에 알맞은 commodity 원자재, 상품 provide for ~이 일어날 수 있게 하다 recovery 회수, 되찾음, 회복 interval 간격 forestry 임업, 삼림 관리 be subject to ~의 영향을 받다 be associated with ~과 관련되다 define 규정하다, 정의하다 allocation 배분, 할당 incentive 장려책, 유인(誘因) institution 기관, 제도

2024학년도 대수능 23번

천연자원의 관리자는 일반적으로 이용에 대한 재정적 보상을 제공하는 시장 인센티브에 직면한다. 예를 들어, 삼림 지대의 소유자는 탄소 포집, 야생 동물 서식지, 홍수 방지 및 다른 생태계 도움을 위해 숲을 관리하기보다는 나무를 베어 내는 시장 인센티브를 가지고 있다. 이러한 도움은 소유자에게 어떠한 재정적 이익도 제공하지 않으므로, 관리 결정에 영향을 미칠 것 같지 않다. 그러나 이러한 도움이 제공하는 경제적 이익은, 그것의 비시장적 가치에 근거하여, 목재의 경제적 가치를 초과할 수도 있다. 예를 들어, 유엔의 한 계획은 기후 조절, 수질 정화 및 침식 방지를 포함하여 열대 우림이 제공하는 생태계 도움의 경제적 이익이 시장 이익보다 헥타르당 세 배 넘게 크다고 추정했다. 따라서 나무를 베는 것은 경제적으로 비효율적이며, 시장은 채취 용도보다 생태계 도움을 선호한다는 올바른 '신호'를 보내지 않고 있다.

어휘 | market incentive 시장 인센티브 carbon capture 탄소 포집 habitat 서식지 exceed 초과하다 initiative (특정한 문제 해결 · 목적 달성을 위한 새로운) 계획 estimate 추정하다 purification 정화 erosion 침식 extractive 채취의, 채광의

본문 20~27쪽

## 수능특강 Focus 1

2025학년도 수능특강 영독 4강 4번

'긍정적이고 미소를 지으라'라는 지나치게 단순화한 접근 방식을 채택하는 것은 일선 서비스 근로자들보다 리더들에게 훨씬 더 실현 가능성이 낮을 수 있다. 일선 근로자들과 마찬가지로 리더들도 흔히 불만스러운 업무 사건을 경험하며, 때로는 이러한 사건이 긍정적이어야 한다는 조직의 표현 규칙보다 그들에게 더 큰 영향을 미칠 수도 있다. 아마 훨씬 더 걱정스러운 것은, 항상 긍정적이어야 한다는 지나치게 단순화한 표현 규칙은 중간 및 하위 직급 리더들에게서 그 상황에 가장 좋은 감정(감정적 기분)을 채택하는 데 그들에게 필요한 재량권을 박탈할 수도 있을 것이다. 흔히 상당히 반복적인 방식으로 (미소를 짓거나 동정심을 보이는 것과 같은) 동일한 감정을 거듭하여 드러내야 하는 많은 서비스 근로자와 달리, 리더들은 훨씬 더 광범위한 감정을 드러내고 어떤 감정이 상황에 가장 적합한지에 대해 상당한 판단력을 발휘해야 한다. 결과적으로, 리더들을 위한 조직의 표현 규칙은 광범위한 감정을 드러낼 수 있는 자유와 어느 때에 어떤 감정을 드러낼 것인지에 대해 상당한 판단력을 발휘할 자율성을 그들에게 부여해야 한다.

**배경지식 UP**

**emotional labor(감정 노동)**

감정 노동(emotional labor)은 사회적 일을 하면서 자신의 업무에 적합하지 않은 감정을 스스로 그에 맞추어 변형시킴과 함께, 이를 소비자들에게 상품으로서 판매하는 행위를 말한다. 동시에 그런 행위를 요하는 직종 자체를 일컫는 단어이기도 한다.

## 간접연계 Practice 1

정답 | ①

소재 | 직원에게 긍정적 감정 표현의 일방적 요구의 어려움

해석 | 모든 업무 상황은 아니지만, 많은 업무 상황에서, 리더는 자신이 긍정적인 감정을 표현할 때 더 나은 결과를 얻는다. 그럼에도 불구하고 감정 노동에 관한 문헌에 따르면 조직이 직원들에게 항상 미소 짓고 긍정적인 감정을 표현할 것을 결코 강압적으로 요구할 수는 없다. 예를 들어, 일부 경영 연구원들은 편의점 점원들의 감정 표현이 미소 지으며 서비스를 제공하라는 조직의 캠페인보다 매장이 얼마나 붐비는지에 더 영향을 받는다는 것을 발견했다. 업무가 정신 없이 바쁘게 돌아갈 때, 계산원들은 캠페인이 제안한 대로 미소를 지으며 친근한 수다를 떨고 싶어 하지 않았다. 상의하달 방식의 접근법은 일선 상황의 복잡성을 간과했다. 직원들은 줄이 길어질 때 권고된 대로 고객과 친근한 수다를 떨며 계산 속도를 늦추는 직원에게 고객들이 짜증을 낸다는 사실을 정확히 깨달았다.

해설 | 감정 노동에 대한 문헌에 따르면 직원에게 미소 지으며 긍정적인 감정을 표현하라는 요구가 실제로 정신없이 바쁘게 돌아가는 현장에서는 적합하지 않으며 오히려 이러한 상의하달 방식의 접근법은 일선 상황의 복잡성을 간과하고 있다는 내용의 글이므로, 글의 주제로 가장 적절한 것은 ① '직장에서 긍정적인 감정을 보이는 것의 복잡한 역학 관계'이다.

② 기업가가 되는 것의 감정적인 어려움을 해결하기 위한 전략들
③ 직원들의 감정 노동과 직무 만족 간의 관계
④ 일선 노동자들을 관리하고 그들의 노력을 인식하는 것의 중요성
⑤ 판매 성과 예측에서의 고객 지향적인 행동의 긍정적인 역할

어휘 | literature 문헌, 문학　heavy-handed 고압적인, 가혹한　convenience store 편의점　hectic 정신없이 바쁜, 빡빡한　chatter 수다, 재잘거림　front-line 일선의[에서 활약하는]　irritated 짜증이 난

## 수능특강 Focus 2

2025학년도 수능특강 영독 4강 10번

가치를 확인하고 갈등을 해결하는 것은 정원 가꾸기와 약간 유사하다. 솔직히 나는 정원 가꾸기를 매우 싫어하지만, 나의 친구 집단과 집안에 정원 가꾸기를 하는 사람들이 충분히 있어서 그들에게 일어나는 일을 이해하고 있다. 정원을 가꾸는 사람은 자신이 가진 것, 즉 토양, 성장한 나무, 작은 땅의 모양을 작업 대상으로 하여 그것을 만족스러운 것으로 만들어 낸다. 어떤 사람에게 이것은 열매가 열리는 정원을 의미할 것이고, 다른 사람에게 그것은 근사해 보이는 정원을 의미할 것이고, 또 다른 사람에게 그것은 뛰어다니는 개가 망칠 수 없는 정원을 의미할지도 모른다. 식물들은 갈등 상태가 되는데, 무성한 나뭇잎을 가진 나무는 다른 식물이 자랄 수 없는 그늘을 만들어 내고, (흑호두나무 같은) 일부 나무는 많은 다른 식물에게 독성이 있으며, 일부 식물은 급속히 퍼져서 모든 것을 장악한다. 정원을 가꾸는 사람은 이 갈등을 헤쳐 나가야, 즉 소중한 식물에게 최적의 장소를 찾아 주고 잡초를 제거하며 가끔 불완전함을 받아들이기 시작해야 한다.

## 간접연계 Practice 2

정답 | ④

소재 | 목표 간 충돌로 인한 목표 달성의 실패

해석 | 충돌이 그 충돌을 부추기는 바로 그 목표들을 어떻게 좌절시키는지는 가장 쉽게 알 수 있다. 가능한 한 간단히 말하면, 만약 여러분이 사과를 먹고 싶은데 사과를 먹는 것을 피하고 싶다

면, 이 목표 중 하나는 좌절될 수밖에 없다. 마찬가지로, 만약 내가 성공한 철학자가 되는 것이 내가 좋은 사람이 되는 것을 포기할 것을 요구한다면, 그러면 나는 나의 목표를 동시에 달성할 수는 없다. 만약 스페인어 말하는 것을 배우거나 나무 오리를 조각하는 것을 배우는 것 중 하나가 여러분의 여가 시간을 모두 차지한다면, 여러분은 두 가지를 다 할 수는 없다. 만약 좋은 부모가 된다는 것이 아이와 함께 집에 있는 것을 의미한다면, 여러분은 좋은 부모가 되고 힘든 직업을 가지는 것 둘 다를 할 수는 없다. 이제, 오리를 조각하는 것을 배우는 것이 여러분의 여가 시간을 모두 차지하지 않을 수도 있고, 좋은 부모가 된다는 것이 집에 머무르는 것을 의미하지 않을 수도 있다. 앞으로 보게 되겠지만, 우리의 목표가 충돌하지 '않도록' 우리의 목표를 재해석할 여지가 있다(그것은 우리 문제에 대한 일반적인 해결책의 일부이다). 하지만 내 요점은 여러분이 자신의 목표를 마음속에 품는 방식이 목표끼리 충돌하게 하면 목표를 달성하는 데 성공할 확률이 낮아질 거라는 것이다.

해설 | ④ and에 이어지는 절에서 주어가 필요하므로 be를 동명사 being으로 고쳐야 한다.

① avoid의 목적어 역할을 하는 동명사구를 이끄는 eating의 쓰임은 적절하다.

② demands의 목적어 역할을 하는 명사절을 이끄는 접속사 that의 쓰임은 적절하다.

③ 'A나 B 둘 중 하나'를 뜻하는 「either A or B」의 구조이므로 or의 쓰임은 적절하다.

⑤ if가 유도하는 절에서 the way you conceive of your goals가 주어이므로 puts의 쓰임은 적절하다.

어휘 | conflict 충돌, 갈등　frustrate 좌절시키다, 방해하다　carve 조각하다, 깎아서 만들다　wooden 나무로 된, 목재의　reinterpret 재해석하다　conceive of ~을 마음속에 품다, ~을 상상하다

## 수능특강 Focus 3

2025학년도 수능특강 영어 Test 3 · 24~25번

여러분 자신의 삶에서 일반적인 믿음에 기대는 오류에 관해서 말하자면, 과학자들은 항상 더 나은 결론에 도달하기 위해 노력하고 있고, 그것은 여러분이 개인으로서 적어도 자동적으로 하는 일이 아니고, 더 나아가 그것은 여러분의 기관 또한 그다지 잘하는 일은 아니라는 점을 명심하라. 여러분은 과학에서 귀무가설이라고 부르는 것을 찾지 않는다. 즉, 어떤 것을 믿으면, 여러분은 그것이 자신의 가정과 어떻게 필적하는지 확인하기 위해 반대되는 증거를 좀처럼 찾지 않는다. 그것이 바로 도시 괴담, 민담, 미신, 기타 등등의 원인이다. 의심하는 마음을 갖는 것은 여러분의 장점이 아니다. 기업이나 기타 기관에서는 그 기관의 잘못에 주의를 기울이는 업무를 담당하는 부서를 좀처럼 따로 두지 않는다. 과학에서와 달리, 대부분의 인간 사업에서는 단순한 불만 처리 부서가 아니라 조직이 올바른 길을 가고 있는지 묻는 부서처럼 운영에서 최악의 것을 찾는 데 전념하는 특별 부서를 두지 않는다. 모든 인간의 노력은 체계적으로 잠시 멈추어 현재 그것이 틀렸는지 물어봐야 한다. 두뇌를 능가하려면 두개골에서 끊임없이 작동하는 그 부서가 필요하다. 과학적 방법의 교훈을 빌려서 여러분의 개인 생활에 그것을 적용하는 것이 바람직하다. 여러분이 바느질하고 골프를 치고 고양이 동영상을 검색하는 동안, 과학은 (눈에 안 뜨이게) 뒤로 물러나서 여러분의 어리석음에 맞서 싸우고 있다. 인간이 하는 다른 어떤 일도 이만큼 열심히 싸우고 있지 않거나 적어도 싸워서 이기고 있지는 않다.

배경지식 UP

**confirmation bias(확증 편향)**

확증 편향은 인지적 편향의 일종으로, 기존에 형성된 사고나 가치, 신념에 일치하는 정보만을 받아들이려고 하는 경향을 뜻한다. 신념과 객관적 사실이나 상황이 배치되어 내적인 갈등이 일어나는 경우에 사람들은 자신의 생각을 바꾸거나, 반대로 기존의 관념을 유지한 채 정보를 취사선택하는 태도를 보인다. 인지 부조화가 전자에 해당한다면 확증 편향은 후자에 해당한다. 확증 편향은 정보 선택뿐만 아니라 정보 해석에 대한 편향적 태도까지 포함한다.

## 간접연계 Practice 3

정답 | ②

소재 | 인간의 생각과 감각의 주관성

해석 | 지난 100년간의 연구에 따르면, 여러분과 다른 모든 사람은 아직도 한 가지 형태의 소박실재론을 믿고 있다고 한다. 여러분은 여러분의 입력이 완벽하지 않을 수도 있지만, 일단 생각하고 느끼기 시작하면, 그 생각들과 느낌은 신뢰할 수 있고 예측 가능하다고 여전히 믿는다. 이제 우리는 여러분이 '객관적인' 현실을 알 수 있는 방법이 없다는 것을 알고 있으며, 우리는 여러분이 마음의 출력 이외의 다른 것은 결코 경험하는 적이 없기 때문에 주관적인 현실의 얼마나 많은 부분이 꾸며 낸 것인지 결코 알 수 없다는 것을 알고 있다. 여러분에게 지금껏 일어난 모든 일은 여러분의 두개골 안에서 일어났다. 심지어 팔이 있다는 느낌마저 뇌에 의해 투영된다. 여러분의 팔이 저 바깥 공간에 있는 것처럼 느껴지고 보이기도 하지만, 그것조차도 오해일 수 있다. 여러분의 팔은 사실 여러분의 머리 안에 있다. 각각의 뇌는 대체로 비슷하지만 세부적인 부분에서는 무한히 다르고 결함이 있는 자신만의 진실 버전을 만들어 낸다.

해설 | 인간에게는 소박실재론적 성향이 있어서 인간에게 일어난 일은 모두 자신의 뇌 안에서 일어난 일일 뿐인데 주관적인 현실이 얼마나 신뢰할 수 없는 것인지를 인지하지 못하며, 이를 신뢰

할 수 있는 진실로 받아들인다는 내용의 글이다. 따라서 글의 제목으로 가장 적절한 것은 ② '우리는 객관적인 현실을 객관적으로 보는가?'이다.

① 여러분의 마음은 뇌에 국한되어 있지 않다
③ 불확실성을 받아들이기: 미지의 것과 화해하기
④ 진실 효과의 환상: 반복은 거짓말을 진실로 들리게 만든다
⑤ 객관적 인식: 주관적 경험을 이해하는 열쇠

**어휘 |** naive realism 소박실재론(사물은 우리가 지각하는 그대로 존재한다고 보며 그 사물은 우리가 지각하든지 않든지 간에 독립적으로 존재한다고 믿는 이론) reliable 신뢰할 수 있는, 믿을 수 있는 predictable 예측할 수 있는 fabrication 꾸며낸 것, 위조, 제작 skull 두개골 sensation 느낌, 감각 project 투영하다 misconception 오해, 잘못된 생각 flawed 결함[결점]이 있는

## 수능특강 Focus 4

2025학년도 수능특강 영어 Test 1 · 7번

규범을 따를 때 인간이 하고 있는 행동과 다른 동물들이 관련된 행동 양식에서 하고 있는 행동을 구분하는 것이 중요하다. 싸우지 않기로 결정하는 동물은 대부분의 경우 단순히 다칠 위험에 대해 걱정하는 것이지, 어떤 추상적인 '폭력에 반대하는 규범'에 대해 걱정하는 것이 아니다. 마찬가지로, 자신의 집단 밖의 동물과 먹이를 공유하는 동물은 일반적으로 단지 미래의 호혜를 얻으려 하고 있는 것이지, 어떤 '먹이 공유의 규범'을 따르고 있는 것이 아니다. 진정한 규범을 둘러싼 동기는 더 복잡하다. 우리가 '잘못된' 일을 할 때, 우리는 부당한 취급을 받은 당사자뿐만 아니라 제삼자로부터의 질책에 대해서도 걱정해야 한다. 흔히 이것은 우리 지역 집단의 (당사자를 제외한) 나머지 전체 또는 적어도 그것의 대다수를 의미한다. 덩치가 크고 힘이 센 Albert는 약한 Bob의 물건을 당사자인 Bob으로부터의 성가신 일을 걱정하지 않고 쉽게 훔칠 수 있지만, 인간 집단에서 Albert는 그럴 경우 공동체의 나머지 구성원이 내리는 처벌에 직면할 것이다. 따라서 '집단적 강제'는 규범의 본질이다. 이것이 바로 수렵 채집인 생활 방식에서 매우 특징적인 평등주의적 정치 질서를 가능하게 하는 것이다.

**배경지식 UP**

**collective enforcement(집단적 강제)**

'집단적 강제'는 규칙, 규범 또는 합의 사항을 따르며 집단 내 개인이 특정 행동 기준을 준수하도록 집단 또는 공동체가 협력하여 보장하는 상황을 나타낸다. 이것은 종종 집단이 회원의 행동에 대한 책임을 부여하거나 규칙 또는 합의 사항 위반에 대한 조치를 취하는 것을 포함한다.

## 간접연계 Practice 4

**정답 |** ②

**소재 |** 역신호 현상의 사례

**해석 |** 실제로 신호를 분석하기 어렵게 만드는 한 가지는 '역신호' 현상이다. 예를 들어, 누군가가 어떻게 적, 가벼운 친구, 혹은 가까운 친구일 수 있는지를 고려해 보라. (B) 가벼운 친구는 자신이 적과 구별되기를 원하며, 따뜻함과 친근함의 신호들, 즉 미소, 포옹, 서로에 대한 사소한 세부 정보 기억과 같은 것들을 사용할지 모른다. (A) 한편, 가까운 친구는 자신이 가벼운 친구와 구별되기를 원하며, 그들이 그것을 할 수 있는 방법 중 하나는 적어도 겉으로는 '불친절한' 것이다. 친한 친구가 지갑을 잊고 안 가져와서 점심값을 지불할 수 없을 때, 여러분은 그를 바보라고 부를 수도 있다. (C) 이것은 여러분이 여러분의 우정에 대해 정말 자신이 있어서 그것이 여러분의 우정을 위태롭게 할 것이라는 염려 없이 (장난으로) 그를 모욕할 수 있을 때만 효과가 있다. 이것은 가벼운 친구가 그만큼 쉽게 넘어갈 수 있는 것이 아니며, 심지어 가까운 친구를 서로 더 가깝게 만드는 데 도움이 될 수도 있다.

**해설 |** 누군가가 어떻게 적, 가벼운 친구, 혹은 가까운 친구일 수 있는지를 고려해 보라는 주어진 글에 이어 가벼운 친구가 적과 구별되기 위해 사용하는 신호에 관해 기술하는 내용의 (B)가 나오고, 한편(Meanwhile) 가까운 친구는 가벼운 친구와 구별되기 위해 겉으로 불친절하게 굴 수 있다는 내용의 (A)가 그다음에 이어진 후, 마지막으로 친한 친구를 모욕하는 것의 의미에 관해 설명하는 내용의 (C)가 나오는 것이 가장 적절하다.

**어휘 |** in practice 실제로 phenomenon 현상 jeopardize 위태롭게 하다 get away with (나쁜 짓을 하고도) 처벌을 모면하다[그냥 넘어가다]

## Exercise 03

### History

본문 28~29쪽

2024학년도 수능특강 영어 Test 2 · 17번

시장은 최종적인 재화와 용역, 그리고 생산 요소(노동력, 자본, 천연자원)의 교환(매매(賣買))이 일어나는 제도적 장에 해당한다. 전통적으로, 경제학자들은 시장을 두 가지 넓은 범주, 즉 상품 시장과 요소 시장으로 분류한다. '상품 시장'은 '최종적인' 재화와 용역의 교환이 일어나는 곳이다. 이 시장에서, 수요와 공급은 각각 가계와 기업에 관한 정보를 제공한다. '요소 시장'은 노동력, 자본, 천연자원과 같은, 오직 기본적인 자원의 매매(賣買)만을 가리킨다. 이 하위 시장에서, 수요는 기업에 관한 시장 정보를 나누어 주고 공급은 가계에 관한 정보를 제공한다. 즉, 가계는 노동력, 자본, 천연자원의 공급자인 반면, 기업은 구매자이며, 결과적으로 이러한 품목을 이용하여 상품 시장을 위한 최종적인 재화와 서비스를 생산한다. 그렇다면, 분명히, 가계와 기업이 요소 시장에서 수행하는 역할은 각각 그것이 상품 시장에서 하는 역할의 정반대이다.

어휘 | represent (~에) 해당[상당]하다 institutional 제도적인 goods and services 재화와 용역 capital 자본 category 범주 namely 즉 household 가계 respectively 각각 refer to ~을 가리키다 exclusively 오직, 배타적으로 in turn 결과적으로

2024학년도 수능 30번

상점가 경제는 공유되는 문화라는 더 지속적인 유대 위에 자리 잡은, 겉으로 보기에 유연한 가격 설정 메커니즘을 특징으로 한다. 구매자와 판매자 둘 다 서로의 제약을 알고 있다. 델리의 상점가에서, 구매자와 판매자는 대체로 다른 행위자들이 그들의 일상생활에서 가지는 재정적인 제약을 평가할 수 있다. 특정 경제 계층에 속하는 각 행위자는 상대방이 무엇을 필수품으로 여기고 무엇을 사치품으로 여기는지를 이해한다. 비디오 게임과 같은 전자 제품의 경우, 그것들은 식품과 같은 다른 가정 구매품과 동일한 수준의 필수품이 아니다. 따라서 델리의 상점가에서 판매자는 비디오 게임에 대해 직접적으로 매우 높은 가격을 요구하지 않으려 주의하는데, 구매자가 비디오 게임의 소유를 절대적인 필수 사항으로 볼 이유가 전혀 없기 때문이다. 이러한 유형의 지식에 대한 접근은 비슷한 문화적이고 경제적인 세상에의 소속에서 비롯한 서로의 선호와 한계를 관련지어 가격 일치를 형성한다.

어휘 | bazaar 상점가, 시장 거리 feature 특징으로 하다 apparently 겉으로 보기에 flexible 유연한 mechanism 메커니즘(사물의 작용 원리나 구조) atop ~ 위에, ~의 꼭대기에 restriction 제약 assess 평가하다 financial 재정적인 necessity 필수품, 필요 luxury 사치품 possession 소유 establish 수립하다

### Searchlight

본문 30~37쪽

#### 수능특강 Focus 1

2025학년도 수능특강 영독 Mini Test 3 · 4번

100년이 훨씬 넘는 기간 동안 관객들은 프레임의 가장자리 주변에 있는 모든 것을 무시한 채 직사각형의 화면을 들여다보았다. 하지만 최근에는 화면의 가장자리가 제거되었다. 이제 이야기는 우리가 목을 길게 빼어 흘낏 보거나 응시할 수 있는 어디에서든지 일어날 수 있는 잠재력을 가지게 되었다. 생활에서처럼, 우리가 걷거나 여행할 수 있는 어디든 이야기를 위한 화면이 된다. 이러한 스토리텔링의 획기적인 발전은 우리가 콘텐츠를 제작하는 방식뿐만 아니라 관객이 움직이는 이미지와 관계를 맺는 방식도 바꾸고 있는데 — 이것은 단지 시작에 불과하다. 가상 현실(VR)은 디지털 미디어의 특징이 된 재매개 과정에서 가장 최신의 발전 중 하나이다. 이론가 Bolter와 Grusin에 따르면, 이러한 재매개 과정은 진행 중인 미디어 발전에 꼭 필요하게 되었는데, 미디어는 이제 끊임없이 스스로를 비평하고, (스스로를) 재생산하며, 결국 (스스로를) 바꾸고 있다.

**배경지식 UP**

**remediation(재매개)**

'재매개'는 하나의 미디어가 다른 미디어의 표상 양식(representation), 인터페이스, 사회적 인식이나 위상을 차용하거나 나아가 개선하는 미디어 논리이다. 이 개념은 하나의 미디어가 고립되어 독립적으로 존재하는 것이 아니라, 앞서 등장한 미디어든 나중에 등장한 미디어든, 다른 미디어들과 계보적, 관계적 맥락 속에 있으며, 나아가 그 미디어가 존재하는 사회 문화적 조건들 속에 위치하고 있음을 설명한다.

#### 간접연계 Practice 1

정답 | ④

소재 | 가상 현실(VR)의 큰 잠재력

해석 | 가상 현실(VR) 헤드셋을 통해 가상 공간에 들어가는 것은 지하로의 여행과 다르지 않다. 가상 세계는 우리의 자연 경관을 넘어서는 가능성을 가지고 있다. 그것은 이전 시대에서는 결코 상상하지 못했을 성과를 아마도 가능하게 할 수도 있다. 그것의 위험도 마찬가지로 현실적이다. 페르세포네처럼 오래된 세계보다 새로운 세계를 선호하기 시작하는 사람들이 있을 수 있으며, 이는 우리가 이 시점에서 오로지 상상할 수만 있는 문제를 일으킬 수도 있다. 그럼에도 불구하고 가상 경험은 인간의 발전에서 이제까지 파악할 수 있었던 것을 넘어서는 해답을 지니고 있을 수도 있다. 가상 현실(VR)을 통해 과학자들은 데이터를 신선한 통찰력과 해석을 촉발하는 방식으로 볼 수 있게 되었다. 그 기술을 통해 장애가 있는 참전 용사들은 전쟁 기념관을 방문하여 다

른 방법으로는 결코 갖지 못했을 감정적인 경험을 체험할 수 있게 되었다. 처음으로 가상 현실(VR)을 경험하는 사람들에게 구현된 것으로 보이는 경이로움은 초기 의식과 신화적인 경험이 고대 문헌에 따라 제공한 황홀경을 연상시킨다.

해설 | 가상 현실(VR)을 통한 가상의 세계와 경험은 지금까지는 상상조차 하지 못했던 성과를 이루어 낼 수 있으며 이제까지 파악할 수 있었던 것을 넘어서는 해답을 지니고 있을 수도 있다는 내용의 글이므로, 글의 제목으로 가장 적절한 것은 ④ '가상 현실의 유망한 전망: 그것의 잠재력을 받아들이기'이다.
① 가상 현실: 여러분이 헤쳐 나가야 할 감정의 함정
② 여러분이 알아야 할 가상 현실의 숨겨진 위험
③ 가상 현실 훈련 뒤에 숨겨진 과학에 관한 모든 것 탐색하기
⑤ 여러분이 가상 현실에 너무 오래 있으면 무슨 일이 생기는가?

어휘 | conceive 상상하다, 마음속으로 품다 era 시대 unleash 촉발하다, 불러일으키다 veteran 참전 용사, 재향 군인 memorial 기념관, 기념비 embody 구현하다, 형체를 부여하다 mythological 신화적인, 신화의

## 수능특강 Focus 2

2025학년도 수능특강 영독 1강 6번

컬럼비아강 유역의 연어든 전 세계의 다양한 생태 환경에 서식하는 어떠한 다른 종이든, 한 종을 회복하기 위해 강을 복원하는 것은 공학에서 생물학, 생태학, 지형학에 이르기까지 여러 분야의 전문 지식을 활용하는 것을 필요로 한다. 강의 복원은 단순히 망가진 하천을 '고치는' 것 이상의 의미를 지니며, 그 하천과 연결된 모든 것과 그것에 의존하는 모든 생물, 즉 이 경우에는 복잡한 수명 주기 동안 내내 이동할 때의, 멸종 위기에 처한 연어과 물고기와도 관련이 있다. 그 분야의 사람들이 '복원'이라는 작업에 대해서 언급할 때 그들은 보통 광범위한 그물을 던지고 있다(가능한 한 많은 것을 고려하고 있다). 그들은 강변과 하천변의 서식지, 즉 연어가 (바다 외의) 생활에서 여러 다른 시기에 통과하는 습지와 숲, 그리고 하구와 더불어 하천 지형학, 즉 하천이 특정 방식으로 흐르게 하는 암석과 암설의 배열도 포함하여 생각하고 있을지도 모른다. 따라서 복원에는 물의 흐름과 함께 강의 지질학적 특징 자체도 포함되는데, 이는 가장 흔히 복원이 가장 필요한 요소이다. 한 복원 전문가가 말했듯이, 그들의 임무는 '단순화된 강을 다시 복잡하게 만드는' 것이다.

배경지식 UP

**Columbia River(컬럼비아강)**
컬럼비아강(Columbia River)은 북아메리카 태평양 북서부 지역에서 가장 큰 강으로, 캐나다 브리티시컬럼비아주에 위치한 로키산맥에서 기원하여 북서쪽과 남쪽을 향하여 미국의 워싱턴주로 흘러간 뒤 워싱턴주와 오리건주 사이의 경계 대부분을 형성하며, 마지막으로는 태평양으로 흘러들어 간다. 이 강의 길이는 2,000km이며 가장 큰 지류는 스네이크강이다. 이 강의 유역은 프랑스와 크기가 맞먹고 미국 7개 주와 캐나다의 행정 구역으로 확대된다.

## 간접연계 Practice 2

정답 | ④

소재 | 컬럼비아강 유역의 환경 변화가 미치는 영향

해석 | 어떤 식으로든 천연자원에 의존하는 컬럼비아강 유역의 대부분 사람에게 환경 변화는 점점 더 명백해지고 있다. 이는 관개 경작자, 목장 주인, 농부, 그리고 댐 운영자, 어부, 그리고 지방 자치 단체뿐만 아니라 생태 복원가 또한 포함한다. 그들은 멸종 위기에 처한 연어 서식지를 복원하기 위해 노력하고 있고 이러한 변화하는 상황에 부응하기 위해 어쩔 수 없이 과학 연구와 관리 관행을 조정할 수밖에 없는 상황에 처하고 있다. 이러한 환경 변화가 연어 서식지의 생태적 복원에 새로운 단계의 복잡성과 불확실성을 추가하고 있다는 강한 공감대가 있다. (컬럼비아강 유역의 풍부한 농업 자원이 지역의 식탁과 식당에 잘 알려져 있다는 것은 거의 의심의 여지가 없다.) 그러나 정책 입안자, 과학자, 그리고 공학자들 모두 생태 복원이 생물 다양성을 유지하고 기후 변화의 영향을 완화하는 것에 대단히 중요하다는 것을 인식하고 있지만, 연어를 컬럼비아강 유역에 되돌아오게 할 수 있을지와 그것들의 서식지를 복원할 수 있을지, 그리고 어떻게 그것을 할 수 있을지는 여전히 근본적으로 불분명하다.

해설 | 컬럼비아강 유역의 환경 변화가 산업, 농업, 자연 생태계 및 생태 복원에 어떠한 영향을 미치게 되는지를 설명하고 있는 글이다. 따라서 컬럼비아강 유역의 풍부한 농업 자원이 지역의 식탁과 식당에 잘 알려져 있다는 내용의 ④는 글의 전체 흐름과 관계가 없다.

어휘 | irrigator 관개 경작자 rancher 목장 주인 municipality 지방 자치 단체, 시 당국 ecological 생태계의, 생태학의 consensus 공감대, 합의, 의견 일치 restoration 복원, 복구

## 수능특강 Focus 3

2025학년도 수능특강 영어 Test 2 · 20번

등반과 철학이 교차하는 한 가지 명백한 영역은 등반의 규범적인 차원, 즉 등반가의 윤리적이거나 비윤리적인 행동과 관련된 것이

다. 등반에서의 윤리적 문제 중 일부에는 더 일반적인 도덕 원칙의 직접적인 연장이 수반된다. (B) 예를 들어, 여러분의 등반 업적에 관해 거짓말하는 것은, 성과에 대해 거짓말을 하는 것이 일반적으로 잘못이기 때문에 잘못이며, 절벽에서 불필요하게 다른 사람을 위험에 빠뜨리는 것은, 더 일반적으로는 다른 사람을 불필요하게 위험에 빠뜨리는 것이 항상 잘못이기 때문에 잘못이다. (C) 그러나 다른 윤리적인 문제들은 등반에 고유한 요인들을 수반하므로, 그런 까닭에 더 광범위한 도덕 규칙을 적용하여 해결될 수 없다. 줄을 타고 내려올 때 (바위에) 볼트를 설치하는 것은 잘못인가? 전통적인 (등반) 구간에서 먼저 설치된 장비를 쓰는 것은 속이는 것인가? (A) 이러한 종류의 질문에는 더 광범위한 도덕 규칙들이 어떤 직접적인 방식으로도 적용되지 않고, 등반가들은 등반의 상황 속에서 무엇이 옳은지 그른지를 스스로 알아내야 한다.

## 간접연계 Practice 3

정답 | ②

소재 | 등반 세계의 단순성

해석 | 등반의 세계는 보통의 생활에서 경험하는 세계보다 훨씬 더 단순한 곳이다. 또는, 더 정확하게 말하면, 등반하는 동안 상호 작용해야 하는 세계의 관련 있는 특징들이 크게 줄어든다. 일반적인 삶과 비교해 볼 때, 등반의 목표는 매우 단순해 정신을 산만하게 하는 처리해야 할 특징들이 제거된다. 우리 삶의 대부분에서, 우리는 장기적인 계획과 단기적인 목표, 재정, 관계, 그리고 직업을 동시에 처리한다. 그러한 것 중 그 무엇도 어려운 등반 중 특별히 관련이 없으며, 그것들은 그 세계의 일부가 아니다. 등반의 단순화된 세계에서는, 자신의 선택이 무엇이고 어떤 선택이 최선인지 절대적으로 분명한 경우가 많다. 등반가는 등반을 시작하면 정확히 어떻게 반응해야 하는지 알고 있으며, 정확히 자신이 해야 할 일을 하고 싶어 한다. 내가 주장하고자 하는 바는 등반가가 환경의 관련 측면에 맞추는 것이 그 어떤 사람이 보통의 생활의 관련 측면 대부분을 받아들이는 것보다도 더 쉽다는 것이다.

해설 | 등반의 세계는 보통의 생활에서 경험하는 세계보다 훨씬 더 단순하다는 내용에 관한 글이다. 주어진 문장은 우리 삶의 대부분에서 우리는 여러 가지 일을 동시에 처리한다는 내용을 기술하고 있으며, ② 앞의 문장에서 등반하는 동안에는 정신을 산만하게 하는 요소들이 제거된다는 내용이 나오고, ② 뒤의 문장의 those things는 주어진 문장의 long-term plans and short-term goals, finances, relationships, and careers를 가리킨다. 따라서 주어진 문장이 들어가기에 가장 적절한 곳은 ②이다.

어휘 | juggle (두 가지 이상의 일을 동시에) 처리하다, 최대한 효율적으로 조직하다 relevant 관련된, 유의미한 straightforward 복잡하지 않은, 간단한 eliminate 제거하다 in the middle of ~의 도중에, ~의 중앙에 in sync with ~에 맞춰, ~과 궤를 같이하여

## 수능특강 Focus 4

2025학년도 수능특강 영어 29강 1번

유감스럽게도, 나이를 먹어 감에 따라, 우리는 변화를 피함으로써 취약성을 피하는 경향이 있어서 우리의 학습 기회는 줄어들고 새로운 학습이 느려진다. 오랜 친구와 재회했을 때 우리는 그 친구가 어떻게 지냈는지 이야기를 듣다가 우리가 오래 전에 버렸던 오래된 신념을 그 친구가 여전히 붙잡고 있는 것을 발견한 경험이 모두 있을 것이다. 아마 그 친구는 오랫동안 자신을 취약한 개방성의 상태에 놓아두지 않았을 것이다. 개인적인 성장은 새로운 행동, 태도, 믿음을 시도해 보는 것을 포함한다. 뭔가를 시도해 보는 것은 우리가 실패와 조롱에 취약하게 만든다. 학습할 때, 우리는 실수를 저지르고 멍청하고, 심지어는 터무니없어 보이기도 한다. 누가 그것을 좋아하는가? 결과가 불확실할지라도, 삶에서 위험을 무릅쓰려는, 즉 새로운 경험이나 도전이나 활동을 해 보려는 자발성은 그렇게 하는 동안 취약한 상태에 있는 것을 필요로 한다. 개방적인 태도를 가지는 것은 우리가 의도적으로 해야 하는 그러한 활동 중 하나인데, 이는 우리가 그것이 수반하는 취약성을 태생적으로 피하는 경향이 있기 때문이다.

## 간접연계 Practice 4

정답 | ③

소재 | 스스로 생각하는 것을 방해하는 가정의 불가피성

해석 | 온갖 종류의 가정은 스스로 생각하는 데 방해가 되지만, 가정은 피하기가 불가능하다. 사실 우리는 일상생활에서 기능하기 위해서 가정을 해야 한다. 특정한 목적지가 있는 버스가 정류장에 도착하면, 그 목적지로 갈 것이라고 추정하는 것이 타당하다. 골목길에서 흉기를 든 사람이 여러분에게 다가오면, 그 사람이 위험하다고 추정하는 것은 기본적인 자기 보호이다. 여러분이 병원에 가서 벽에 걸린 졸업장을 본다면, 그것이 진짜라고 추정하는 것이 합리적이다. 하지만 이런 경우에도, 나중에 돌이켜보고 여러분이 얼마나 많은 가정을, 그것들에 대해 생각하지 않은 채, 했는가를 깨닫는 것은 도움이 된다. 가정은 일상생활의 '일이 매끄럽게 진행되도록 돕지만', 우리가 권위에 의문을 제기할 때 우리의 원활한 사고 작용을 방해할 수 있다. 실제로 당국은 사람들이 '잘 지내기 위해 순응하도록' 하려고, 즉 순응이 최선의 선택인 것으로 간주되고, 스스로 생각하는 것은 이상하고 배척받을 가치가 있는 것처럼 보이도록 하려고, 말하든 말하지 않든 간에, 가정에 의존하는 경우가 흔하다.

해설 | 일상생활에서 원활히 기능하기 위해서 가정은 필요하지만,

가정은 스스로 생각하는 데 방해가 될 수 있으므로, 우리가 얼마나 많은 가정을 했는지를 깨달을 필요가 있다는 내용의 글이다. 따라서 글의 주제로 가장 적절한 것은 ③ '가정의 필연성과 그것이 우리의 사고에 미치는 영향'이다.

① 가정과 가설 사이의 미묘한 차이
② 사고력을 기르는 데 있어 질문하기의 중요성
④ 순응이 개인의 비판적 사고력에 미치는 영향
⑤ 가정에 의존하는 것이 인간 생존에 필수적인 이유

어휘 | assumption 가정, 추정 alley 골목(길) self-preservation 자기 보호, 자기 보존 diploma 졸업장, 수료증 interfere 방해하다, 간섭하다 smooth 원활한, 매끄러운 operation 작용, 작동 authority 당국, 권위 conformity 순응

## Exercise 04

본문 38~39쪽

2024학년도 수능특강 영독 9강 11번

한 세기가 넘는 심리학 연구는 기억이 구성적이고 재구성적이라는 것을 보여 주었다. 비전문적인 생각과는 대조적으로, 과학자들은 광범위한 연구를 통해 기억이 기록 장치처럼 작동하지 않는다는 것을 알고 있다. 특별한 사건 기억을 포함하여 모든 기억은 유사한 인지적 과정에 의해 영향을 받는다. 특별한 사건은 목격자들에게 그 정보의 요지뿐만 아니라 그 사건의 일부 핵심적인 세부 사항까지도 비교적 잘 회상될 수 있을 것이라는 점에서 더 잘 기억될 수 있을 것이다. 하지만 일상의 기억과 마찬가지로 특별한 기억도 잘 변하고, 왜곡되기 쉽고, 망각의 해로운 효과에 의해 영향을 받는다. 심리학자들은 기억력에 부정적인 영향을 미치고 기억의 신뢰성을 약화시킬 수 있는 여러 가지 사회 인지적 요인을 알아낼 수 있었다. 이러한 요인의 상황에서 보면, 일부 목격자들을 거짓 기억에 더 영향받기 쉽게 만드는 개인적인 차이가 있다.

어휘 | constructive 구성적인 extensive 광범위한 mediate 영향을 주다, 가능하게 하다 cognitive 인지적인 witness 목격자 core 핵심적인 subject to ~을 받기[당하기] 쉬운 distortion 왜곡 affect 영향을 끼치다 damaging 해로운 identify 알아내다 socio-cognitive 사회 인지적인 reliability 신뢰성 susceptible 영향받기 쉬운

2024학년도 9월 모의평가 41~42번

우리가 학교에서 배운 것 대부분을 잊어버린다고 생각하는 한 가지 이유는 우리가 실제로 기억하는 것을 과소평가하기 때문이다. 다른 경우에 우리는 우리가 무언가를 기억하고 있다는 것은 알지만, 그것을 학교에서 배웠다는 것을 인식하지 못하기도 한다. 여러분이 무언가를 어디에서 언제 배웠는지를 아는 것을 보통 '맥락 정보'라고 부르고, 맥락은 그 내용에 대한 기억과는 다른 기억 절차에 의해 처리된다. 따라서, 맥락을 기억하지 않고 내용을 기억하는 것은 지극히 가능하다.

예를 들어, 만약 누군가가 한 영화에 대해 언급하는데 여러분은 그 영화가 형편없다고 들었지만, 어디에서 그 말을 들었는지 기억할 수 없다고 속으로 생각한다면, 여러분은 내용은 기억해 내고 있지만 맥락은 잃어버린 것이다. 맥락 정보는 내용보다 잊어버리기 더 쉬운 경우가 흔하며, 그것은 다양한 기억 착각의 원인이 된다. 예를 들어, 별로 신뢰할 수 없는 사람(가령, 그 주제에 대해 확실한 금전상의 이해관계가 있는 사람)이 글을 쓴 경우 설득력 있는 주장이라해도 사람들은 납득하지 못한다. 하지만 결국에 독자의 태도는 대체로 그 설득력 있는 주장의 방향으로 변화한다. 왜일까? 독자는 그 주장의 내용은 기억하겠지만 그 출처, 즉 그 신뢰할 수 없는 사람은 잊어버릴 가능성이 크기 때문이다. 지식의 출처를 기억하는 것이 어렵다면, 여러분이 학교에서 배운 것을 많이 기억하지 못한다는 결론을 내리기가 어째서 쉬운 것인지 여러분은 알 수 있다.

어휘 | underestimate 과소평가하다 recognize 인식하다 context 맥락, 상황 retain 기억해 두다, 잊지 않다 unconvinced 납득[확신]하

지 못하는 persuasive 설득력 있는 argument 주장 credible 신뢰할 수 있는

본문 40~47쪽

## 수능특강 Focus 1

2025학년도 수능특강 영어 Test 3 · 20번

하나의 유전자는 그것의 보유자가 비 보유자보다 어떤 적합성 향상 행동을 수행할 가능성을 더 크게 함으로써 빈도가 증가할 수 있다. (B) 예를 들어 많은 종의 암컷은 수컷의 구애 표현의 질을 토대로 짝을 선택한다. 수컷들의 구애 표현이 질에서 다르고 유전적 차이가 그 (구애) 표현 차이의 기초가 된다면, 그 우월한 표현을 위한 유전자는 빈도가 증가할 것이다. 물론 구애 행동이 적합성에 영향을 주는 유일한 행동은 아니다. (C) 부모가 자녀에게 주는 돌봄의 양에서 다르다면, 돌봄의 양이 자녀의 생존 능력에 영향을 준다면, 그리고 유전적 차이가 자녀 돌보기에서의 이러한 차이의 기초가 된다면, 그렇다면 더 많은 양의 돌봄을 위한 유전자는 빈도가 증가할 것이다. (A) 따라서 하나의 유전자가 어떤 적합성 향상 행동의 가능성을 더 크게 하는 한, 그 유전자는 한 개체군에서 빈도가 증가할 것이고, 그 결과 그 행동 또한 빈도가 증가할 수 있을 것이다. 이러한 이유로, 생물학자들은 빈번히 진화생물학의 관점에서 볼 때 "행동 형질은 어떤 다른 부류의 특질과 다름없다."라고 말한다.

### 간접연계 Practice 1

정답 | ①

소재 | 적합성 향상 행동과 실제 행동의 빈도 증가

해석 | 적합성 향상 행동은 한 개체군 내에서 실제로 빈도가 증가하지 않을 수도 있다. 그것은 행동이 반응하는 외부 상황이 비록 일시적일지라도 빈도가 '감소할' 수도 있기 때문이다. 이런 일이 발생하면 한 세대에서 선택 이익을 제공하는 행동이 실제 다음 세대에서는 빈도가 감소할 수도 있다. 가젤 개체군에서 껑충껑충 뛰기에 대한 (자연)선택이 있어 껑충껑충 뛰는 유전자의 빈도를 증가시키지만, 가젤 포식자의 개체수가 어떤 자연재해로 인해 갑자기 전멸되었다고 가정해 보라. 그러면 가젤은 껑충껑충 뛰기를 중단하지만, 더 이상 껑충껑충 뛰는 성향을 가진 가젤로 구성되어 있지 않기 때문이 아니라, 껑충껑충 뛰는 반응을 보일 외부 상황이 결여되어 있기 때문일 것이다. 사실, 껑충껑충 뛰기에 대한 자연선택으로 인해 더 많은 가젤이 껑충껑충 뛰는 성향의 기초가 되는 근접 기제를 보유하게 될 것이고, 따라서 더 많은 가젤이 포식자를 볼 때 껑충껑충 뛰는 성향을 지니게 될 것이다. 다만 그들은 포식자를 볼 수 없을 뿐이다.

해설 | (A) 뒤에 절이 이어지고 있기 때문에 접속사 because를 사용하는 것이 어법상 적절하다. the external conditions는 to which ~ reactive의 수식을 받는 주어이고, may *decrease* in frequency는 술어부이다.

(B) but that 이하의 절에서 주어 역할을 하는 the population of gazelle predators의 핵심어구인 the population의 수에 맞춰 단수형 동사 is를 쓰는 것이 어법상 적절하다.

(C) stotting is a response to the external conditions의 의미를 전달하고 있는 관계절이므로 to which를 쓰는 것이 어법상 적절하다.

어휘 | fitness 적합성, 적응도 frequency 빈도, 횟수 external 외부의 reactive 반응하는 temporarily 일시적으로 selective advantage 선택 이익 predator 포식자 wipe out ~을 전멸시키다 cease 중단하다 compose 구성하다 disposition 성향 proximate mechanism 근접 기제 underlie (~의) 기초가 되다

## 수능특강 Focus 2

2025학년도 수능특강 영어 6강 1번

오늘날의 학교 체제에 불안한 변화가 진행 중이다. 재정 지원은 흔히 표준화 시험에서 얻는 점수와 결부되는데, 이 시험은 주로 기계적 암기를 평가한다. 이와 같은 시험에 '맞춰' 가르치는 것은 필연적으로 자원과 교육 과정을 점수가 낮은 학생에게 집중하게 한다. 이 힘겨워하는 학생들의 시험 점수를 끌어올려야 한다는 압박감은 모든 학생이 자신의 잠재력을 최대한 발휘할 수 있도록 장려하는 개별화된 학습 형태를 위한 시간을 제한하며, 교사는 창의적 사고를 장려하고 체험 활동을 포함할 기회가 줄어든다. 교육이 탐구, 발견, 문제 해결, 그리고 창의적 사고로 풍성해지지 않으면 학생은 자신의 학습에 진정으로 참여하지 않는다. 교사는 흥미를 주지 않는 워크북과 반복 학습을 강조해야 하므로, 점점 더 많은 학생에게 수학, 과학, 역사, 문법, 작문에 대해 부정적인 감정이 생기고 있다. 진정으로 지식을 배우고 기억할 수 있는 기회가 '시험에 맞춰' 가르치는 교육으로 바뀌고 있다.

### 간접연계 Practice 2

정답 | ③

소재 | 아이의 학습에 대한 열정을 살릴 필요성

해석 | 아이들은 천성적으로 호기심이 많고 경이로움에 대한 훌륭한 감각을 지니고 있다. 아이들은 배우고 탐구하기를 원한다. 흔히 3~4세부터 시작하여, 특히 나이 많은 형제자매가 있는 경우, 아이들은 학교에 입학하는 날을 매우 설레는 마음으로 기다린다. 하지만 막상 학교에 다니기 시작하면 많은 아이들이 더 이상 학

교를 신기한 곳으로 여기지 않는다. 아이들은 흔히 학교에서 보내는 시간을 아까워하고 숙제를 해야 하는 것을 몹시 싫어하기 시작한다. 정말 슬픈 일이다. 꼭 그렇게 되어야 할 필요는 없다. 두뇌 기반 학습 연구를 포함하는 전략은 아이들의 타고난 호기심과 열정을 이끌어 내어 그것을 기반으로 아이들의 마음을 풍요롭게 하고 학습에 대한 내재된 열망을 지속시킬 수 있다. 여러분이 아이의 교육에 능동적이 될 때, 여러분은 교실 수업에 집중하여 아이들의 개별적인 필요, 재능, 도전에 연결될 수 있다. 학습이 활발해지면서 아이디어의 창의적 교환을 포함할 수 있다. 교육에 암기식으로 접근하는 방법 때문에 희생되고 있는 비판적 사고, 문제 해결, 추론 기술을 여러분의 자녀가 증진하도록 도와주면서 여러분은 자녀의 학습에 활기를 되찾아 줄 수 있다.

해설 | 아이들은 태어날 때는 호기심과 탐구심이 많으나 학교에 들어가면서 학습의 열망을 잃어 간다는 내용으로 시작하여, 아이들에게 내재된 학습에 대한 열망을 지속하도록 해야 한다는 내용이다. 따라서 글의 제목으로는 ③ '자녀의 타고난 학습 열정을 살려라'가 적절하다.

① 학교 교육 과정 개발에 미치는 학부모의 영향
② 호기심의 토대: 암기식 교수법
④ 두뇌 기반 학습의 효과를 의심하는 이유
⑤ 학업 열의에 미치는 형제자매의 부정적 영향 회피하기

어휘 | magnificent 훌륭한 sibling 형제자매 wondrous 놀라운, 놀랄 만한 incorporate 포함하다 curiosity 호기심 enthusiasm 열정 build upon ~을 기반으로 하다 enrich 풍요롭게 하다 sustain 지속시키다 inherent 내재된 supercharge ~에 (지나치게) 힘을 쏟다 rote memorization 기계적 암기

## 수능특강 Focus 3

2025학년도 수능특강 영어 21강 2번

미국이 개발하기 가장 쉬운 지형 중 한 곳을 가지고 있다면, 멕시코는 가장 어려운 지형 중 하나를 가지고 있다. 멕시코 전체는 본질적으로 로키산맥의 남쪽 연장 부분인데, 이는 미국의 최악의 땅이 멕시코의 최상의 땅과 눈에 띄게 유사하다는 것을 완곡하게 말하는 것이다. 산악 지대가 많은 지역에서 예상할 수 있듯이, 미국 중서부는 말할 것도 없고, 미국 남동부나 컬럼비아 계곡처럼 배가 다닐 수 있는 강이 없고 넓고 응집된 비옥한 땅도 없다. 각각의 산골짜기는 소수의 과두 정치 독재자가 지역의 경제 생활과 정치 생활을 통제하는 일종의 요새이다. 멕시코는 통일된 국가가 아니라, 대신에 지역의 실세들이 끊임없이 서로 손을 잡고, 서로 맞서는 수십 개의 작은 멕시코의 모음(그리고 흔히 헛된 노력으로 더 응집력 있는 무언가를 만들어 내려고 시도하는 정부)으로 여겨져야 한다. 지역적 단절로 인해 멕시코는 자본 집약적 사회 기반 시설이 가장 필요한 국가가 일반적으로 그 사회 기반 시설 구축에 필요한 자본을 창출하는 능력이 가장 낮은 국가인 교과서적인 사례이다.

배경지식 UP

**oligarch(올리가르히)**

과두제를 뜻하는 그리스어 올리가르키아(ὀλιγαρχία)에서 유래한 러시아어 남성명사 올리가르흐(олигарх)의 복수형. 현대 러시아 시사 용어로는 소련 붕괴 이후 러시아 및 과거 동구권의 경제를 장악한 특권 계층, 대체로 소련 공산당 관료 출신이나 그들의 지원을 받아 거대 재벌로 성장한 사람들을 가리킨다. 본문에서는 러시아의 올리가르히와 비슷한 위치를 멕시코에서 차지하고 있는 사람들을 가리킨다.

## 간접연계 Practice 3

정답 | ③

소재 | 미국 지형의 군사적 이점

해석 | 미국에 대한 확실한 군사적 위협이 북미 대륙에서 발생하는 것을 상상하기 어렵지만, 대륙 너머로부터의 군사적 위협을 생각해 내는 것도 상상력을 무리하게 쓰는 것이다. 바다는 환상적인 완충제 역할을 하는데, 유럽 및 동아시아의 더 많은 인구와의 원치 않는 상호 작용을 크게 제한한다. 나폴레옹과 히로히토와 같은 지도자들이 알게 되었듯이, 해상 공격은 병참상 다소간의 난제라는 것이 입증된다. 상륙 강습에는 상륙 강습을 '제외하고는' 어떤 종류의 군사 작전에서도 귀중한(→ 거의 쓸모없는) 용도를 가진 군사 기반 시설, 장비 및 훈련이 필요하다. 국경의 안보를 계속 염려하는 프랑스나 독일, 러시아 같은 국가에게는 강습을 시도하는 것은 고사하고 단순히 상륙 강습 능력을 갖추는 것조차 일반적으로 감당할 수 없는 사치이다. 가장 좁은 지점이 겨우 21마일에 불과한 수역인 영국 해협을 건너는 어려움 때문에 나치 독일은 국력이 절정에 도달했을 때도 영국 침공 계획을 포기했다. 유럽에서 미국까지의 최단 거리는 3,000마일이 넘는다.

해설 | 미국이 유럽 및 동아시아와 바다로 분리되어 있기 때문에 국경의 안보에 크게 위협을 느끼지 않는다는 내용의 글이다. 해상에서 미국을 공격하는 상륙 강습 작전을 위해서는 군사 기반 시설, 장비, 훈련 등이 필요한데 국경 안보에 신경을 써야 하는 국가들에서는 이것이 감당하기 어려운 일이라고 했으므로 ③의 invaluable(귀중한)을 little(거의 없는)과 같은 어휘로 바꾸어야 한다.

어휘 | conceive of ~을 상상하다 credible 확실한 arise 발생하다 come up with ~을 생각해 내다, 알아내다 strain ~을 무리하게 쓰다 buffer 완충제, 완충 장치 interaction 상호 작용 challenge 난제, 도전 거리 infrastructure 사회 기반 시설 operation 작전 afford ~을 감당할 수 있다 height 절정, 최고조 abandon 포기하다 invade 침공하다 a body of water 수역(水域)

## 수능특강 Focus 4

2025학년도 수능특강 영어 7강 4번

갈릴레오가 경사면에서 공을 굴렸을 때, 무슨 일이 일어나는지 그저 쳐다보며 보기만 한 것은 아니었다. 그는 이동 거리와 그 거리를 이동하는 데 걸린 시간을 매우 주의 깊게 측정했다. 이러한 측정으로부터 그는 이동 속도를 계산했다. 그가 생각해 낸 것은 수량과 관련한 수학 방정식이었다. 우리는 그가 목성의 위성을 관찰했을 때 밤마다 여러 다른 장소에서 몇 개의 점들을 그저 보기만 한 것이 아니라, 그 점들이 어디에 있는지 추적하고, 밤마다 그것들의 위치를 비교하였으며, 아마 그것들이 어떤 경로로 이동하고 있는지 산출하려는 의도가 있는 몇 가지 계산을 수행하여, 그것들의 시위치 변화가 그것들이 목성 주위를 도는 천체라는 것과 일치한다는 것을 알아냈다고 상상할 수 있다. 마찬가지로, 내가 하는 가상의 새 실험에서 나는 내 자신을 새장에 넣은 먹이의 무게를 재고 새가 먹은 것의 무게로 비율을 계산하는 초보 신예 과학자라고 상상했다. 분명한 것은, 과학에는 숫자가 중요하다는 것이다. 과학자는 측정하고 계산하며, 단지 관찰만 하는 것이 아니다.

배경지식 UP

**갈릴레오의 경사면 실험**

낙하 운동 법칙을 세우기 위해 갈릴레오가 행한 실험으로, 중력에 의한 물체의 자유 낙하는 속도가 너무 빨라 측정하기 힘들기 때문에 구슬이 경사면을 굴러가도록 해서 중력으로 인한 속도를 느리게 하여 측정하였다. 경사면에는 일정한 간격으로 작은 홈을 파서, 구슬이 이 나무판을 굴러가면 홈에 닿을 때마다 소리가 나도록 했다.

## 간접연계 Practice 4

정답 | ①

소재 | 과학적 관찰에서 사전 믿음과 가정의 역할

해석 | Bertolt Brecht의 '갈릴레오의 생애'에서, 갈릴레오에게 망원경에 문제가 있다고 넌지시 말한 한 수학자는 목성 주위를 도는 위성이 있을 수 없다는 자신의 사전 가정에 자기 견해의 근거를 두었다. 물론 이것은 불쾌할 정도로 폐쇄적인 사고방식이다. 하지만 이에 대한 대안은 우리가 당연하게 여겨 왔던 과거의 모든 믿음을 버리고 그저 바라보기만 해야 한다는 것은 아니라는 점에 주목하라. 갈릴레오의 관측은 그의 망원경이 육안으로는 보이지 않는 먼 곳의 사물의 정확한 그림을 정말로 보여 주고 있다는 그의 가정을 '고려할 때'만 목성 주위에 위성이 있다는 것을 그에게 의미했다. 만약 갈릴레오가 망원경이 하는 일에 대한 가정과 자신의 망원경이 제대로 작동한다는 가정을 버렸다면 망원경을 통해 본 경험은 자신에게 아무 의미가 없었을 것이다. 어떠한 사전 믿음도 전혀 없는 상태에서 모든 과학적 관찰에 임해야 한다는 것은 가능하지 않으며, 만약 그렇게 한다면 그 어떤 관찰도 아무런 의미가 없을 것이다.

해설 | 망원경이 먼 곳의 사물을 정확히 보여 준다는 사전 가정을 전제로 했을 때만 갈릴레오의 관측이 의미가 있었던 것과 마찬가지로, 과학적 관찰에서는 사전 믿음을 모두 버리고 그저 바라보기만 해야 하는 것은 아니라는 내용의 글이다. 따라서 글의 요지로 가장 적절한 것은 ①이다.

어휘 | mathematician 수학자 base ~ on ... ~의 근거를 …에 두다 objectionable 불쾌한 closed-mindedness 폐쇄적 사고방식, 닫힌 마음 alternative 대안 discard 버리다 take ~ for granted ~을 당연하게 여기다 merely 단지 given ~을 고려하면, ~라고 가정하면 assumption 가정 invisible 보이지 않는

## Exercise 05

### 간접연계 History

본문 48~49쪽

2024학년도 수능특강 영독 2강 7번

레이저는 과학적 발견의 실용적인 영향을 과소평가한 것의 한 예이다. Arthur Schawlow와 Charles Townes가 1958년에 *Physical Review*에 레이저의 원리를 설명하는 중대한 논문을 발표했을 때, 그것은 과학계에 상당한 흥분을 불러일으켰고 마침내 그들에게 노벨상을 안겨주었다. 하지만 이 저자들이나 그들 집단의 다른 사람들 누구도 그들의 발견이 가지는 방대하고 다양한 실용적 영향을 예측하지 못했다. 레이저는 과학에서의 많은 용도 이외에도 속도가 빠른 컴퓨터의 개발, 전쟁에서의 표적 지정, 매우 먼 거리에 걸친 통신, 우주 탐사 및 여행, 뇌종양 제거 수술, 그리고 예를 들어 슈퍼마켓에서의 바코드 스캐너와 같은 수많은 일상적 사용을 가능하게 했다. Schawlow는 레이저의 실용성에 대해 자주 강한 의구심을 표명했으며, 그것이 금고 털이를 하는 도둑에게만 유용할 것이라고 자주 빈정댔다. 그러나 레이저 기술의 발전은 오늘날까지도 계속해서 뉴스거리를 만들고 있다.

어휘 | practical 실용적인, 실질적인 implication 영향 principle 원리 considerable 상당한 enormous 방대한 diverse 다양한 apart from ~ 이외에도, ~과는 별도로 designation 지정, 지명 warfare 전쟁, 전투 exploration 탐사 safecracking 금고 털이 advance 발전

2024학년도 수능 26번

가장 영향력 있는 미국의 물리학자 중 한 사람인 Charles H. Townes는 South Carolina에서 태어났다. 어린 시절에 그는 하늘의 별들을 연구하면서 농장에서 성장했다. 1939년에 그는 California Institute of Technology에서 박사 학위를 받았고 그 후 뉴욕시에 있는 Bell Labs에서 일자리를 얻었다. 제2차 세계 대전 후에 그는 Columbia 대학교에서 물리학 부교수가 되었다. 1958년에 Townes와 그의 동료 연구자는 레이저의 개념을 제안했다. 레이저 기술은 산업과 연구에서 빠르게 인정을 받았다. 1964년에 그는 노벨 물리학상을 받았다. 그는 또한 달 착륙 프로젝트인 아폴로 계획에 관여했다. 인터넷과 모든 디지털 미디어는 레이저 없이는 상상할 수 없을 것이기 때문에 그의 공헌은 대단히 귀중하다.

어휘 | influential 영향력 있는 doctoral degree 박사 학위 associate professor 부교수 concept 개념 acceptance 인정 be involved in ~에 관여하다 contribution 공헌, 기여 priceless 대단히 귀중한 unimaginable 상상할 수 없는

### 간접연계 Searchlight

본문 50~57쪽

## 수능특강 Focus 1

2025학년도 수능특강 영어 17강 1번

손과 얼굴을 씻기 위해 욕실 세면대 옆에 두는 물건인, 비누 한 개를 생각해 보라. 이런 눈에 띄지 않는 물건이 얼마나 많은 의미를 담을 수 있을까? '큰 의미 없어' 또는 심지어 '아무 의미 없어'라고 대답하고 싶은 마음이 들 수도 있지만, 사실 비누조차도 일련의 다양한 상징을 담을 수 있다. 특정 브랜드의 비누를 생각해 보라. 그 자체로 그 비누는 다른 어떤 비누와 마찬가지로 깨끗하게 씻어 준다. 하지만 그 브랜드는 어떤 영리한 마케팅, 포장, 광고를 통해 자기네 비누를 환경, 개인의 자율권, 진보 정치에 대한 일련의 복합적인 메시지 속에 담근다. 그 브랜드 웹사이트에는 심지어 "우리는 동물 보호, 환경 보호 및 인권 존중에 매진합니다."라는 말도 있다. 이러한 의미로 인해 그 브랜드의 고객은 그 비누로 단지 자신의 얼굴을 씻는 것 이상의 일을 할 수 있는데, 이러한 제품을 사용함으로써 고객은 자신이 어떤 종류의 사람인지, 자신이 어떤 종류의 정치적 견해를 수용하는지에 대해 자신의 생각을 표현할 수 있는 것이다.

## 간접연계 Practice 1

정답 | ②

소재 | 어떤 땅콩버터 제품 생산자의 마케팅 캠페인

해석 | 일부 상품은 훨씬 더 '개인적'이고 '사적'으로 보이는 의미로 가득 채워져 있다. 예를 들어, 장기적인 마케팅 캠페인의 일환으로 어떤 땅콩버터 제품의 생산자는 자신의 광고와 웹사이트에 '까다로운 엄마들은 우리를 선택합니다'라고 명시한다. 땅콩버터는 엄마들이 자신의 자녀와 개인적인 관계를 깊게 할 수 있는 방법을 제공하는 것처럼 보이고, 그래서 웹사이트의 '엄마 조언자' 섹션에서는 엄마가 자녀와 함께 주방에서 시간을 보낼 때 '유대감을 형성하는 좋은 순간'에 대한 여러 가지 제안을 제공한다. 엄마들이 자신의 자녀와 갖는 깊은 개인적인 유대감이 땅콩버터와 어떤 식으로든 엮여 있다. 웹사이트를 보는 사람들은 까다로운 엄마들이 무엇을 선택하는지는 즉시 알 수 있는 반면, 그 웹사이트에 들어가서 그 땅콩버터 제품의 영양학적 측면을 알기 위해서는 여러 번 클릭해야 한다. 전체 마케팅 캠페인은 상품 그 자체보다는 소비자의 개인적인 관계에 대한 것이다. 땅콩버터를 판매하기 위해 모성이 이용된다.

해설 | 첫 문장에서 일부 상품에 더 '개인적'인 의미로 가득 차 있다는 말을 하고, 그 뒤에 어떤 땅콩버터 제품의 마케팅 캠페인의 예시를 들고 있다. 해당 캠페인에서는 땅콩버터 자체보다는 그것

을 이용해 엄마와 자녀가 깊은 유대감을 형성하는 방법을 제안하고 있으므로, 빈칸에는 ② '소비자의 개인적인 관계'가 가장 적절하다.

① 제품의 포장과 디자인
③ 시장의 인기 트렌드와 혁신
④ 마케팅 부서의 인적 자원
⑤ 고객의 개인적이고 사적인 정보

어휘 | commodity 상품 state 명시하다, 언급하다 choosy 까다로운 deepen 깊게 하다 bond 유대감을 형성하다 somehow 어떤 식으로든, 여하튼 get mixed up with ~과 엮여 있다, 연루되어 있다 nutritional 영양학적인, 영양의 aspect 측면 motherhood 모성

## 수능특강 Focus 2

2025학년도 수능특강 영어 13강 2번

우리가 구매하도록 하기 위해 여러 다양한 전략이 사용될 것이다. 신제품의 경우 마케터는 우리에게 자기 제품을 사용해 보도록 유도하고 싶으므로, 해야 할 일은 그것을 가능한 한 많이 광고하여 입소문을 퍼뜨리는 것이다. 자리를 잡은 제품의 경우 마케터는 우리가 그것을 다시 사용해 보길 원하거나(리마인더 광고), 우리가 자기 제품을 더 많이 소비하게 하려고 애쓸 수 있다. 이를 위한 좋은 방법은 새로운 용도를 제공하는 것이다. 한 베이킹 소다 브랜드가 좋은 예이다. 1960년대에 여성들이 취업 시장에 대거 진출하면서 빵 굽는 시간이 줄어들자, 그 회사는 그 제품을 사용하여 냉동고와 냉장고를 냄새 없는 청결한 상태로 유지하고 3개월마다 베이킹 소다 상자를 바꾸라고 홍보했다. 또는 여성들이 상당한 액수의 급여를 받고 더 늦게 결혼하는 양상이 나타나기 시작하자 다이아몬드 업계는 왼손은 '우리'를 위한 것이고 오른손은 '나'를 위한 것이라고 주장하면서 여성들에게 다이아몬드 반지를 판매하기 시작했다.

## 간접연계 Practice 2

정답 | ③

소재 | 미국의 휴대 전화 부문과 자동차 부문의 광고 경쟁

해석 | 미국에서 휴대 전화 사업자들은 끊임없이 열띤 경쟁을 하는 환경에 놓여 있다. 이는 상당한 광고 지출로 이어지며 각 회사는 고객에게 통신사를 변경하도록 돈을 지불하거나 새 휴대 전화의 가격을 거의 0으로 낮추어, 고객의 전환 비용을 상당히 줄이는 등의 거래로 상대방을 이기려고 노력한다. 전기 통신 사업자들이 연간 약정을 없애기 시작하면서 경쟁은 더욱 뜨거워졌다. 자동차 부문에서도 경쟁이 존재하지만 광고의 필요성은 다른 동기에서 비롯된다. 자동차는 고급 제품이며 치약이나 탄산음료와 달리 빈번하게 구매하는 물건이 아니다. (업계가 창출해 낸 것 외에는) 자동차 구매 시즌이 정해져 있지 않기 때문에, 소비자가 자동차를 구매하기 위해 시장에 올 때마다 고객들이 볼 수 있어야 할 필요가 있다. 따라서, 자동차 제조업체는 항상 구매할 가망이 있는 사람의 고려 집합 안에 확실히 있기를 원하며, 이는 지속적으로 광고의 존재감이 있음을 의미한다.

해설 | ③ 앞까지 휴대 전화에 대한 이야기를 전개해 오다가 ③ 이후부터 갑자기 자동차에 대한 이야기로 넘어가는 논리적 공백이 존재하므로, 자동차 부문에서 광고의 필요성이 비롯되는 동기라는 화제를 꺼내는 주어진 문장은 ③에 들어가는 것이 가장 적절하다.

어휘 | automotive 자동차의 segment 부문, 부분 motivation 동기 constantly 끊임없이 heated 열띤 competitive 경쟁하는 lead to ~로 이어지다, ~을 초래하다 significant 상당한 beat out ~을 이기다, 물리치다 telecom 전기 통신 eliminate 없애다, 제거하다 contract 약정, 계약 high-end 고급의 infrequent 빈번하지 않은 purchase 구매하는 것 designated 지정된 visible 눈에 띄는 manufacturer 제조업체 make sure 확실히 ~하다 prospective 가망이 있는, 유망한 have a presence 존재감이 있다

## 수능특강 Focus 3

2025학년도 수능특강 영어 13강 3번

아이들이 어떤 일을 하도록 강요당한다고 느끼거나 그들이 어떤 일을 하는 '방식'이 너무 엄격하게 통제되면, 그들은 자신이 하는 일에 흥미를 덜 느낄 가능성이 있고 도전적인 일을 계속할 가능성이 더 작아질 것이다. 아주 흥미로운 한 실험에서, 부모들이 요청을 받아 장난감을 가지고 놀고 있는, 심지어 두 살도 안 된 아주 어린 자녀들 바로 옆 바닥에 앉았다. 부모 중 일부는 즉시 과제를 인계받거나 지시 사항을 큰 소리로 외쳤다("블록을 안에 넣어. 아니, 거기가 아니고, '저기!'"). 다른 부모들은 아이가 탐색하도록 그냥 놔두는 데 만족하며, 격려하고 필요할 때만 도움을 제공했다. 나중에, 아기들에게 가지고 놀 수 있는 다른 것을 주었는데, 이번에는 부모가 함께 있지 않았다. 일단 혼자 있게 되자, 통제하는 부모를 가진 아기들은 새로운 장난감이 어떻게 움직이는지 알아내려고 노력하기보다 더 쉽게 포기하는 경향이 있음이 드러났다.

## 간접연계 Practice 3

정답 | ⑤

소재 | 자녀의 식습관을 통제하는 부모

해석 | 일리노이의 두 영양학자는 몇 년 전 대단히 흥미로운 실험을 수행했다. 이들은 2세에서 4세 사이의 어린이 77명을 관찰했

고, 부모가 자녀의 식습관을 통제하려고 얼마나 노력하는지도 알아냈다. (배고플 때보다는) 식사 시간에만 아이들이 음식을 먹을 것을 요구하거나, (확실히 배고프지 않은 때에도) 접시를 깨끗이 비우도록 권장하거나, 음식(특히 디저트)을 보상으로 사용하는 부모는 칼로리 섭취량을 조절하는 능력을 상실한 아이로 키우게 된다는 사실을 발견했다. 일부 부모는 그들 자신이 음식에 대한 문제가 있어, 그것을 자녀에게 대물림하는 과정에 있는 것처럼 보였다. 그러나 과도한 통제의 이유가 무엇이든, 그것은 일부 아이들이 기저귀를 떼기도 전에 피해를 주기 시작했다. 아이들은 '자신의 음식 섭취량을 조절하는 법을 배울 기회가 거의 없었고' 배고플 때에 대한 자기 몸의 신호를 신뢰하지 않게 되었다. 한 가지 결과는 많은 아이들이 이미 비만해지기 시작했다는 것이다.

**해설 |** 부모가 자녀의 식습관을 통제했더니 칼로리 섭취량을 조절하는 능력을 상실한 아이로 자랐다는 영양학자의 실험을 설명하는 글이다. 따라서 글의 제목으로는 ⑤ '아동의 식습관에 대한 부모의 지나친 통제의 위험성'이 가장 적절하다.

① 자녀가 건강한 식습관을 기르도록 하는 방법
② 아동의 식사 예절에 미치는 부모의 영향에 관한 실험
③ 음식을 보상으로 사용하는 것이 아동의 식습관에 미치는 영향
④ 엄격한 식사 시간과 깨끗한 접시를 부모가 요구하는 것의 이점

**어휘 |** nutritionist 영양학자 conduct 수행하다 fascinating 대단히 흥미로운 observe 관찰하다 mealtime 식사 시간 encourage 권하다, 권장하다 obviously 확실히 reward 보상 wind up with (어떤 장소 · 상황에) 처하게 되다 regulate 조절하다 intake 섭취량 pass on to ~에게 전하다 excessive 과도한 diaper 기저귀 trust 신뢰하다 cue 신호

## 수능특강 Focus 4

2025학년도 수능특강 영어 12강 2번

사회 심리학자 Irving Janis는 집단 순응 사고의 문제점을 인식했지만, 그것을 피할 수 있다고 생각했다. 그것은 개별 구성원의 의견보다 팀 정신이 더 중요해질 때 생겨날 가능성이 매우 크다. 또한 집단이 처음부터 생각이 비슷한 사람들로 구성되어 있고 그들이 어려운 결정에 직면했을 때 형성될 가능성이 있다. 집단 순응 사고를 방지하기 위해 Janis는 독립적인 사고를 장려하는 조직 체계를 제안했다. 집단의 지도자는 구성원들이 복종해야 한다는 어떤 압박감도 느끼지 않도록 공정한 모습을 보여야 한다. 그뿐만 아니라, 그 지도자는 집단이 모든 선택 사항을 검토하고 집단 외부의 사람들과 상의도 하도록 해야 한다. Janis는 의견 불일치는 실제로 좋은 것이라고 주장하며, 구성원들은 토론을 일으키기 위해 대안의 관점을 소개하는 '악마의 변호인' 역할을 하도록 요구받아야 한다고 제안했다. 집단이 더 합리적이고 공정한 결정을 내리게 보장할 뿐만 아니라, 구성원들이 자신의 개성을 유지할 수 있게 하는 것은 순응과 복종에서 비롯되는 집단 순응 사고의 상태보다 더 건강한 팀 정신을 만들어 낸다.

## 간접연계 Practice 4

**정답 |** ①

**소재 |** 개인성의 상실로 이어지는 순응의 욕구

**해석 |** 우리의 타고난 순응 욕구는 집단이 합의에 도달하고 팀 정신을 형성하는 데 도움이 될 수 있지만, 부정적인 측면도 있다. 사회 심리학자 Irving Janis는 이러한 순응의 욕구가 개성의 상실로 이어질 수 있다고 지적했다. 집단 구성원은 다른 사람의 생각에 따라야 한다고 느낄 수 있으며, 개인이 집단의 결정을 수용해야 한다는 압박감을 느낄 때는 순응뿐만 아니라 약간의 복종도 있을 수 있다. 그러면 사회학자 William H. Whyte가 '집단 순응 사고'라고 말한 위험이 있게 되어, 그때는 순응에 대한 압박이 독립적인 비판적 사고보다 우선하게 된다. 집단의 개별 구성원은 집단의 결정에 따를 뿐만 아니라 이러한 결정이 항상 옳다고 믿게 되고, 때로는 잘못된 결정도 만장일치로 지지받게 된다. 또 다른 위험은 구성원들이 자신의 집단은 틀릴 수가 없고 다른 집단보다 우월하다고 느끼기 시작하여 '내집단'과 '외집단' 간에 갈등을 야기한다는 것이다.

**해설 |** (A) 뒤에 이어지는 절이 문장의 필수 성분을 모두 갖추고 있으므로, 관계대명사 which가 아니라 and then의 의미를 가지는 관계부사 when을 사용해야 한다.
(B) overrides가 주어 the pressure에 이어지는 술어이므로, 주어를 수식하는 역할을 하는 to부정사 to conform이 적절하다.
(C) 앞에 주어가 될 만한 것이 없으므로, 술어동사가 나올 자리가 아니고 분사구문이 나올 자리이며, 뒤의 conflict가 목적어 역할을 하므로, 능동의 의미를 전달하는 현재분사 causing이 적절하다. causing은 and it causes ~의 의미이다.

**어휘 |** conform 순응하다 reach ~에 도달하다 social psychologist 사회 심리학자 point out ~을 지적하다 need 욕구, 필요성 individuality 개성 go along with ~에 따르다, 동조하다 element 소량, 약간 obedience 복종 sociologist 사회학자 override ~보다 우선하다 conflict 갈등

## Exercise 06

### 간접연계 History

본문 58~59쪽

2024학년도 수능특강 영어 Test 2 · 19번

우리는 협상자가 정말로 꼭 그렇지 않은 경우에도 흔히 상황을 분배적인 것으로, 따라서 경쟁적인 것으로 가정하고 있음을 알고 있다. (B) 고전인 협상 입문서에서, Fisher와 Ury는 두 사람이 몇 개 안 되는 오렌지를 두고 싸우는 상황을 예로 제시한다. 각자는 가치 있는 목적으로 오렌지가 필요하며, 추가 오렌지를 얻을 방법은 없다. (C) 협상자는 경쟁적 전략을 사용하기 시작하는데, 이는 서로에게 오렌지를 포기하거나 팔도록 설득하려고 애쓰는 것이다. 오렌지에 대한 그들의 요구는 상호 배타적인 것으로 가정되었으므로 어떠한 협약에도 이를 수 없었는데, 한 협상자가 더 많은 오렌지를 갖는다는 것은 다른 협상자가 더 적은 오렌지를 갖는다는 것을 의미했다. 그때 그들은 통합적 협상 전략으로 전환했다. (A) 그들은 서로가 자신의 필요를 충족시키는 것을 돕기 위해 서로의 필요에 대해 더 많이 알아보기로 했다. 마침내, 그들은 한 협상자는 오렌지즙이 필요했고, 다른 협상자는 그저 껍질이 필요했을 뿐이었다는 것을 알았다. 그들의 필요는 상호 배타적인 것이 아니었지만, 전통적인 분배적 협상 접근법은 교착 상태로 이어졌을 것이다.

**어휘 |** negotiator 협상자 assume 가정하다, 추정하다 distributive 분배적인 convince 설득하다 mutually exclusive 상호 배타적인 integrative 통합적인 bargaining 협상

2024학년도 6월 모의평가 41~42번

많은 협상가가 모든 협상이 고정된 파이를 수반한다고 가정한다. 협상가들은 자주 통합 협상 기회를 제로섬 상황이나 승패 교환으로 접근한다. 허구의 고정된 파이를 믿는 사람들은 당사자들의 이해관계가 통합적인 합의와 상호 이익이 되는 절충안의 가능성이 없이 반대 입장에 있다고 가정하기 때문에 이를 찾으려는 노력을 억누른다. 고용 협상에서 급여가 유일한 문제라고 생각하는 구직자는 고용주가 7만 달러를 제시할 때 7만 5천 달러를 요구할 수 있다. 두 당사자가 가능성에 대해 더 자세히 논의할 때만 이사 비용과 시작 날짜 또한 협상할 수 있다는 사실을 발견하게 되는데, 이는 급여 문제의 해결을 촉진할 수도 있을 것이다.

협상을 고정된 파이 관점에서 보는 경향은 사람들이 주어진 갈등 상황의 본질을 어떻게 보느냐에 따라 달라진다. 이는 Harinck, de Dreu와 Van Vianen의, 징역형에 대한 검사와 피고측 변호인 간의 모의 협상을 포함하는 기발한 실험에서 밝혀졌다. 어떤 참가자들은 개인적 이득의 관점에서 그들의 목표를 보라는 말을 들었고(예를 들어, 특정 징역형을 정하는 것이 당신의 경력에 도움이 될 것이다), 다른 참가자들은 그들의 목표를 효과성의 관점에서 보라는 말을 들었으며(특정 형은 상습적 범행을 방지할 가능성이 가장 크다), 그리고 또 다른 참가자들은 가치에 초점을 맞추라는 말을 들었다(특정 징역형은 공정하고 정당하다). 개인적 이득에 초점을 맞춘 협상가들은 고정된 파이에 대한 믿음의 영향을 받아 상황에 경쟁적으로 접근할 가능성이 가장 컸다. 가치에 초점을 맞춘 협상가들은 문제를 고정된 파이 관점에서 볼 가능성이 가장 낮았고 상황에 협력적으로 접근하려는 경향이 더 컸다. 시간 제약과 같은 스트레스가 많은 조건은 이러한 흔한 오해의 원인이 되며, 이는 결국 덜 통합적인 합의로 이어질 수 있다.

**어휘 |** negotiator 협상가 assume 가정하다 integrative 통합의 mythical 허구의, 신화적인 opposition 반대 settlement 합의 mutually 상호 간에 trade-off 절충, 타협 suppress 억누르다 resolution 해결 simulated 모의의 defense lawyer 피고측 변호인 jail sentence 징역형 arrange 정하다 competitively 경쟁적으로 constraint 제약 contribute to ~의 원인이 되다 misperception 오해

### 간접연계 Searchlight

본문 60~67쪽

#### 수능특강 Focus 1

2025학년도 수능특강 영어 14강 1번

모네와 다른 인상파 화가들은 자신들이 경험한 그 어떤 아카데미 훈련도 거부하고 눈앞에 보이는 것을 그리는 객관적인 방법을 갖춘 자신들의 예술이 그 어떤 아카데미 예술보다 더 진실하다고 믿었다. 이들은 모두 자신의 '감각', 즉 그림을 그리면서 그들이 볼 수 있는 것을 포착하는 것을 목표로 삼는 데 동의했다. 이러한 감각에는 사물을 응시할 때 눈이 포착하는 빛의 깜빡거리는 효과가 포함되었다. 아카데미(프랑스의 미술 교육 기관)와는 완전히 대조적으로 인상파 화가들은 일상적이고 현대적인 배경의 평범한 현대인을 그렸으며, 자신들의 그림 기법을 숨기려 하지 않았다. (원래 아카데미 제도는 육체 노동자로 여겨지던 장인보다 예술가의 지위를 높이기 위해 시작되었기 때문에 예술의 지적인 측면이 강조되었다.) 그들은 상징이나 그 어떤 서사적인 내용도 피했고, 보는 사람들이 그림을 '읽지' 못하게 했지만 자신들의 그림을 시간상의 한 고립된 순간으로 경험하게 했다.

**배경지식 UP**

**아카데미**

르네상스 시대 이후 새로운 학문 정신과 학문 분야의 발전에 발맞추어 형성된 주로 귀족이나 왕실의 비호 아래 있던 새로운 학자의 집단을 가리키는 말로, '아카데미'라는 명칭은 13~14세기에 쓰이기 시작하여 이탈리아를 중심으로 15~16세기에 이르러 융성기를 맞았다. 유명한 것으로 프랑스의 아카데미 프랑세즈(Académie française), 아카데미 데 시앙스(Académie des sciences), 영국의 왕립 학회(Royal Society) 등이 있다.

#### 간접연계 Practice 1

**정답 |** ④

**소재 |** 후기 인상파 화가들의 특징

**해석 |** 인상파 화가들은 자신의 앞에서 직접 본 색과 빛의 포착하

기 어려운 효과를 기록했다. 일반적으로, 후기 인상파의 주제는 인상파의 주제와 자주 유사했지만, 그들은 선배들의 자연주의적 관심사에서 벗어나 더욱 양식화되었다. 대체로 후기 인상파 화가는 이를 혁명적인 것으로 받아들이고 자신들만의 방향으로 나아갈 수 있는 길을 닦았다고 받아들였지만, 스타일로서의 인상주의는 발전하고 있지 않다고 믿었다. 많은 후기 인상파 화가들은 인상주의의 순수하고 선명한 색채를 사용했고, 대부분 전통적인 주제에서 벗어나기를 계속했으며 대부분 점묘법의 짧은 붓놀림으로 움직임과 생동감이 느껴지는 인상을 만들어 냈다. 인상주의에서 어떤 아이디어를 얻었든 간에, 그들은 모두 어떤 식으로든 인상주의를 변화시켰고, 그때까지 대부분의 예술이 그랬던 것보다 매우 개인적이고 표현력이 더 풍부한 이미지를 만들어 냈다. 이들의 작품은 20세기 초의 몇몇 새로운 예술적 발상에 영향을 미쳤다.

**해설** | (A) themes를 대신하는 대명사가 들어갈 자리이므로, 복수형 those가 적절하다.

(B) and 뒷부분에서 주어 most 뒤에 applied가 술어 역할을 하고 있으므로, 동사 create가 아니라 to부정사 형태인 to create를 사용해야 한다.

(C) 쉼표 다음에 이어지는 주절 앞에서 부사절을 이끄는 역할을 하므로 Whatever를 사용해야 한다. What은 부사절을 이끌 수 없다.

**어휘** | theme 주제 naturalistic 자연주의의 concern 관심사 predecessor 선배, 전임자 stylize 양식화하다, 일정한 양식에 일치시키다 revolutionary 혁명적인 pave (길을) 닦다, 포장하다 pure 순수한 vivid 선명한 subject matter 주제, 소재 brushstroke 붓놀림 vitality 생동감 expressive 표현력이 풍부한

## 수능특강 Focus 2

2025학년도 수능특강 영어 13강 12번

미디어 경영진은 고객을 자신들의 제품을 구매하거나 자신들이 광고주에게 판매하는 소비자로 생각해야 한다는 것을 알고 있다. 불만을 제기하는 사람이 미디어 경영진에게 그들이 콘텐츠를 변경하거나 심지어 삭제하지 않으면 목표 시장의 상당 부분을 잃을 수도 있다고 설득하면, 그 사람은 그렇게 하게 하는 데 성공할 수도 있다. 그러나 한 개인이 목표 고객층에 속하지 않는 것이 분명하다면, 그 사람의 우려는 관심을 거의 받지 못할 것이다. 예를 들어, 20대 미혼 여성을 대상으로 하는 *Cosmopolitan* 잡지의 편집자들은 슈퍼마켓에서 보는 잡지 표지에서 여성을 비하하는 듯한 묘사라고 느끼는 부분에 대해 항의하고자 전화한 캔자스주 시골에 사는, 목소리로 보아 나이가 지긋한 듯한 여성의 조언을 따르지 않을 것이다. 그러나 그 잡지사 직원들은 한 *Cosmopolitan* 구독자가 자신들이 독자로 원하는 고소득 미혼 여성들을 더 많이 끌어들일 새로운 칼럼을 제안하는 글을 쓰면 당연히 호의적으로 반응할 것이다.

**배경지식 UP**

*Cosmopolitan*

20~30대 젊은 여성을 대상으로 한 패션 잡지로, 전 세계 35개의 언어로 110개 이상의 국가에서 발행된다. 1886년에 미국에서 처음에는 가정 잡지로 출판되었다가 문학지로 변모하였다. 1960년대 후반에 현재의 여성 패션 잡지로 바뀌었다.

## 간접연계 Practice 2

**정답** | ⑤

**소재** | 크로스 미디어 브랜딩 전략

**해석** | 미디어 경영진은 '브랜드'라는 단어를 개별 제품뿐만 아니라 매스컴을 지칭하기 위해서도 사용한다. *Cosmopolitan*, MTV, 파라마운트와 같은 매스컴의 소유주들은 이러한 이름이 단지 잡지(*Cosmopolitan*의 경우), 케이블 채널(MTV의 경우), 영화사(파라마운트의 경우)를 나타내는 것만은 아니라고 광고주와 소비자에게 강조한다. 대신, 이러한 매스컴의 소유주들은 각각의 이름이 어느 곳에 나오든지 간에 특정한 개성, 특정 종류의 내용, 그리고 특정 유형의 시청취자를 상징한다고 말한다. 따라서 *Cosmopolitan*은 잡지에 나오든, 책에 나오든, 케이블 TV에 나오든 *Cosmopolitan* 브랜드로 인식되며, MTV의 이미지는 케이블에서 의류, 도서, 음악에 이르기까지 미디어를 넘나든다. 경영진은 후원자와 소비자가 다양한 채널로 흩어지는 상황에서 기존 광고주와 시청자를 유지하고 새로운 이들을 확보하기 위해 그러한 크로스 미디어 브랜딩이 점점 더 필요하다고 믿는다.

**해설** | '브랜드'의 개념을 개별 제품뿐만 아니라 매스컴 전체를 지칭하는 것으로 넓힘으로써 여러 매체를 넘나들며 자기만의 뚜렷한 개성과 주제, 시청취자를 보여 주려고 하는 크로스 미디어 브랜딩 전략과 그 필요성을 설명하는 글이다. 따라서 ⑤ '크로스 미디어 브랜딩 전략: 미디어 경영진이 그것들을 받아들이는 이유'가 글의 제목으로 가장 적절하다.

① 미디어에서 광고주와 소비자의 역할
② 디지털 시대 전통 매스컴의 쇠퇴
③ 디지털 시대의 격차 해소: 크로스 미디어의 힘
④ 미디어 경영진에게 크로스 미디어 브랜딩이라는 난제

**어휘** | executive 경영진 refer to ~을 지칭하다, ~을 언급하다 media outlet 매스컴 stress 강조하다 stand for ~을 나타내다 personality 개성 content (책 · 연설 · 프로그램 등의) 내용, 주제 recognize 인식하다 sponsor 후원자 scatter 흩어지다

## 수능특강 Focus 3

2025학년도 수능특강 영어 26강 2번

기대 이론의 한 가지 함의는 모든 학생이 최선을 다하면 보상받을 기회를 가져야 하지만, 어떤 학생도 쉽게 최대 보상을 얻어서는 안 된다는 것이다. 전통적인 채점 관행은 이 원칙에 위배되는데, 어떤 학생은 A 학점과 B 학점을 얻기가 쉽다고 여기지만, 어떤 학생은 자신이 무엇을 하든 학문적 성공의 가능성이 거의 없다고 믿기 때문이다. 이러한 상황에서는, 높은 성취도를 보이는 학생이나 낮은 성취도를 보이는 학생 모두 최선의 노력을 다하지 않을 가능성이 있다. 이것이 높은 점수를 받는 것에 대해서만이 아니라 노력에 대해, 과거보다 더 잘한 것에 대해, 또는 진전을 이룬 것에 대해 학생들을 보상하는 것이 중요한 한 가지 이유이다. 예를 들어, 학생은 작문, 프로젝트, 보고서 또는 기타 작업으로 구성된 포트폴리오를 만들 수 있고, 그런 다음 시간이 지나면서 자신의 작업이 어떻게 향상하고 있는지 확인할 수 있다. 모든 학생이 똑같이 높은 점수를 받을 수 있는 것은 아니지만, 모든 학생이 똑같이 노력을 다하거나 자신의 과거 성과를 뛰어넘거나 발전할 수 있으므로, 이것이 보상의 기반이 되어야 하는, 흔히 더 좋고 더 평등하게 사용할 수 있는 기준이다.

**배경지식 UP**

**Expectancy Theory(기대 이론)**

어떤 행동을 할 때, 개인은 자신의 노력의 정도에 따른 결과를 기대하게 되며 그 기대를 실현하기 위하여 어떤 행동을 결정한다는 동기 이론이다. 기대 이론에서 개인은 행동의 결과로 나타날 수 있는 성과에 관한 기대를 가지고 있으며, 사람마다 성과에 대한 선호는 다른 것으로 가정한다.

## 간접연계 Practice 3

정답 | ⑤

소재 | 학생 작문 과제 부여 시 주의점

해석 | 학생이 무엇을 쓸 것인지, 얼마나 많은 자료가 기대되는지, 과제는 어떻게 평가될 것인지, 그리고 과제물이 학생의 성적에 얼마나 중요할지에 대해 여러분이 명료해야 한다는 점에 주목하라. 이러한 명료함은 학생들에게 좋은 작문을 작성하는 데 쏟은 노력이 좋은 결과를 얻을 수 있다는 확신을 가지게 한다. "토머스 제퍼슨이 오늘날 미국에서의 통치에 대해 어떻게 생각할지에 대한 작문을 모두들 작성해 주세요."라고만 말했다면 학생들은 엉뚱한 내용을 쓰거나, 너무 많이 또는 너무 적게 쓰거나, 어쩌면 과제에서 제시한 통치 비교의 측면보다는 '제퍼슨이 지금 살아 있다면'의 측면을 더 강조할지도 모른다. 학생들은 글의 내용과 비교하여 작문 기법에 여러분이 얼마나 중요성을 두려고 했는지 확신할 수 없을 것이다. 마지막으로, 학생들은 성적을 산출할 때 작문에 얼마나 중점을 둘 것인지에 대한 표시가 없기 때문에 자신의 노력이 어떻게 좋은 결과를 얻을지를 알 방법이 없을 것이다.

해설 | 학생들에게 작문 과제를 내줄 때 어떤 주제로 얼마나 써야 하며 어떻게 평가를 할 것인지에 대해 명료해야 한다는 내용의 글이다. 따라서 ⑤ '학생 작문 과제에서 명료성을 보장하는 것의 중요성'이 글의 제목으로 가장 적절하다.

① 학생의 성공을 위한 학습 환경 조성하기
② 미국 정부 비교 분석: 과거와 현재
③ 에세이 채점: 학생 작문 평가의 지속적인 딜레마
④ 토머스 제퍼슨의 명료한 시각: 현대의 통치에 대한 관점

어휘 | evaluate 평가하다 clarity 명료함 assure 확신시키다 direct (주의 · 노력 등을) 쏟다, 기울이다 composition 작문 pay off 성공하다, 좋은 결과를 얻다 place importance on ~에 중요성을 두다 mechanics 기법, 기술 indication 표시 compute 산출하다, 계산하다

## 수능특강 Focus 4

2025학년도 수능특강 영어 15강 3번

대부분의 철학자는 1960년대 Edmund Gettier가 플라톤의 지식에 관한 정의가 항상 만족스러운 설명을 제공하지는 않는다는 것을 보여 주기 전까지는 그것을 정당화된 참인 믿음으로 받아들였다. (A) 그는 어떤 사람의 믿음이 참이고 정당화된다고 해도 그 사람이 무언가를 정말로 알지는 못한다는 것을 우리가 본능적으로 깨닫는 몇 가지 사례를 제시했다. 예를 들어, 나는 내 친구 Sue를 그녀의 집에서 만나기로 약속했는데, 나는 도착해서 창문을 통해 그녀가 부엌에 앉아 있는 것을 본다. (C) 사실 내가 보는 것은 Sue가 아니라 그녀의 일란성 쌍둥이 자매이고, Sue는 실제로 다른 방에 있다. Sue가 집에 있다는 나의 믿음은 참이고, 내가 그녀를 본 것을 확신하기 때문에 그것을 믿을 만한 타당한 이유가 있지만, 내가 그녀가 집에 있다는 것을 알았다고 말하는 것은 잘못된 것인데, 왜냐하면 나는 알지 못했기 때문이다. (B) 이러한 사례는 'Gettier 문제'로 알려지게 되었고, 철학자들이 믿음, 참, 정당화 외에 지식에 대한 네 번째 기준이 있는지를 묻도록 유도했다. Gettier는 플라톤의 정의뿐만 아니라 지식이 무엇인지 완벽하게 정의할 수 있는지 여부에 대해서도 의문을 제기했다.

**배경지식 UP**

**지식에 대한 플라톤의 정의**

플라톤(Plato)은 그의 대화 '테아이테토스(Theaetetus)'에서 "지식은 진리에 대한 믿음(belief)인 동시에 그 믿음이 정당화되어(justified) 있어야 한다."고 정의했다. 요약하면 '지식은 정당화된 진리에 대한 믿음'이라고 할 수 있다.

## 간접연계 Practice 4

**정답 |** ④

**소재 |** 믿음과 앎의 관계

**해석 |** 우리는 종교적 신념에 대해 이야기할 때 '믿음'이라는 단어를 흔히 사용한다. 종교의 신자들은 신을 믿으며 경전에 기록된 내용을 믿는다. 철학에서는 우리가 믿는 것이 정말 참인지 아닌지를 탐구한다. 철학자들은 우리가 많은 것을 참으로 받아들이고 있으며, 우리의 믿음 중 많은 것이 실제로 참일 수 있음을 인정한다. 하지만 그렇다고 해서 우리가 안다는 의미는 아니다. 사람들은 흔히 자신이 무언가를 '그냥 안다'고 주장하는데, 그들이 옳을 수도 있지만, 그것을 믿는 타당한 이유를 제시할 수 없기 때문에 그들이 실제로는 그것을 알지 못한다고 우리는 본능적으로 느낀다. 다른 사람들은 자신이 아는 바를 믿는 이유를 실제로 제시하지만 그 이유가 그다지 타당하지 않다. 다시 말하면, 그들은 실제로는 모른다고 말하는 것이 옳은 것 같다.

**해설 |** ④의 앞에서는 우리가 안다고 주장해도 실제로는 아는 것이 아니라는 내용이 나올 것을 암시하며 ④의 뒤에서는 이유를 제시하지만, 그 이유가 그다지 타당하지 않다는 내용이 나오므로, 어떤 사람들이 안다고 주장하지만 그 이유를 제시할 수 없다는 내용의 주어진 문장은 ④에 들어가는 것이 적절하다.

**어휘 |** instinctively 본능적으로 faith 신념 holy scripture (특정 종교의) 경전, 성서 investigate 탐구하다, 조사하다 acknowledge 인정하다

## Exercise 07

간접연계 History 본문 68~69쪽

2024학년도 수능특강 영독 Mini Test 1 · 16번

기본 예절은 우리가 간과하는 경향이 있는 근본적으로 중요한 사회 현상의 범주에 꼭 들어맞는다. 내가 캘리포니아에서 밴쿠버로 이사했을 때 가장 먼저 나에게 특별한 인상을 준 것 중 하나는 그곳 주민들이 뒷문으로 공공 버스에서 내릴 때 버스 기사에게 항상 크고 쾌활하게 '감사합니다!'라고 외친 것이었다. 처음에는 다소 과하다는 느낌이 들었지만, 그 이후로 나는 그것을 근본적으로 더 유쾌한 주민들의 말투일 뿐만 아니라 아마도 더 즐거운 사람들을 만들어 내는 데 도움이 되는 의식으로도 보게 되었다. 버스 기사는, 그녀가 깨닫든 그렇지 않든, 감사를 받아 더 기분이 좋아서, 이제 친절하게 운전하거나 늦게 도착하는 사람이 버스에 탈 수 있도록 조금 더 정류장에 머무르고 싶어 하는 생각이 더 든다. 이 행동은 비가 많이 오는 우리 도시 전역에 미묘한 파장으로 파문처럼 퍼져서, 바람이 풀 위로 불어가는 것처럼 사람들의 마음을 선으로 기울게 한다.

**어휘 |** fit into ~에 꼭 들어맞다 fundamentally 근본적으로 phenomenon 현상(*pl.* phenomena) strike 특별한 인상을 주다, 느낌이 들게 하다 initially 처음에 excessive 과한 expression 말투, 표현법 inclined ~하고 싶어 하는 hop (버스, 기차 등에) 타다 rainy 비가 많이 오는 subtle 미묘한 incline ~ toward ... ~의 마음을 … 쪽으로 기울게 하다

2024학년도 수능 19번

David는 밴쿠버에서 새로운 일을 시작하게 되었고, 자신이 탈 버스를 기다리고 있었다. 그는 계속 자신의 시계와 버스가 올 방향을 번갈아 보았다. 그는 "내가 탈 버스가 아직 오지 않아. 내가 첫날 지각할 수는 없어."라고 생각했다. David는 마음을 놓을 수가 없었다. 그가 다시 고개를 들어 보았을 때, 그는 바로 자신의 직장으로 가는 다른 버스가 오고 있는 것을 보았다. 그 버스는 그의 앞에 섰고 문을 열었다. 그는 버스에 오르며, "후유! 다행히도 내가 지각하지 않도록 이 버스가 딱 맞춰 왔네."라고 생각했다. 그는 버스의 빈 좌석에 등을 기대며 깊은 한숨을 내쉬었고, 마침내 긴장을 풀 수 있었다.

**어휘 |** direction 방향 feel at ease 마음을 놓다, 안도하다 unoccupied 빈, 비어 있는

간접연계 Searchlight 본문 70~77쪽

### 수능특강 Focus 1

2025학년도 수능특강 영어 Test 3 · 3번

도시 농업은 단순히 소득을 올리거나 소규모 식량 생산 활동을 하는 관행에서 벗어나 활력이 넘치는 도시 공동체를 만드는 데

가장 중요한 에너지 절약 자원으로서 지역의 식량 생산을 촉진하는 데 초점을 맞춘 더 지속 가능한 관행으로 변화하고 있다. 식량 안보와 식품 안전이 전 세계적으로 식량의 입수 가능성과 보건과 관련하여 부담을 일으키고 있는 인구 증가와 함께 도시가 해결해야 할 문제가 되면서 그것은 도시 계획에 훨씬 더 중요해질 필요가 있다. 현재 관행에서, '도시 농업'이라는 용어는 반드시 식량 생산 자체가 지속 가능한 방법론이나 절차에 기반한다는 것을 의미하지는 않지만, 생태에 기반을 둔 접근법과 결합되면 그렇다. 오늘날 도시에서 천연자원 감소에 대한 인식이 생기고 환경 저하가 진행되면서, 도시 농업은 더 지속 가능한 도시를 만들기 위한 해결책의 중요한 부분으로서 생태에 기반을 둔 체제를 도시에 다시 도입하는 데 새로운 의미를 띠고 있다. 이것은 식량을 도시 체제의 필수적인 부분으로 생각하는 패러다임의 전환을 진정 필요로 한다.

## 간접연계 Practice 1

**정답** | ④

**소재** | 푸드 시스템의 문제점과 해결책

**해석** | 지난 세기 동안, 엄청난 수의 가족 농장이 기업에 의해 통합되었다. 오늘날, 소수의 기업만이 우리의 식품의 대부분을 가공 처리하고, 약간 더 큰 소수의 농장만이 그 식품을 생산한다. 식품 가격이 안정적으로 유지되어 왔고, 건강상의 문제들이 거의 발생하지 않았기 때문에, 대중은 이 복합 그룹 형성에 거의 관심을 기울이지 않았다. 이 모든 것은 식품 매개 전염병이 잇달아 전국적으로 급증하면서 2006년에 바뀌기 시작했다. 모두가 서로 비난하고 책임을 전가하며 책임을 회피하는 데 급급했다. 대규모 기업 농장은 소규모 유기농 농장이 푸드 시스템에 거름을 넣은 것에 대해 비난했다. 소규모 유기농 농장은 공장식 농장이 농장 노동자들에게 적절한 위생을 제공하지 않는다고 비난했다. 아무도 푸드 시스템 전체에 문제가 있다는 것을 알아차리지 못하는 것 같았다. 도시 농장이 안전한 식품을 확보할 수 있는 유일한 방법 중 하나로 식품 안전 논쟁의 중심에 섰다. 만약 여러분의 식품이 같은 거리의 약간 떨어진 곳에서 온다면, 여러분이 직접 그것을 검사할 수 있고, 문제가 있다면 쉽게 발견할 수 있다. 반면에 대규모 식품 생산은 규제 지출을 크게 늘리지 않으면 문제가 발생하더라도 이를 추적할 수 있는 측정 가능한 수단이 없다. 고객들과 밀접한 관계를 맺고 있는 소규모 지역 재배자들의 다각적인 조직망이 간단한 해결책이다.

**해설** | 식품 생산이 소수의 대기업과 농장으로 집중되면서 식품 가격은 안정되었으나, 2006년 식품을 매개로 한 전염병이 급증해 식품 안전에 문제가 생겼고, 그에 대한 해결책으로 도시 농장을 언급하며, 지역에서 생산된 식품은 문제 발생 시 쉽게 발견할 수 있다고 하는 내용의 글이므로, 빈칸에 들어갈 말로 가장 적절한 것은 ④ '고객들과 밀접한 관계를 맺고 있는 소규모 지역 재배자들'이 적절하다.

① 더 체계적이고 구체적인 배달 시스템
② 기업 간의 상호 투자 및 협력
③ 개인과 기업 간의 공유된 경험
⑤ 연구원과 시민 단체 간의 관계

**어휘** | corporation 기업 food-borne 식품을 매개로 한 epidemic 전염병 rocket 급증하다 blame game 서로 비난하고 책임을 전가하는 것 food system 푸드 시스템(식품이 생산되어 최종 소비 또는 폐기되기까지 거치는 일련의 과정) adequate 적절한 sanitation 위생 at fault 문제가 있는 urban farm 도시 농장 rise to the top 중심에 서다 debate 논쟁 secure 확보하다 inspect 검사하다 detect 발견하다 regulatory 규제의 prohibit 방해하다 measurable 측정 가능한 diversified 다각적인

## 수능특강 Focus 2

2025학년도 수능특강 영독 Mini Test 1 · 6번

Lakoff와 Johnson의 말에 따르면, "은유의 본질은 한 종류의 것을 다른 종류의 것의 관점에서 이해하고 경험하는 것이다." Donald Schön은 이것을 '~로 보기'라고 부르며 일부 은유, 그의 용어로는 생성적 은유가 혁신과 문제 해결에 필수적인 도움이 될 수 있는 방식으로 우리의 관심을 이끈다. 그는 인조 강모를 가진 새로운 화필을 두고 골똘히 생각하는 제품 엔지니어 집단을 묘사한다. 인조 화필은 성능이 좋지 않아, '찐득거리는'이라는 말이 그것으로 물감을 찍어서 칠하는 방식을 묘사하는 데 사용되는 하나의 단어였고, 엔지니어들은 새로운 화필의 성능을 천연 강모 화필의 그것에 비해 손색이 없게 만들기 위해 다양한 전략을 시도했다. 그 돌파구가 생긴 것은 한 엔지니어가 "그렇지, 화필은 일종의 펌프야!"라고 곰곰이 생각했을 때였다. 화필을 펌프로 봄으로써, 엔지니어들은 자신들의 초점을 강모 자체에서 강모 사이의 경로와 물감이 그 경로를 통해 흐르는 방식으로 이동시켰다. 화필을 펌프로 보는 은유는 그것이 문제를 보는 새로운 방법으로 이어졌다는 점에서 생성적이었고, 이 새로운 프레이밍은 새롭고 성공적인 해결책을 생성했다. 이것은 인간의 의미 창출의 매우 강력한 한 가지 형태이다.

## 간접연계 Practice 2

**정답** | ⑤

**소재** | 설득 도구로서의 은유

**해석** | 사회 심리학의 가장 중요한 주제는 설득, 즉 다른 사람의 태도를 바꾸려는 의도적인 노력이다. 은유 연구에 따르면 설득력 있는 메시지는 일반적으로 은유를 사용하는 것으로 밝혀진다. 예

를 들어, 전 미국 하원 의장인 John Boehner는 '연방' 예산을 전형적인 '가계' 예산에 비유했다. "모든 가족은 예산의 균형을 맞춰야 합니다. 워싱턴도 예산의 균형을 맞춰야 합니다." 또 다른 하원 의장인 Paul Ryan은 이 은유를 반복했다. "우리의 계획은 워싱턴이 벌어들인 것만 쓰도록 합니다. 이것이 모든 가족이 좋은 때든 나쁜 때든 살기 위해 노력하는 방법입니다." 이것들은 단지 본능적인 표현이 아닌데, 정치 행위자들은 '논쟁의 틀을 잡는' 은유를 디자인하기 위해 매년 수백만 달러를 소비하고, 그것에 의해 여론과 정책 입안자들이 자신들이 원하는 정책을 선호하도록 영향을 미친다.

**해설** | 사회 심리학에서 가장 중요한 주제는 설득이고, 그것이 의도적으로 다른 사람들의 태도를 변화시키기 위해 은유를 활용한다고 하면서 구체적으로 정치인의 활용 사례를 소개하고 있다. 후반부에 여론과 정책 입안자들이 논쟁의 틀을 잡는 은유를 디자인하기 위해 수백만 달러를 투자한다는 내용이 이어지므로, 글의 제목으로 가장 적절한 것은 ⑤ '은유: 여론 형성에 있어서 그것의 설득력'이다.

① 여론은 정치인들에게 어떻게 영향을 미치는가?
② 은유 사용: 토론의 결정적인 요소
③ 소셜 미디어가 가계 예산을 짜는 것에 미치는 영향
④ 정치인들이 나라의 경제 상황을 개선시키는가?

**어휘** | persuasion 설득 intentional 의도적인 federal 연방의 budget 예산 balance 균형을 맞추다 echo 반복하다 annually 매년 frame 틀을 잡다 thereby 그것에 의해 policy 정책

## 수능특강 Focus 3

2025학년도 수능특강 영어 13강 9번

AI가 인간 지식에 미치는 영향은 역설적이다. 한편으로는, AI 중개자는 도움을 받지 않은 인간이 이전에 상상할 수 있었던 것보다 더 방대한 양의 데이터를 탐색하고 분석할 수 있다. 다른 한편으로는 이 힘, 즉 방대한 양의 데이터를 다룰 수 있는 능력은 또한 여러 형태의 조작과 오류를 두드러지게 할 수도 있다. AI는 전통적인 선전보다 인간의 열망을 더 효과적으로 이용할 수 있다. AI는 자신을 개인의 선호도와 본능에 맞춰 가면서 제작자나 사용자가 원하는 반응을 끌어낸다. 마찬가지로, AI 중개자를 배치하면 이 AI 중개자가 기술적으로 인간의 통제하에 있더라도 내재한 편견을 또한 증폭시킬 수도 있다. 시장 경쟁의 역학 관계는 소셜 미디어 플랫폼과 검색 엔진이 사용자가 가장 흥미롭다고 생각하는 정보를 제시하도록 자극한다. 그 결과, 사용자가 보고 싶어 하는 것으로 여겨지는 정보가 우선순위를 차지하게 되어 현실의 전형적인 모습을 왜곡한다. 19세기와 20세기에는 기술이 정보 생산과 전파 속도를 가속했지만, 이 시대에는 AI를 전파 과정에 배치하면서 정보가 바뀌고 있다.

## 간접연계 Practice 3

**정답** | ⑤

**소재** | 인공 지능 연구의 시사점

**해석** | 1970년대 중반부터 1980년대 초반까지 인공 지능 연구에 대한 기금 조성과 관심이 줄어든 시기는 전문가들에게 몇 가지 중요한 교훈을 주었다. 가장 간단한 교훈은 Dartmouth 회의가 있은 지 50년 후, John McCarthy에 의해 언급되었다. "AI는 우리가 생각했던 것보다 더 어려웠습니다." Marvin Minsky는 사실 AI 연구가 '쉬운 것들이 어렵다'는 역설을 발견했다는 것을 지적했다. 자연 언어로 우리와 대화하고, 카메라의 눈을 통해 본 것을 묘사하고, 몇 가지 예시만 보고도 새로운 개념을 배울 수 있는 컴퓨터라는 AI의 원래 목표는 어린아이들도 쉽게 할 수 있는 것들이지만, 놀랍게도, 이러한 '쉬운 것들'이 복잡한 질병을 진단하고, 체스와 바둑에서 인간 챔피언을 이기고, 복잡한 대수 문제를 푸는 것보다 AI가 성취하기에 더 어려운 것으로 드러났다. Minsky가 계속해서 말했듯이 "일반적으로, 우리는 우리의 마음이 무엇을 가장 잘하는지를 가장 적게 인식하고 있습니다." 인공 지능을 창조하려는 시도는, 최소한, 우리 자신의 정신이 얼마나 복잡하고 미묘한지를 설명하는 것을 도왔다.

**해설** | 1970년대 중반부터 1980년대 초반까지의 인공 지능 연구는 인간이 쉽게 하는 일도 인공 지능으로 구현하기 어렵다는 것을 알아냈으며, 이는 인간의 정신이 얼마나 복잡하고 미묘한지 설명하는 것을 도왔다고 했으므로, 글의 요지로 가장 적절한 것은 ⑤이다.

**어휘** | funding 기금 조성 practitioner 전문가, 전문업에 종사하는 사람 note 언급하다 conference 회의 uncover 발견하다 paradox 역설 converse 대화하다 natural language 자연 언어 turn out to be ~임이 드러나다 diagnose 진단하다 Go 바둑 algebraic 대수의 subtle 미묘한

## 수능특강 Focus 4

2025학년도 수능특강 영어 4강 2번

뉴스의 질은 판단하기 어려운데, 고품질에 관한 모든 사람의 정의를 충족하는 합의된 기준이 없기 때문이다. '질'이라는 용어는 일반적으로 한 집단이나 공동체 내에서 높은 평가를 받는 어떤 속성, 서비스 또는 성과를 일컫는다. 따라서 질을 정의하는 것은 상황에 따라 다르고, 분야에 국한되며, 개인의 선호와 취향에 영향받는다. 그러나 음악과 그림 같은 다른 문화적 산물과 비교하여 저널리즘 콘텐츠는 시민적이고 민주적인 요소가 강하기 때문

에 그것이 독특하다는 것에 주목하는 것이 중요하다. 언론을 '제4의 자산'이라고 보는 생각은 고품질 저널리즘이 감시자 역할을 하고, 대중 공론의 장을 제공하며, 신뢰할 수 있는 정보 제공자 역할을 함으로써 민주주의의 이상을 증진한다는 기대에서 비롯된다. 그러므로 뉴스의 질을 논할 때 규범적인 측면은 아무리 강조해도 지나치지 않다.

### 간접연계 Practice 4

정답 | ⑤

소재 | 19세기와 20세기 초반의 세계적인 뉴스 카르텔

해석 | 전통적으로, 역사적 상황에서 국가 통신 기관과 세계적인 통신 기관의 관계를 연구할 때 주로 강조된 것은 전자(국가 통신 기관)가 후자(세계적인 통신 기관)에 어떻게 의존했는지를 보여 주는 것이었다. 1859년 Reuters(영국), Havas(프랑스), Wolff(독일)가 결성한 세계적인 뉴스 카르텔의 정확한 세부 사항은 학자들에게조차 비교적 알려지지 않았기 때문에 이는 이해할 수 있다. 따라서 첫 번째 학문적 과제는 이전에 이 세계적인 기관들이 비밀로 유지했던 협정들의 세부 사항을 밝히는 것이었다. 그러한 연구는 주요 기관들이 어떻게 세계 뉴스 시장을 자신들 사이에서 (그리고 1927년 이후 미국 AP 통신과) 나누고 국가 기관들이 계약상 그들에게 의존하게 만들었는지를 보여 주었다. 그 세계적인 기관들은 카르텔이 붕괴되고 있던 1934년까지 다른 기관들이 그들의 독점적 영역에서 활동하는 것을 제한했다. 한편 자국 영역에 있는 국가 기관은 카르텔 뉴스에 대한 독점적 권리를 얻었지만, 그것이 협정을 체결한 세계적인 기관을 제외한 다른 모든 뉴스 기관에 자신의 뉴스를 보낼 권리를 잃었다.

해설 | ⑤ the global agency를 선행사로 하며 바로 앞의 with의 목적어 역할을 하는 관계대명사가 적절하므로 what을 which로 고쳐야 한다.

① how는 명사절을 이끄는 의문사로 어법상 적절하다.

② the global news cartel을 수식하는 어구를 이끄는 분사로 어법상 적절하다.

③ '~하는 것'의 의미로 쓰인 주격 보어로 쓰인 to부정사구를 이끌고 있으므로 어법상 적절하다.

④ the major agencies를 지칭하는 대명사로 어법상 적절하다.

어휘 | news agency 통신사 context 상황 emphasis 강조 the former 전자 the latter 후자 precise 정확한 cartel 카르텔 relatively 비교적, 상대적으로 scholar 학자 agreement 협정 divide up ~을 나누다 contractually 계약상으로 restrict 제한하다 exclusive 독점적인 territory 영역 break down 붕괴되다

## Exercise 08

간접연계 History 본문 78~79쪽

2024학년도 수능완성 실전모의고사 1회 29번

20세기 초반 문학 비평의 가장 두드러지는 특징이 된 텍스트 중심의 이론은 독자의 역할에 아주 적은 관심을 두었다. 문학 작품의 의미는 '저기 그곳에서', 책장 위의 단어들 속에서 발견되어야만 했다. 문학 텍스트에 대한 더 인문주의적이거나 통합적인 접근법을 채택했던 이전의 전통과는 달리, 1940년대와 1950년대의 소위 신비평가들은 일반적으로 작품 자체의 자율성을 주장했는데 그것은 면밀하고도 체계적인 읽기와 상세한 텍스트 분석을 통해 해석될 수 있는 것이었다. 문화적, 역사적인 배경뿐 아니라 작가의 전기, 개성, 의도 또한 내적 일관성, 인유, 모호함의 재치 있는 해소보다 덜 중요했다. 다른 분야에서의 실증주의적인 성공으로부터 실마리를 찾았던 이 시기의 문학 비평가들은 문학의 과정에서 가장 골칫거리 요소인 독자를 제거함으로써 읽기를 더욱 체계적으로 만들었다. 그들은 '작품'을 그것이 주는 심리적, 감정적 효과와 혼동하는 것은 왜곡하는 상대주의와 신뢰할 수 없는 주관주의를 낳는 '정서적 오류'를 구성한다고 단언하였다.

어휘 | text-oriented 텍스트 중심의 dominate 가장 두드러지는[중요한] 특징이 되다 literary criticism 문학 비평 humanistic 인문주의적인 integrative 통합적인 New Critics 신비평가 insist on ~을 주장[고집]하다 autonomy 자율성, 자주성 interpret 해석하다 analysis 분석 biography 전기 intention 의도 context 배경 internal 내적인 consistency 일관성 resolution 해소, 풀이, 분석 ambiguity 모호함 eliminate 제거하다 constitute 구성하다, ~이 되다 affective 정서적인 fallacy 오류 distorting 왜곡하는 relativism 상대주의 untrustworthy 신뢰할 수 없는 subjectivism 주관주의

2024학년도 수능 31번

지난 10년 동안 어린이가 읽는 법을 배우는 방법에 주었던 관심은 '텍스트성'의 본질과 모든 나이의 독자가 텍스트를 의미하게 하는 다양하고 상호 연관된 방식의 본질을 전면으로 불러왔다. 이제 '읽기'는 과거 어느 시대보다 훨씬 더 많은 표현 형식에 적용되는데, 그림, 지도, 화면, 디자인 그래픽, 사진이 모두 텍스트로 여겨진다. 새로운 인쇄 공정에 의해 그림책에서 가능해진 혁신에 더해, 시집 및 정보 텍스트와 같은 다른 종류에서도 디자인적 특징이 두드러진다. 이처럼, 읽기는 어린이들의 주의가 인쇄된 텍스트에 집중되고 스케치나 그림이 부속물일 때보다 더 복잡한 종류의 해석이 된다. 이제 어린이들은 그림책을 통해 글과 삽화가 서로를 보완하여 향상한다는 것을 배운다. 읽기는 단지 단어 인식이 아니다. 심지어 가장 쉬운 텍스트에서도 문장이 '말하는 것'이 흔히 그 문장이 의미하는 것이 아니다.

어휘 | foreground 특히 중시하다 textuality 텍스트성 interrelated 상호 연관된 representational (있는 그대로) 표현의, 나타내는 predominate 두드러지다, 지배적이다 complicated 복잡한 illustration 삽화 complement 보완하다

본문 80~87쪽

## 수능특강 Focus 1

2025학년도 수능특강 영어 5강 3번

재료가 몇 번이고 다시 사용되고 재사용되면서 지속적으로 순환되는 '순환 경제'라는 개념은 매력적인 비전이다. 그러나 현재 우리가 그 목표로부터 그저 얼마나 멀리 있는지를 강조하는 것이 매우 중요하다. 비록 직물 대부분은 완전히 재활용할 수 있지만, 2015년에 전 세계적으로 폐의류의 73퍼센트가 소각되거나 매립되었다. 불과 12퍼센트만이 매트리스 충전재와 같은 저가치 직물 활용으로 재활용되었고 1퍼센트 미만이 의류로 다시 재활용되었다. 혹자는 '루프 닫기'라는 아이디어가 얼마나 현실적일 수 있는지 의문을 제기할 것인데, 의류업계의 복잡성은 재사용 순환에서 재료가 '누출'될 기회가 많다는 것을 의미한다는 것이다. 더욱이 섬유 재활용이 그 자체의 환경 발자국이 없는 것은 아니라는 점에 주목해야 한다. 중고 의류의 재사용조차도 자원 사용과 폐기물 측면에서 영향이 있는데, 특히 제품이 장거리로 운송되고, 드라이클리닝되고, 재포장되는 경우에 그렇다.

## 간접연계 Practice 1

**정답 |** ②

**소재 |** 섬유 재활용 시스템의 한계

**해석 |** 재활용된 폴리에스테르 직물은 종종 지속 가능한 선택 사항으로 판매되며, 재활용된 폴리에스테르는 아직 쓰지 않은 폴리에스테르와 비교하여 (온실가스) 배출을 최대 32%까지 줄일 수 있는 것으로 추정된다. 그러나 폴리에스테르 섬유를 만들기 위해 페트병을 사용하는 접근 방식에는 단점이 있다. 페트병이 최대 열 번까지 재활용되게 하는, 폐기물을 처리하여 재이용하는 효과적인 재활용 공정이 있기는 하지만, 의류 산업은 여전히 선형 시스템으로, 현재 극히 일부만 새 옷으로 재활용된다. 따라서, 저널리스트 Emma Bryce가 말하듯이, "플라스틱을 병에서 옷으로 전환하는 것은 사실상 쓰레기 매립지로 가는 길을 가속화할 수도 있다." 진정한 섬유 대 섬유 재활용 시스템이 필요하지만, 아직 달성되지 않았다. 2021년에 발표된 'Fossil Fashion' 보고서에 따르면, "많은 브랜드가 패션에서 '폐기물을 처리하여 재이용하고' 그 산업을 위한 '진정한 순환성'을 달성하는 순간에 거의 이르렀다고 믿게 할 것이지만, 그것은 현실에서 실현되는 것과는 아직 거리가 매우 먼 전망이다."라고 한다.

**해설 |** 폴리에스테르 섬유를 만들기 위해 페트병을 사용하는 접근 방식에는 단점이 있다고 하며, 의류 산업에는 진정한 섬유 대 섬유 재활용 시스템이 필요하지만 아직 달성되지 않았다는 내용의 글이므로, 글의 주제로 가장 적절한 것은 ② '폴리에스테르 직물 재활용 공정의 한계'이다.

① 페트병 재활용의 수많은 경제적 효과
③ 진정한 섬유 대 섬유 재활용 시스템의 성공
④ 대부분의 사람이 아직도 인식하지 못하는 재활용의 영향
⑤ 패션 산업의 미래에 대한 긍정적 전망

**어휘 |** fabric 직물 market 판매하다 sustainable 지속 가능한 estimate 추정하다 emission 배출(물) virgin 아직 쓰지 않은 drawback 단점 linear 선형의 put 말하다, 표현하다 convert 전환하다 accelerate 가속화하다 landfill 쓰레기 매립지 genuine 진정한 circularity 순환성 fulfill 실현하다

## 수능특강 Focus 2

2025학년도 수능특강 영어 11강 4번

차별은 두 가지 차원, 즉 제도적 차원과 개인적 차원에서 발생한다. 제도적 차원에서는, 차별적 관행이 한 사회의 사회 구조 안에 묻혀 있는 반면, 개인적 차원에서는 차별이 개인 또는 집단 간의 직접적인 상호 작용 중에 발생한다. 공공연하고 의도적이며 직접적인 경향이 있는 개인적 차별과 달리 제도적 차별은 은밀하고 의도적이지 않은 경우가 많으며, 이러한 보이지 않는 특성 때문에 그것을 감지하기가 훨씬 더 어렵다. 예를 들어, 학교에서의 표준화된 시험은 학업 환경에서 성공하는 것에서 역사적으로 소외된 특정 집단을 차단할 수도 있다. 정부가 의도적으로 문화적으로나 계층적으로 편향된 시험 기준을 정하지는 않았을지라도, 실제로 이러한 기준은 소수 민족 학생에게 균형이 맞지 않는 부정적인 영향을 미치는 경향이 있다. 게다가 제도적 차별은 흔히 특정 소수 민족 집단에 세대 전체에 또는 순환적으로 영향을 미치기 때문에 그 결과는 개인적 차별을 겪는 사람들에게만큼이나, 어쩌면 그보다 더 혹독할 수도 있다.

## 간접연계 Practice 2

**정답 |** ③

**소재 |** 의도하지 않은 차별

**해석 |** '의도하지 않은 차별'이란 상처를 입힐 의도 없이 이루어지는 차별 행위를 말한다. 일부 법, 정책, 관행은 차별하려는 의식적 의도가 없이 전개되어 인종적으로 중립적이고 특정인과 무관해 보일 수 있다. (B) 그럼에도 불구하고, 그 효과는 특정 소수 민족에 대해 차별적이다. 예를 들어, 대학 등록금을 올리는 것은 인종 중립적인 관행처럼 보인다. (C) 그것은 소수 집단을 차별하고자 의도하는 것은 아니다. 그러나 그것은 백인보다는 흑인과 히스패닉계에 더 부정적인 영향을 끼치는데, 그들의 평균 가계 소득이 더 낮기 때문이다. (A) 이 정책의 결과는 부분적으로 백인보

다 대학에 다닐 충분한 재원이 없는 흑인과 히스패닉계의 비율을 높이는 결과를 초래하기 때문에 차별적이다. 따라서 법률, 정책 또는 관행의 '의도'를 고려하는 것보다 인종 집단에 미치는 특정 법률, 정책 또는 관행의 '영향'을 고려하는 것이 더 중요하다.

**해설 |** '의도하지 않은 차별'이 의식적 의도가 없는 차별이라는 의미를 설명하는 주어진 글 다음에, 그럼에도 불구하고 그 효과가 특정 민족에 대해 차별적이라는 내용과 대학 등록금을 올리는 것의 차별적 요소를 소개하는 내용의 (B)가 이어지고, 앞서 언급된 등록금을 올리는 것을 '그것(It)'이라 지칭하며 구체적으로 등록금을 올리는 것이 흑인과 히스패닉계에 더 부정적인 영향을 미친다는 내용의 (C)가 이어진 후, 마지막으로 앞서 언급한 정책의 결과를 '이 정책의 결과(The results of this policy)'로 지칭하며 다시 한번 차별적인 이유를 설명하며, 그렇기 때문에 정책 또는 관행의 '의도'보다는 '영향'을 고려해야 한다는 내용의 (A)로 마무리되는 것이 글의 흐름상 자연스러우므로, 글의 순서로 가장 적절한 것은 ③ '(B)-(C)-(A)'이다.

**어휘 |** unintentional 의도하지 않은 discrimination 차별 practice 관행 conscious 의식적인 ethnically 인종적으로, 민족학적으로 neutral 중립적인 impersonal 특정 개인과 상관없는 lead to ~을 초래하다 proportion 비율 sufficient 충분한 resource 재원 ethnic 소수 인종[민족]의 tuition 등록금 minority 소수 income 소득

## 수능특강 Focus 3

2025학년도 수능특강 영어 30강 3번

최근 몇 년간 소비자의 가치 인식 변화와 기술의 발전으로 인해 소비 방식이 소유에서 이용으로 변화하고 있다. 유형과 무형 자원을 무제한 이용할 수 있게 한 온라인 플랫폼의 등장으로 소비자의 마음에서 소유는 그 가치를 상실했다. 소비자는 자원의 이용이 소유보다 위험과 관련이 더 적다고 생각하는데, 예를 들어 그들은 상품을 무료나 유료로 이용할 때보다 상품을 구매할 때 잠재하는 재정적, 사회적 손실이 더 크다고 생각한다. (그러나, 대다수의 소비자는 실제 매장에 가서 한정된 상품 재고와 강요하려 드는 판매 직원을 마주하는 것보다 집이나 사무실에서 편안하게 자신의 휴대 전화나 태블릿으로 온라인 쇼핑을 하는 것을 선호한다.) 이러한 모든 새로운 변화와 믿음은 개인이 온라인 네트워크를 통해 자신의 자원을 다른 사람과 공유하고 협력적 소비문화를 촉진하는 '공유 경제'라는 공유 관행을 만들어 냈다. 다양한 분야에서 나타나는 공유 경제 관행이 매우 인기를 끌면서 전통적인 기업들을 와해시키기 시작했다.

## 간접연계 Practice 3

**정답 |** ②

**소재 |** 공유 경제 비즈니스 모델

**해석 |** 공유 경제 비즈니스 모델의 핵심 특징인 공유는 나의 것과 너의 것을 넘어 우리의 것으로서의 뭔가로 나아가는데, 조화로운 개인 대 개인 상호 작용을 필요로 한다. 이처럼 공유 경제를 전통 경제와 구별하는 것은 참여자들 간의 상호 작용의 유형과 수준이다. 첫째, 상호 작용은 일반적으로 서로 모르는 동등한 사람들 사이에서 발생해서, 상호 작용이 생겨날 수 있게 하기 위해서 초기 단계에서 신뢰를 쌓을 필요가 있다. 둘째, 상호 작용은 온라인 환경과 오프라인 환경 둘 다에서 발생한다. 온라인 환경에서는 자원 공급자와 소비자가 온라인 플랫폼을 채택하여 상호 작용을 시작한다. 온라인 환경에서는 양측 다 온라인 서비스의 소비자로 간주되기 때문에 공급자/소비자 간의 경계가 명확하지 않다. 그러나 오프라인 환경에서는 제품/서비스 제공 관점에서는 공급자와 소비자 간의 경계가 명확하지만, 상호 관계인 공유 관점에서는 모호해진다. 따라서, 실제 공유 단계에서는, 양측이 공유 관행을 받아들일 수 있도록 서로 조화롭게 협력할 것이 요구된다.

**해설 |** ② that 다음에 동사 differentiates가 와서 지시대명사처럼 보이지만, 뒤에 본동사 is가 나오고 있으므로 that을 what으로 고쳐야 어법상 적절하다.

① 앞 절의 내용을 부가적으로 설명하는 주격 관계절의 동사로 어법상 적절하다.

③ both sides가 suppliers/consumers를 지칭하며, 양쪽이 '간주된다'는 수동의 의미를 나타내는 것으로 어법상 적절하다.

④ the boundary between the suppliers and consumers가 주어이며, clear와 병렬로 연결된 보어로 쓰인 형용사로 어법상 적절하다.

⑤ make의 목적격 보어로 쓰인 형용사로 어법상 적절하다.

**어휘 |** sharing economy 공유 경제 peer-to-peer 개인 대 개인의 differentiate 구별하다, 차별하다 participant 참여자 peer (나이·지위·능력이) 동등한 사람 initial 초기의 adopt 채택하다 platform 플랫폼(사용 기반이 되는 컴퓨터 시스템·소프트웨어) initiate 시작하다 boundary 경계 perspective 관점 provision 제공 mutual 상호의 cooperate 협력하다 practice 관행

## 수능특강 Focus 4

2025학년도 수능특강 영어 12강 1번

왜 매우 단순한 동물조차 익숙한 자극이나 익숙한 다른 동물들을 선호하는지 아마도 질문해 봐야 할 것이다. 익숙한 것이 좋아지는 경향은 (동물이 자신의 집을 좋아하는 것을 배울 수 있도록)

안정된 환경에 대한 선호를 새겨 넣는 것에 도움이 될 것이다. 그것은 틀림없이 안정적인 사회적 유대를 촉진할 것이다. 예를 들어, 자연이 정반대의 방식으로 동물을 길들여서 익숙함이 경멸이나 다른 형태의 혐오를 낳도록 했다고 상상해 보라. 가족은 어떻게 함께 지낼 것인가? 우정, 동맹 또는 다른 동반자 관계는 어떻게 살아남을 것인가? 여러분이 항상 아는 사람보다 낯선 사람을 선호한다면, 사회생활은 끊임없는 혼란과 전복에 놓일 것이다. 반대로 여러분이 정기적으로 만나는 사람들을 자연히 좋아하게 된다면, 여러분은 곧 낯선 사람보다 그들을 선호하게 될 것이고, 집단이 쉽게 형성되고 안정화될 것이다. 안정된 집단의 장점(예를 들면, 사람들은 서로를 알고, 함께 일하는 방법을 알고, 함께 의사를 결정하는 방법을 알고, 서로에게 적응하는 방법을 안다)을 고려해 볼 때, 자연이 익숙함을 기반으로 서로를 (싫어하는 대신에) 좋아하게 된 동물을 선호한 것은 놀라운 일이 아니다.

## 간접연계 Practice 4

**정답 |** ③

**소재 |** 음성의 존재 여부가 얼굴 인식 선호도에 미치는 영향

**해석 |** 얼굴과 목소리를 접하는 것은 익숙함 선호로 이어진 반면, 정적이고 조용한 얼굴을 접하는 것은 참신성 선호로 이어졌다. 이러한 연구 결과는 목소리의 유무가 이후의 검사 시기에 선호의 방향을 결정하는 데 중요한 역할을 함을 시사한다. 그러한 요인은 유아의 엄마 얼굴 인식에 관한 연구와 낯선 얼굴 인식에 관한 연구 사이의 서로 다른 선호 패턴을 설명할 수 있을 지도 모른다. 참신성 선호를 보고한 낯선 얼굴 인식에 관한 대부분의 연구에서, 유아들은 낯선 얼굴의 무성 사진에 길들여졌다. (안면 인식 기술은 개인 데이터를 보호하는 강력한 방법을 제공하며 여러분의 전화기를 도난 당한 경우 민감한 데이터에 접근할 수 없는 상태가 되도록 보장한다.) 대조적으로, 유아들이 엄마 얼굴에 대한 선호를 보이기 전에 그들은 엄마와 자연스러운 상호 작용을 했는데, 그것은 엄마의 목소리와 얼굴 둘 다를 접하는 것을 수반할 가능성이 매우 높았다. 실제로 F. Z. Sai는 실험 전 엄마와 무성 상호 작용만 한 신생아들은 엄마의 얼굴을 바라보는 것과 낯선 여성의 얼굴을 바라보는 것 사이에 아무런 선호를 보이지 않았다고 보고했다.

**해설 |** 음성의 존재 여부가 얼굴 인식 선호도에 영향을 미친다는 것을 유아들의 사례로 설명하는 글이므로, 안면 인식 기술(face recognition technology)의 개인 정보 보호 기능에 대해 말하고 있는 ③이 글의 전체 흐름과 관계가 없다.

**어휘 |** exposure 접(하게)함, 직접 체험(하게)함 lead to ~로 이어지다 familiarity 익숙함, 친숙성 preference 선호 static 정적인 novelty 참신성 subsequent 이후의 account for ~을 설명하다 infant 유아 recognition 인식 unfamiliar 낯선 habituate 길들이다 ensure 보장하다 inaccessible 접근할 수 없는 involve 수반하다

## Exercise 09

간접연계 History 본문 88~89쪽

2024학년도 수능특강 영독 10강 2번

많은 과학자가 윤리적 원칙으로 받아들이는 생각 중 하나는, 과학자들은 기자들처럼 계속 '객관적'이어야 하면서 정책 논쟁에 있어 편을 들지 말아야 한다는 것이다. 실제로 역사를 살펴보면, 고인이 된 천문학자 Carl Sagan과 같이 '너무' 대중적으로 된 것처럼 보이는 과학자들은 다른 과학자들의 존중을 잃을 위험을 무릅써 왔다. 보통의 상황에서 일부 과학자들은 사회가 무엇을 해야 하는지에 대해 자기 혼자 정한 (혹은 언론에서 정한) 권위자로 오인되지 않도록 심지어 기후와 같은 것에서도 특정한 정책 해결책을 옹호하는 것을 (과학자로서) 피하고자 하는 것이 당연할 수도 있다. 하지만 과학자들도 시민이며, 그들은 또한 시민으로서 정책 문제에 대해 목소리를 내고자 하는 것이 당연할 수도 있다. 관여를 완전히 피하는 것 자체는 무책임한 것으로 보일 수 있다. 과학자들은 다른 시민들과 같은 권리와 의무를 지니고 있는데, 공공 문제에 대해 생각해 보고 그리고 적절한 경우에 그것에 대해 입장을 취할 수 있는 권리와 의무도 (여기에) 포함된다. 기후 과학자가 기후에 관한 적절한 조치를 지지하지 않는 것은 의사가 정기적인 암 검사 또는 태아기 영양 계획을 지지하지 않는 것에 비유될 수 있다.

**어휘 |** principle 원칙, 원리 objective 객관적인; 목적 controversy 논쟁, 논란 late 고인이 된 respect 존중, 존경 circumstance 상황 reasonably 당연히, 합리적으로 mistaken 오인된, 오해받는 self-appointed 자기 혼자 정한 authority 권위자, 권한 speak out 목소리를 내다, 공개적으로 말하다 give thought to ~에 대해 생각해 보다 appropriate 적절한 occasion 경우, 기회 liken ~ to ... ~을 …에 비유하다 routine 정기적인, 일상적인 screening 검사, 상영 initiative (목적 달성을 위한) 계획

2024학년도 수능 41~42번

이야기를 과대광고하는 것에 대한 기여를 피하는 한 가지 방법은 아무 말도 하지 않는 것일 것이다. 그러나 그것은 대중과 정책 입안자에게 정보를 전하고/전하거나 제안을 제공해야 한다는 강한 책임감을 느끼는 과학자들에게는 현실적인 선택안이 아니다. 언론 구성원들과의 대화는 메시지를 알리고 아마 호의적인 인정을 받을 수 있다는 장점이 있지만, 오해와 반복적인 해명의 필요성 그리고 끝없는 논란에 얽힐 위험에 처하게 한다. 따라서 언론과 대화할지 여부는 아주 개인적으로 결정되는 경향이 있다. 수십 년 전에 지구 과학자들이 언론에게 흥미 있는 연구 결과를 얻는 것은 드문 일이었고, 따라서 언론과의 접촉이 기대되거나 권장되는 경우는 거의 없었다. 1970년대에는, 언론과 자주 대화하는 소수의 과학자들은 흔히 그렇게 한 것에 대해 동료 과학자들로부터 비난을 받았다. 지금은 상황이 아주 다른데, 많은 과학자가 지구 온난화와 관련 문제의 중요성 때문에 공개적으로 말해야 한다는 책임감을 느끼고 있으며 많은 기자도 이런 느낌을 공유하고 있기 때문이다. 게다가, 많은 과학자가 자신이 언론의 주목과 그에 따른 대중의 인정을 즐기고 있다는 사실을 알아 가고 있다. 동시에, 다른

과학자들은 기자들과의 대화를 계속 거부하며, 그렇게 함으로써 자신의 과학을 위해 더 많은 시간을 지켜 내고, 잘못 인용되는 위험과 언론 보도와 관련된 다른 불쾌한 상황을 피한다.

어휘 | contribute to ~에 기여하다 responsibility 책임 recognition 인정 misinterpretation 오해 clarification 해명 controversy 논란 thereby 그렇게 함으로써 preserve 지키다, 보존하다 misquote (말이나 글을) 잘못 인용하다 unpleasantry 불쾌한 상황, 불쾌한 사건 coverage (언론의) 보도

Searchlight 본문 90~97쪽

## 수능특강 Focus 1

2025학년도 수능특강 영어 5강 1번

삶에서 흑백 논리의 문제는 없다. 단정적인 답은 없다. 모든 것이 끊임없는 토의와 타협의 사안이다. 이것은 현재 우리 사회의 핵심 원칙 중 하나이다. 그 핵심 원칙이 틀렸기 때문에 결국 사회는 지속 가능성에 관해서 많은 문제를 유발하고 있다. 흑백 논리인 몇몇 문제가 '있다.' 정말로 넘어서는 안 되는 지구적이고 사회적인 경계가 있다. 예를 들어, 우리는 우리 사회가 다소 더 혹은 다소 덜 지속 가능할 수도 있다고 생각한다. 그러나 장기적으로 여러분은 다소 지속 가능할 수는 없으며, 여러분은 지속 가능하거나 지속 가능하지 않거나이다. 그것은 살얼음판 위를 걷는 것과 같은데, 그것이 여러분의 체중을 지탱하거나 그러지 못하거나이다. 여러분은 기슭에 도달하거나 깊고 어둡고 차가운 물속으로 빠지거나이다. 그리고 만일 그것이 우리에게 일어나기라도 한다면, 우리를 구조하러 올 근처의 행성은 전혀 없을 것이다. 우리는 전적으로 혼자인 것이다.

## 간접연계 Practice 1

정답 | ⑤

소재 | 지속 가능성을 위한 세 가지 요소

해석 | 1987년 Brundtland Commission의 보고서는 지속 가능성이 환경, 경제, 그리고 공정이라는 세 개의 동등한 부분 또는 요소로 구성되며, 모두 글자 'e'로 시작한다고 설명했다. 때로는 그 개념을 지탱하는 세 개의 기둥으로 묘사되기도 하는 이 요소들은 지속 가능성을 구성 요소로 분해하고 자세히 설명하는 기반을 형성해 왔다. 그 주장은 동시에 환경을 보호하고 경제 성장과 발전을 보존하며 공정을 촉진함으로써만 지속 가능성을 달성할 수 있다는 것이다. 이 넓은 개념에 따르면, 핵심은 지속 가능성은 세 개의 기둥 모두와 관련된 결과를 달성하는 것에 관한 것이며, 한 기둥에서 달성은 다른 기둥을 희생하는 것으로 달성될 수 없고 또 달성되어서도 안 된다는 것이다. 다시 말해 그것은 경제 성장과 환경 사이에 또는 경제 성장과 공정 사이에 반드시 상충 관계가 있다는 개념을 거부한다.

해설 | 환경, 경제, 그리고 공정을 지속 가능성을 위한 세 개의 동등한 부분 또는 요소로 설명하면서, 그 요소들은 하나를 위해 다른 것을 희생할 수 없으며 동등하게 달성되어야 한다고 했으므로, 글의 요지로 가장 적절한 것은 ⑤이다.

어휘 | sustainability 지속 가능성 equity 공정 pillar 기둥 hold up ~을 지탱하다 concept 개념 elaborate 자세히 설명하다 argument 주장 simultaneously 동시에 preserve 보존하다 promote 촉진하다 accomplish 달성하다 sacrifice 희생하다 tradeoff 상충 관계, 거래

## 수능특강 Focus 2

2025학년도 수능특강 영어 28강 3번

인터넷은 여러분 자신을 정보 버블에 가두어 자신의 견해를 뒷받침하는 사실만을 보도록 해 준다는 생각에 많은 경고(불안감)와 손떨림(걱정)이 있어 왔다. (C) 나는 이런 일이 일어난다고 확신하지만, 다른 가능성을 기억하는 것이 우리에게 도움이 될 것이다. 예를 들어 1980년에 여러분은 지역 신문과 세 개의 네트워크 뉴스 프로그램 중 선택된 하나로부터 매일 그날 분의 정보를 얻었는데, 그 뉴스 프로그램은 한 시간 동안 진행되었고, 모두 같은 기본적인 기사를 다루었다. (A) 사정은 그러했다. 우리는 모두 극소수의 견해에 갇혀 있었다. 인터넷은 모든 진술에 대해 사실 확인을 할 수 있게 하고 모든 거짓에 대해 이의를 제기할 수 있게 한다. 여러분이 알고 싶은 것은 어떤 것이나 몇 번 자판 키를 누르고 몇 번 클릭만 하면 얻을 수 있다. (B) 매초 10만 건이 훨씬 넘는 웹 검색이 수행되며, 근본적으로 그것의 각각은 현재 모르는 어떤 것을 알고자 하는 한 사람을 나타낸다. 그것은 지식의 위대한 민주화이며, 이는 의심할 여지가 없이 좋은 일이다.

## 간접연계 Practice 2

정답 | ③

소재 | 인터넷에서 정보를 얻을 때 유의할 점

해석 | 인터넷상의 자료를 검토할 때, 바보같이 보이지 않으려는 이유만으로 시의성을 판단하는 것이 매우 중요하다. 때때로 몇 년 된 이야기들이 소셜 미디어에 유포되기 시작한다. 부주의한 독자들은 그 이야기가 소셜 미디어에서 많이 논의되고 있기 때문에, 그것이 현재 유행하고 있음에 틀림없다고 가정한다. 그러나 그것이 항상 사실은 아니다! 유명 인사의 죽음에서 이런 일이 빈번하게 발생하는 듯하다. 주요한 인물이 사망할 것이고, 다양한

매스컴이 그 뉴스를 보도할 것이다. 그런 다음 몇 년이 지나, 누군가가 그 이야기를 공유할 것이고, 여러분은 또 다시 엄청난 슬픔을 분출하게 될 것이다. 예를 들어, BBC는 2016년에 모든 소셜 미디어에서 'Airplane!'과 'The Naked Gun'으로 명성을 얻은 아주 재미있고 사랑받는 희극 배우인 Leslie Nielsen이 사망했다는 뉴스가 퍼지기 시작했다고 보도했다. 페이스북과 트위터 전체에서 추모사가 대량으로 발표되었다. 그러나 밝혀진 바에 따르면, Nielsen은 실제로 2010년에 사망했고, BBC가 '다중 사망 증후군'이라고 불렀던 것의 가장 최근의 희생자가 되었다.

**해설 |** 인터넷에서 정보를 얻을 때 최신성을 판단하는 것이 중요한데, 특히 유명 인사의 죽음에 관한 정보에서 이러한 문제가 빈번하게 발생하는 듯하다고 하며 그 사례를 말하고 있는 글이므로, 글의 제목으로 가장 적절한 것은 ③ '지난 뉴스: 때때로 소셜 미디어에 유포된다'이다.

① 왜 유명인들은 소셜 미디어에 집착하는가?
② 인터넷: 미래를 예측하는 유용한 수단
④ 유명 인사의 이야기: 가장 강한 우정조차 시험할 수 있는 것
⑤ 온라인에서 정확한 정보를 얻는 방법: 웹사이트의 신뢰성을 확인하라

**어휘 |** currency 시의성, 최신성, 현재성 if for no other reason than ~라는 이유만으로 periodically 때때로, 주기적으로 circulate (소문 등이) 유포되다 assume 가정하다 trending 소셜 미디어에서 많이 논의되는 current 현재 유행하는 be the case 사실이다 celebrity 유명 인사 figure 인물 pass away 사망하다 media outlet 매스컴 cover 보도하다 massive 엄청난, 거대한 outpouring 분출 grief 슬픔 tribute 추모사, 헌사 roll out 대량으로 발표되다 turn out 밝혀지다 victim 희생자 term 부르다, 명명하다

## 수능특강 Focus 3

2025학년도 수능특강 영어 15강 6번

적어도 19세기 후반 산업 도시가 부상한 이후로, 도시화와 도시계획의 역사는 정치적, 행정적, 기술 관료적 전문 지식의 역사였다. (C) 도시는 사회가 경제적, 사회적, 정치적으로 더 복잡해짐에 따라 부, 건강, 안전, 기회, 개인 발전에 대한 수요의 해결책으로 여겨지게 되었다. 도시는 또한 새로운 문제들을 제기하는 것으로도 여겨지게 되었는데, 그것들은 흔히 더 이전의 사회적 수요를 충족시키는 데 성공하면서 야기된 것들이었다. (B) 그러한 문제/해결 구조에 의해 자극받기도 하고 그것을 자극하기도 하면서 20세기 초의 진보주의 정치 운동은 훈련되고 신뢰할 수 있는 전문가, 특히 경제학자 및 기타 사회과학자에게 크게 의존했다. 그러한 전문가는 새로 형성된 직업 분야와 전문학교에서 교육받은 경우가 많았다. (A) 학위를 손에 쥐고, 그들은 정부와 기업 둘 다를 자유방임주의의 시대에서 벗어나 자기 자신, 노동자, 시민을 위한 더 나은 결과를 향하도록 이끌 준비가 되어 있었다. 그것은 더 안전한 식품, 더 안전한 물, 더 나은 근무 여건, 더 안전하고 덜 비싼 자동차, 그리고 교육, 여가, 개인적 성취를 위한 기회 확대 등을 의미했다.

## 간접연계 Practice 3

**정답 |** ②

**소재 |** 스마트 시티

**해석 |** 오늘날 스마트 시티는 국가의 침해가 없게 유지되어야 하는 온갖 종류의 관행과 장소에 시민 감시 기술을 도입한다는 이유로 자주 비판을 받는다. 어디에서 그리고 어떻게 현대의 정보 수집이 정당화되는지를 묻는 것은 감시와 정보 수집 도구로서 도시에 대한 더 광범위하고 독자적인 역사 및 비판과 일맥상통한다. James Scott은 도시의 역사가 특히 세금 목적을 위해 우선 도시 주민을 감시하고 그들에 대한 정보를 수집하는 것이 도시의 기원을 설명한다는 전제로 거슬러 올라갈 수 있다고 도발적으로 주장한다. 그 연구는 특정한 국가 기반 감시 기능이 우리가 개인의 자유와 자율을 촉진한다고 상상하는 도시의 측면들과 모순되기 보다는, 도시 형태에 본질적으로 필수적일 수도 있음을 시사한다. 그것은 "도시가 부분적으로 정보 수집의 기술에 의존하지 않고 기관으로서 그 자체를 유지할 수 있는가?"라는 중요한 질문을 제기한다.

**해설 |** ② 동명사구 Asking ~ is justified를 문장의 주어로 하는 술어동사가 필요하므로 lining을 lines로 고쳐야 한다.

① all manner of practice and places를 수식하는 관계절의 주격 관계대명사로 어법상 적절하다.
③ 동명사구 surveilling city residents와 병렬로 이어진 동명사구를 이끄는 동명사로 어법상 적절하다.
④ 보어로 쓰인 integral to the urban form과 병렬로 이어진 형용사구의 형용사로 어법상 적절하다.
⑤ 주어인 cities의 목적어로 쓰인 재귀대명사로 어법상 적절하다.

**어휘 |** critique 비판하다 inject 도입하다 all manner of 온갖 종류의 intrusion 침입 contemporary 현대의 justify 정당화하다 line up 일맥상통하다 independent 독자적인, 독립적인 instrument 도구 provocatively 도발적으로 trace back to ~로 거슬러 올라가다 premise 전제 state-based 국가 기반의 integral 필수적인 contradictory 모순되는 promote 촉진하다 autonomy 자율 sustain 유지하다 institution 기관, 기구, 제도

## 수능특강 Focus 4

2025학년도 수능특강 영어 22강 1번

변화하는 인구 통계, 가구 구조, 생활 방식 선호도, 소비자 가치

관은 30년 전과 비교해 향후 30년의 다른 건축 환경과 도시 구조를 시사한다. 점점 더 많은 미국인, 호주인, 유럽인이 대기 오염과 에너지 사용을 줄이는 것이 자신들에게 중요하기 때문에, 자동차에 덜 의존하는 환경에서 살기를 선택하고 있다. 2천 명이 넘는 미국 성인을 대상으로 실시한 2011년의 한 설문 조사에 따르면, 거주지를 결정할 때 집의 크기보다 집이 위치한 동네가 더 큰 고려 사항이라고 답한 사람이 일곱 배나 더 많았다. 식당, 상점, 학교 및 기타 생활 편의 시설까지 걸어 다닌다는 점이 많은 응답자에게 가장 매력적인 동네의 특징이었다. 많은 20~30대에게 걸어 다닐 수 있는 지역 사회는 환경 발자국 감소 및 에너지 효율성과 동일시되며, 일상 활동 중에 칼로리를 소모할 수 있다는 추가적인 이점이 있다. 친환경 건물과 태양 전지판이 경관과 옥상을 덮고 있다면 더욱더 좋다. Urban Land Institute의 한 경제학자는 "에너지 효율성이 새로운 화강암 조리대 상판이 되고 있다. 즉, 그것은 부동산을 팔기 위해 없어서는 안 될 장점이다."라고 말한다.

## 간접연계 Practice 4

**정답** | ⑤

**소재** | 젊은 전문직 종사자들이 거주지 선택 시 고려 사항

**해석** | 기업들은, 한때 다용도 센터로 불렸고 이제는 살면서-일하고-배우며-노는(LWLP) 장소로 흔히 불리는, 주거지, 상점, 레크리에이션 아울렛 및 교육 센터와 가까운 사무실이 (기업에 의해) 수요가 높은 젊은 전문직 종사자들의 관심을 끌고 있다는 것을 점점 더 깨닫고 있다. 2010년 미국 인구 조사에 따르면, 대학 교육을 받은 25세에서 34세의 거의 3분의 2(64퍼센트)가 살고 싶은 도시를 선택한 후 일자리를 찾는다고 답했다. 대부분이 살고 싶어 하는 곳은 많은 시간을 보내고, 인터넷 서핑을 하며, 다른 지역민들과 담소하고, 자신들의 노트북으로 작업할 수 있는, 집과 직장에서 벗어난, 스타벅스 같은 곳이 있는, '제3의 장소'로 알려진, 걸어서 갈 수 있는 구역에 있다. 그리고 교육받은 밀레니얼 세대가 가는 곳으로, 고용주와 소매업자들도 간다. 지난 5년 동안, 미국의 가장 빠른 일자리 증가는 도시 지역에서 있었는데, 이는 지난 수십 년간의 일자리 교외화를 역전시켰다.

**해설** | 젊은 전문직 종사자들은 살면서-일하고-배우며-노는(LWLP) 장소를 선호하며, 그 결과 그 선호지로 고용주와 소매업자들도 이동해 일자리 증가가 일어났다는 내용의 글이므로, 글의 주제로 가장 적절한 것은 ⑤ '젊은 전문직 종사자들이 살 곳을 선택할 때 고려하는 사항'이다.

① 소매업자들이 인구 밀집 지역을 선호하는 다양한 이유
② 상업적 기반 시설이 부족한 지역을 개선하기 위한 조치들
③ '제3의 장소'에 있는 의료 시설 부족의 부정적 영향
④ 노년층과 부유층이 LWLP를 떠나는 이유와 전망

**어휘** | residence 주거지 be referred to as ~로 불리다 appeal to ~에 관심을 끌다 census 인구 조사 walkable 걸어서 갈 수 있는 district 구역, 지구 hang out 많은 시간을 보내다 retailer 소매업자 reverse 역전시키다 suburbanization 교외화

## Exercise 10

## 간접연계 History

본문 98~99쪽

2024학년도 수능특강 영어 3강 1번

과거에는 사람들이 비만이 되는 것을 막을 수 있는 유전적 압력이 거의 없었다. 사람들이 더 적은 열량을 섭취하게 하는 유전 돌연변이는 전달이 될 가능성이 훨씬 덜했는데, 왜냐하면 먹을 것이 더 부족하고 그것을 사냥하거나 채집하는 데 상당한 에너지 소비가 요구되는 환경에서, 그 돌연변이를 가진 사람은 아마도 자신이 번식할 기회를 얻기 전에 죽었을 것이기 때문이다. 반면에, 먹을 것이 풍부한 환경에서 이제 우리를 비만으로 몰아가는 돌연변이가 인구 집단 속에 포함되었다. 물론 지금은 상황이 아주 다르지만, 문제는 진화 기간이 길다는 것이다. 포유류의 진화 시간의 약 0.00004퍼센트에 해당하는 지난 세기쯤에서야, 우리는 원하는 것은 무엇이든 우리가 그것을 원할 때마다 거의 먹을 수 있을 정도로 용케도 우리의 환경을 바꾸었다. 진화가 온라인 음식 쇼핑과 배달의 현재 현실을 따라잡을 수 있기까지는 앞으로 몇천 년이 더 걸린다.

**어휘 |** genetic 유전적인 obese 비만의 consume 섭취하다, 소비하다 pass on ~을 전달하다 scarce 부족한 considerable 상당한 reproduce 번식하다 abundant 풍부한 obesity 비만 incorporate (일부로) 포함하다 timescale (어떤 일에 소요되는) 기간 approximately 대략 mammalian 포유류의 catch up with ~을 따라잡다 current 현재의 delivery 배달

2024학년도 6월 모의평가 40번

진화 과정은 이용 가능한 유전적 변이에 작용한다. 따라서 자연 선택이 완벽하고 '최대로 적합한' 개체의 진화로 이어질 가능성은 작다는 결론에 이르게 된다. 오히려 생물체는 '가능한 가장 적합한' 또는 '아직은 가장 적합한' 상태로 환경에 맞춰지게 되는데, 즉 그것들이 '상상할 수 있는 가장 좋은 것'은 아니다. 적합성 결여의 일부는 생물체가 가진 현재의 특성 모두가 그 생물체가 현재 살고 있는 환경과 모든 면에서 유사한 환경에서 유래한 것이 아니기 때문에 발생한다. 진화 역사를 거치는 동안 생물체의 먼 조상들은 그 후에 미래의 진화를 제약하는 일련의 특성들, 즉 진화적 '짐'을 진화시켰을 수도 있다. 수백만 년 동안 척추동물의 진화는 척추를 가진 생물체에 의해 달성될 수 있는 것으로 제한되어 왔다. 게다가, 현재 생물체와 그 환경 간의 정확한 일치로 보이는 것의 대부분은 똑같이 제약으로도 여겨질 수 있는데, 코알라는 '유칼립투스' 잎을 먹고 성공적으로 살아가지만, 다른 관점에서 보면 코알라는 '유칼립투스' 잎 없이는 살 수 없다.

**어휘 |** evolutionary 진화의 genetic 유전의 variation 변이 maximally 최대로 arise 발생하다 property 특성 originate 유래하다, 비롯되다 respect (측)면, 점 remote 먼 baggage 짐, 짐이 되는 것 subsequently 그 후에, 나중에 constrain 제약하다, 속박하다 vertebral column 척추 precise 정확한 foliage 나뭇잎(한 나무의 나뭇잎이나, 나뭇잎과 줄기를 총칭)

## 간접연계 Searchlight

본문 100~107쪽

### 수능특강 Focus 1

2025학년도 수능특강 영어 Test 3 · 13번

어류 남획은 대체로 어장에서의 과도한 노력과 능력의 결과이다. 너무나도 흔히, 어장 관리자는 어획 노력을 통제하지 못했고, 그 결과 지속 불가능한 수준의 어획량을 초래했다. 이것은 관리가 참여자의 수나 고도의 개별적 노력을 제한하지 않는 개방형 어장에 특별한 문제였다. 이러한 상황에서는, 경제적 유인이 장기적인 지속 가능한 이용보다 단기적인 이기적 이용을 선호하는데, 어류 자원을 복원하기 위해 현재 어획량을 희생하는 것의 경제적 이익은 단기적 요구(지불해야 할 청구서)에 비해 인지하기 어렵고, 장기적 이익은 어장이 회복되면 신규 진입자와 나누어야 할 수도 있기 때문이다. 더 많은 사람이 어장에 진입하거나 자신의 어획 능력을 향상할수록 개별 어부의 미래 어획량은 감소한다. 흔히 이것은 심지어 자원이 감소할 때도 개인별 어획량을 유지하거나 심지어 증가하려는 경쟁을 조장한다. 이에 대응하여, 관리자는 어획기를 단축할 수도 있는데, 그러면 참여자들은 자신의 어획 성능을 높이고, 노력이 시간상 집중되어, 때로 '고기잡이 경쟁' 또는 '고기잡이 시합'을 초래하게 된다.

### 간접연계 Practice 1

**정답 |** ⑤

**소재 | 해양 보호 구역 운영의 필요성**

**해석 |** 어획량 할당 또는 노력 제한과 같은 종래의 어업 규제 수단이 (그것들이 비실용적이거나 집행 불가능하거나 너무 비용이 많이 들기 때문에, 혹은 필요한 정보를 전혀 이용할 수 없기 때문에) 선택 사항이 아닐 때, 어류 고밀집 지역에 실시하는 대규모 공간적 폐쇄가 주요 규제 도구가 될 수 있다. 예를 들어, 종래의 단일 종 관리 도구는 선단이 개별 자원을 선택적으로 겨냥할 수 없을 때 다종 어장에서 빠르게 비실용적이 된다. 개별 종 목표에 맞추기 위해 노력을 미세 조정할 수 없다. 어종별 어획량 할당제를 시행하면 조업당 여러 복잡한 어종별 어획량 제한이 초래되어 높은 수준의 폐기물이 발생할 뿐만 아니라 어획 폐사율을 줄이는 데 실패할 수도 있다. 보호 구역은 이러한 집합체(다종 어장)에서 가장 취약한 종이나 과거에 남획된 자원을 보호할 수 있는 유일한 실용적인 방법일 수도 있다. 이러한 남획되는 종에 대한 감독받는 어장이 허용되지 않더라도 상당한 우발적 어획이 발생하는 지역이 폐쇄되어야만 재건이 가능할 수 있다.

**해설 |** 취약한 어종을 남획으로부터 선택적으로 보호하거나 우발적 어획이 발생하지 않도록 막는 데는 어획량 할당이나 노력 제

한 등과 같은 종래의 어업 규제 수단보다는 보호 구역을 설정하여 공간적 폐쇄 조치를 하는 것이 더 효과적이라는 내용의 글이다. 따라서 빈칸에 들어갈 말로 가장 적절한 것은 ⑤ '어류 고밀집 지역에 실시하는 대규모 공간적 폐쇄'이다.

① 자율적으로 어업 구역과 어류 자원 관리하기
② 생태계 구조와 기능을 완전히 변화시키기
③ 광범위한 서식지 유형을 알아내어 유지 관리하기
④ 휴양을 위한 해양 활동과 관광의 증진

어휘 | conventional 종래의, 전통적인 means 수단, 방법 regulate 규제하다, 제한하다 limitation 제한 impractical 비실용적인 unenforceable 집행할 수 없는, 강요할 수 없는 costly 비용이 많이 드는 regulatory 규제하는, 단속하는 fishery 어장, 어업 selectively 선택적으로 stock 자원 implementation 시행, 수행 complex 복잡한; 집합체 array 여럿, 다수 discard 폐기(물) mortality 폐사율, 사망률 reserve 보호 구역 vulnerable 취약한 overfish 남획하다 significant 상당한 incidental 우발적인, 우연한

배경지식 UP

**Nature Reserve(자연 보호 구역)**
특정한 생물종, 생육 환경, 자연 경관 혹은 생태계 전체를 인간 활동의 바람직하지 않은 영향으로부터 보호하기 위해 설정한 보호 지역을 말한다.

## 수능특강 Focus 2

2025학년도 수능특강 영어 16강 6번

가상이나 기계로 매개되는 환경에서 믿을 만한 촉감을 재현할 수 있는 가능성과 관련된 한 가지 중요한 점은 '고통'의 역할에 있다. 확실히, 고통스러운 자극이 없다면 수많은 실제 상호 작용은 완전히 믿을 만하지는 않을 것이다. 그러나 가상 또는 매개되는 상호 작용 내에 그러한 종류의 자극을 재현하는 것이 과연 유용할지 의문이 들 수도 있다. '가상의' 세계는 어떤 의미에서 고통이 없는 것이 '더 나은' 것이 아닐까? 즉각적으로 직관적이지는 않더라도, 고통스러운 자극을 전달하는 능력이 매개되는 환경 내에서 유용할 수 있는 상황은 (물론 소수이기는 하지만) 꽤 있다. 사실, 지난 몇 년 동안 우리 지각의 이러한 측면을 재현하기 위한 수많은 시도 또한 있어 왔다. 이것(이러한 시도)은 시뮬레이션의 사실감을 높이기 위해 비디오 게임에서 혹은 훨씬 더 중요하게는 고통이 직업적 위험 요소이며 이를(고통을) 처리해야 하는 군인을 위한 훈련 프로그램에서 있을 수 있다.

배경지식 UP

**Virtual Reality (VR, 가상 현실)**
컴퓨터 등을 사용한 인공적인 기술로 만들어 낸, 실제가 아닌 인공 환경으로, 가상의 공간을 구현하는 것을 넘어서 사용자의 오감에 직접적으로 작용하여 실제에 가까운 공간적, 시간적 체험을 가능하게 한다.

## 간접연계 Practice 2

정답 | ③

소재 | 시뮬레이션에서 몰입 경험을 가능하게 하는 요소

해석 | 때때로 우리는 몰입감 있는 경험을 얻기 위해 아주 복잡한 자극을 시뮬레이션할 필요가 없다. 즉, 주어진 다중 감각 환경 내에서 전반적인 실재감을 향상하는 측면에서는 사용자의 주의를 사로잡을 수 있는 간단한 자극물을 찾는 것으로 충분한 경우가 많을 것이다. 사실, 우리는 일반적으로 그저 환경의 작은 부분에만 주의를 기울이기 때문에, 우리 관심의 초점을 벗어나는 것을 정확하게(비싸게는 말할 것도 없이) 시뮬레이션하는 것은 거의 의미가 없다. (오히려, 이러한 방식은 단지 시뮬레이션된 환경과의 간접적인 상호 작용을 허용하는 도구를 제공할 뿐이다.) 다시 말해서, 만약 우리가 사람들이 무엇에 주의를 기울이려 하는지 또는 어떤 종류의 자극이 그들의 배경에서 자연스럽게 튀어나오는지 안다면, 우리는 (나머지는 모두 아마도 어떤 장면의 '요점'에 지나지 않는 것을 담아내는, 더 낮은 해상도의 묘사로 남겨 두고) 무엇을 아주 정확하게 시뮬레이션해야 하는지도 역시 아는 셈이다. 우리의 뇌가 촉각 정보를 처리하고 통합하는 방식을 이해하면, 더 좋고 더 효율적인 환경/인터페이스를 개발할 수 있을 뿐만 아니라 경제적, 전문적 자원의 불필요한 낭비를 피할 수 있다.

해설 | 사용자의 주의를 사로잡는 자극만을 시뮬레이션하는 것만으로 전반적 실재감을 향상할 수 있으며, 이를 이해한다면 몰입감 있는 경험을 더 효과적으로, 자원의 불필요한 낭비 없이 만들어 낼 수 있다는 내용의 글이다. 따라서 시뮬레이션된 환경과의 간접적인 상호 작용을 허용하는 도구에 관해 언급하고 있는 ③은 글의 전체 흐름과 관계가 없다.

어휘 | stimulus 자극물, 자극(*pl.* stimuli) immersive 몰입감 있는, 몰입형의 capture 사로잡다, 담아내다 attention 주의 suffice 충분하다 enhance 향상하다, 높이다 overall 전반적인 multisensory 다중 감각의 accurately 정확하게 resolution 해상도 integrate 통합하다 tactile 촉각의

## 수능특강 Focus 3

2025학년도 수능특강 영독 1강 3번

윤리의 역사는 주로 두 가지의 중심적인 사고방식이 발전해 온 역사인데, 하나는 타인에 대한 우리의 기본적인 의무를 강조하는 것이고, 다른 하나는 우리의 행동이 타인에게 미치는 영향에 근거하여 결정을 정당화하려고 노력하는 것이다. Immanuel Kant, William David Ross, Seyla Benhabib 등은 제기해야 할 가장 중요한 질문은 한 개인이 도덕적 책무, 즉 '의무'를 이해하고 (이를) 수행하려고 시도하고 있었는지의 여부라고 주장했

다. 만약 그렇다면, 한 사람의 행동의 결과는 그가 윤리적으로 행동했는지 여부와 아무런 관계가 없다. 의무에 기반을 둔, 즉 의무론적인 그들의 접근법은 거의 전적으로 의도에 초점을 맞추고 있으며 보편적인 도덕적 책무의 존재를 인정하고 한 사람의 도덕성을 평가하는 유일한 방법이라고 그들은 주장했다. Kant는 어떤 거짓말을 비도덕적으로 만드는 것은, 그것이 곤란한 상황을 방지하든 심각한 해를 초래하든 간에, 그 거짓말의 결과가 아니라고 말했다. 고의로 한 거짓말이 그른 것은 그것이 '하는' 것 때문이 아니라 그 '자체' 때문이다. 즉, 본질적으로 거짓말은 우리 인간의 존엄성에 대한 공격이다. 우리의 의도가 기만하려는 것이라면 우리는 도덕적으로 실패하고 있는 것이고, 그 속임수에서 어떤 결과가 나오든지 중요하지 않다.

배경지식 UP

**Deontological Ethics(의무론적 윤리학)**
행위의 결과와는 상관 없이 도덕 행위의 본래적인 가치인 '규범에 복종해야 할 의무'를 주장하는 윤리학 이론으로 대표적인 철학자로는 Immanuel Kant가 있다.

## 간접연계 Practice 3

**정답** | ④

**소재** | 사고 과정으로서의 윤리학

**해석** | 윤리학은 우리의 '사고 과정'에 관한 것이다. 윤리학에 대해 배우는 경험은 다양한 종류의 문제들을 해결하는 방법에 대해 명쾌한 해답으로 무장하고 교실을 걸어 나가길 기대하는 학생들에게 좌절감을 줄 수 있다. 그러나 사실, 윤리학에서 그런 직접적인 해답은 드물다. 대신, 윤리학은 올바른 질문을 하는 것에 관심을 둔다. 초점은 '깊이 생각하는 과정'의 질에 있지 결과에 있지 않다. 이것은 불편할 수 있는데, 왜냐하면 서양 문화의 아주 많은 부분이 목표 지향적이기 때문이다. 우리는 훌륭한 성과에 대해, 결과에 대해, 결론에 대해 깊은 관심을 가지며, 우리가 그러한 목표들을 어떻게 달성하는지 혹은 '성공'에 이르기 위해 무엇을 하는지에는 그저 지나가는 관심만 보이는 경우가 많다. 그러나 윤리가 필요한 '올바른' 해답을 제공해 주길 기대하는 것은, 일반적으로 그저 '훈계하기', 즉 어떤 사람들은 자신의 도덕적 신념을 반영하는 것으로 받아들이고 다른 사람들은 받아들이지 않을 행동 방침에 대해 광범위하고 흔히 확인되지 않은 주장을 펼치는 것으로 이어진다. 대부분의 윤리적 딜레마는 완전히 수용할 수 있는 어떤 해결책도 제시하지 않으며, 대신 어떤 면에서는 만족스럽지 않은 몇 가지 선택지를 제공한다. 비결은 여러분이 볼 때 어떤 것이 가장 정당화할 수 있고 어떤 것이 핵심 가치를 구현하는지를 알아내는 것이다.

**해설** | 윤리학은 명쾌하고 직접적인 해답을 제시하기보다 올바른 질문을 하는 것에 관심을 두고 깊이 사고하는 과정의 질에 초점을 둔다는 내용의 글이다. 그러므로 글의 요지로 가장 적절한 것은 ④이다.

**어휘** | ethics 윤리학, 윤리 frustrating 좌절감을 주는 deliberative 깊이 생각하는, 숙고하는 discomforting 불편한 goal oriented 목표 지향적인 bottom line 결론, 최종 결과 moralize 훈계하다 unconfirmed 확인되지 않은 unsatisfactory 만족스럽지 못한 justifiable 정당화할 수 있는 embody 구현하다, 구체화하다

## 수능특강 Focus 4

2025학년도 수능특강 영독 5강 3번

우리는 모두 '정치'가 무엇을 의미하는지에 대한 직관적인 느낌은 있지만, 그 용어를 정확하게 정의하는 것은 더 어렵다고 여길 수도 있다. (C) 현대 정치학은 명확하고 유용한 개념을 제시하는데, 곧 정치란 공동체에게 구속력이 있는 집단적 선택이라는 것이다. 이를 이해하기 위해 집단적 선택의 영역으로서의 정치와 개인적 선택의 영역으로서의 경제를 대조해 보라. 예를 들어, 무엇을 소비하거나 생산할지 또는 어떤 종류의 일자리에 종사할지와 같은 경제적 선택은 개인적이고 자발적이다. (A) 그런 선택은, 우리가 원하는 모든 것을 다 살 수 없거나 정확히 원하는 직업을 선택할 수 없을 수도 있는 것처럼, 제한을 받겠지만, 강요되지는 않는다. 우리가 이런 선택을 하는 것이고, 다른 어떤 누구도 우리에게 그렇게 하라고 강요하지 않는다. 게다가, 이러한 선택은 그 선택을 한 사람과 자발적인 계약상의 관계를 자유롭게 시작하기로 마찬가지로 동의하는 다른 개인에게만 영향을 미친다. (B) 이와 대조적으로 정치적 선택은 집단적이고 구속력이 있다. 그것은 각각의 결정(독재 국가에서는 단 한 명의 지도자의 선택, 민주주의 국가에서는 다수 시민의 선택)의 결과일 수 있지만, 공동체의 모든 구성원은 그것을 지지하든지 안 하든지 간에 이러한 결정을 어쩔 수 없이 받아들여야 한다.

## 간접연계 Practice 4

**정답** | ③

**소재** | 정치 위기 해결 방식의 변화

**해석** | 오늘날, 폭력과 돈은 정치적 위기를 관리하기 위한 도구로서는 비합법화되고 있다. 그것을 반드시 사용할 수 없는 것은 아니지만, 그것의 사용은 이제 공개적으로 용납되지 않는다. 주권과 비폭력의 규범으로 인해 전통적인 안보상의 이유라 할지라도 일방적인 폭력 사용은 국내에 많은 논란을 가져왔다. 경제적 이익을 위해 그것을 사용하는 것이 불가능한 것은 아니지만, 대부분 주요 국가, 특히 서구 국가들로서는 이제 기의 상상할 수 없는 일이다.

비록 뇌물과 부패가 여전히 전 세계적으로 널리 퍼져 있지만, 그 합법성과 도덕성은 또한 지속적인 공격을 받고 있다. 치외 법권의 범위를 갖는 국가의 법률, 국제 협약, 그리고 세계 시민 사회는 부패를 대가가 더 크고 용납하기 어려운 것으로 만들고 있다. 이러한 노력은 한결같지 않고 매우 불완전하지만, 윤리적 이동의 방향은 완전한 정직성과 투명성에 관한 더 유연한(→ 엄격한) 기대를 향해 있다. 이제 아무도 부패를 드러내 놓고 인정하지 않으며, 그것은 항상 다른 것으로 위장되고 다른 이름으로 불린다. 시장이 사회와 국가 간에 확산됨에 따라, 정치적 영향력은 거래가 더 적게 허용되는 상품이 되었다.

**해설 |** 정치 위기를 관리하는 도구로서 폭력과 돈은 오늘날 더 이상 그 사용이 공개적으로 인정되지 않고 있다는 내용의 글로, 뇌물과 부패의 경우 그것의 합법성과 도덕성이 계속 공격받고 있다고 했으므로, 정직성과 투명성에 관한 기대는 더 엄격한 방향으로 이루어질 것임을 추론할 수 있다. 따라서 ③의 flexible은 stringent나 strict와 같은 낱말로 고쳐야 한다.

**어휘 |** publicly 공개적으로 unacceptable 용납[인정]할 수 없는 norm 규범 domestically 국내에서 controversial 논란이 많은 corruption 부패, 타락 legality 합법성 morality 도덕성 sustained 지속적인, 한결같은 legislation 법률, 법령 extraterritorial 치외 법권의 convention 협약, 협정 civil society 시민 사회 uneven 한결같지 않은 transparency 투명성 disguise 위장하다 commodity 상품 permissible 허용되는

## Exercise 11

본문 108~109쪽

2024학년도 수능특강 영독 4강 9번

유럽 역사에서, 가장 인기 있는 공연자들이 선호한 가곡 형식 중 많은 수가 춤과 명백하게 관련이 있었다. 이러한 기원은 오늘날 우리가 사용하는 음악 용어에 흔히 보존되고 있다. *rondo*는 이제 반복되는 후렴구가 있는 명확하게 음악적인 형식으로 취급되지만, 그 용어는 아마 중세 시대 후기 방랑 악사의 *rondeau*를 동반한 원형 춤에서 유래한 것 같다. 오늘날 우리는 크리스마스 노래를 묘사하기 위해 *carol*이라는 단어를 사용하지만, 그것은 그 시대의 매우 대중적인 춤인 *carole*에서 유래한다. *minuet*에서 *waltz*에 이르기까지 다수의 다른 용어가 이제 콘서트 홀 음악을 설명하는 데 사용되지만, 원래는 무용수들 사이에서 유래했다. 나는 우리가 음악 스타일에 대한 춤의 완전한 영향을 정말 이해할 수 있을지 의심스럽지만, 그것[춤의 영향]은 우리가 찾을 수 있으리라고 전혀 기대하지 않는 곳에서도 나타난다. Charles Rosen은, 자신의 중요한 연구서인 *The Classical Style*에서, 네 마디 악구가 고전주의 음악에서 "리듬의 구조에 대한 완전한 지배"를 획득하는 과정에 감탄하며, "그 주기적인 악구는 (춤을 출 때의) 스텝 및 (나뉜) 조와 일치하는 악구 패턴이 필요하므로 그 춤과 관련되어 있다."라는 결론을 내릴 수밖에 없다. 즉, 모차르트와 베토벤의 엘리트주의 걸작도 농부들의 발 박자에 맞추어 진행된다.

**어휘 |** favor 선호하다 explicitly 명백하게 preserve 보존하다 terminology 용어 specifically 명확하게 recurring 반복되는 term 용어 derive from ~에서 유래하다 circular 원형의 accompany 동반하다 wandering 방랑하는 medieval 중세의 era 시대 a host of 다수의 grasp 이해하다 impact 영향 marvel 감탄하다 bar (악보의) 마디 phrase 악구 periodic 주기적인 correspond to ~에 해당하다 elitist 엘리트주의의 masterwork 걸작

2024학년도 9월 모의평가 26번

거장 피아니스트이자 저명한 작가인 Charles Rosen은 1927년 뉴욕에서 태어났다. Rosen은 어린 시절부터 피아노에 주목할 만한 재능을 보였다. 프린스턴 대학교에서 불문학 박사 학위를 받은 1951년, Rosen은 뉴욕에서 피아노 데뷔도 했고 첫 음반의 녹음도 했다. 열렬한 찬사 속에, 그는 전 세계적으로 수많은 독주회와 오케스트라 연주회에 출연했다. Rosen의 연주는 20세기의 가장 유명한 작곡가들 중 일부에게 감명을 주었고, 그들은 Rosen에게 자기들의 곡을 연주해 달라고 요청했다. Rosen은 또한 널리 칭송받는 많은 음악 저서의 저자였다. 그의 가장 유명한 책인 *The Classical Style*은 1971년에 처음 출판되었고 이듬해에 U.S. National Book Award를 수상했다. 이 저작은 1997년에 증보판으로 재판(再版)되었고, 그 분야에서 획기적인 것으로 남아 있다. 폭넓게 저술하면서, Rosen은 2012년 사망할 때까지 여생 동안 피아니스트로서 공연을 계속했다.

**어휘 |** virtuoso 거장, 명인 distinguished 저명한, 성공한 earn a

degree 학위를 받다 debut 데뷔, 첫 출연 glowing praise 열렬한 찬사 numerous 수많은 recital 독주회 expanded edition 증보판 landmark 획기적인 것 extensively 폭넓게, 광범위하게

## Searchlight

본문 110~117쪽

### 수능특강 Focus 1

2025학년도 수능특강 영독 3강 9번

작은 포유동물과 곤충은 서로 가까이, 많은 경우 무성한 초목 속에서 산다. 그것들의 듣는 범위는 인간이 초음파라고 부르는 것까지 확장되는데, 이 높은 소리가 근거리의 환경에 대한 유용한 정보를 드러내기 때문이다. 따라서 이 동물들의 사회적 신호와 번식 신호 또한 초음파이다. 예를 들어 인간의 귀에는 생쥐와 쥐가 거의 완전히 침묵하는 것 같지만, 이 동물들은 놀이 소리, 새끼들이 어미에게 보내는 울음소리, 경보음, 그리고 번식 노래를 포함한 풍부한 소리 목록을 가지고 있다. 이러한 고주파 소리는 공기 중에서 잘 전달되지 않기 때문에, 이 소리는 설치류들에게 자신들의 위치를 드러내지 않은 채로 원활한 근거리 의사소통을 제공한다. 인간과 새처럼 더 큰 규모로 상호 작용을 하는 동물의 경우, 더 낮은 주파수가 장거리 의사소통에 더 효과적이다. 그것들의 귀, 그리고 따라서 번식 노래와 울음소리는 더 낮은 주파수에 맞춰진다. 따라서 소리 표현의 다양성은 각 종의 다양한 생태를 반영한다.

### 간접연계 Practice 1

**정답 |** ③

**소재 |** 유기체의 정보 교환

**해석 |** 모든 살아 있는 유기체의 결정적인 특징은 수신기 시스템의 도움으로 서식지를 인지하고 그다음 반응할 수 있는 능력이다. 그러므로 서식지는 시각적, 청각적, 화학적, 전기 데이터로 가득 차 있다. (B) 이 데이터는 살아 있는 유기체가 수신기 세포로 그것을 인식할 수 있을 때만 정보가 된다. 그러한 수신기 세포는 또한 '수용체'라고 불리는데, 이는 '감지기'라는 의미의 라틴어 'receptor'에서 왔다. 수용체의 종류는 살아 있는 유기체가 어떤 정보를 인식하는지를 결정하는데, 동물의 감각 기관인 '눈'은 색깔과 모양을 인식하도록 만들어졌고, '코'는 냄새를 인식하는 데 완벽하다. (C) 따라서 수용체는 살아 있는 유기체가 자신의 서식지에서 빛이나 물이 어디에 있는지, 돌에 부딪히지 않고 어디로 이동할 수 있는지 등 자신의 길을 찾을 수 있게 해 준다. 만약 한 유기체가 다른 유기체를 우연히 만나면, 그것들은 자기들의 수용체를 통해 정보를 받거나 교환할 수 있다. (A) 정보를 교환하는 능력은 결국 의사소통의 기초가 되는 것이다! 살아 있는 유기체 간의 정보 교환과 그 결과에 따른 무생물 환경과의 상호 작용이 있어야만 생태계라는 큰 그림이 만들어진다.

**해설 |** 모든 살아 있는 유기체는 수신기 시스템으로 서식지를 인식하고, 서식지는 각종 데이터로 가득 차 있다는 내용의 주어진 글 다음에는 그 데이터들이 언제 정보가 되는지 설명하는 (B)가 와야 하며, (B)에 소개된 수신기 세포인 수용체의 기능을 부연 설명하는 (C)가 그다음에 이어져야 한다. 수용체를 이용하여 다른 유기체와 정보를 교환한다는 (C)의 마지막 문장 다음에는, 이런 유기체 간의 상호 작용의 결과로 생태계라는 큰 그림이 만들어진다는 내용의 (A)가 와야 글의 흐름이 자연스럽다. 따라서 주어진 글 다음에 이어질 글의 순서로 가장 적절한 것은 ③이다.

**어휘 |** defining 결정적인, 매우 중요한 perceive 인지하다, 인식하다 habitat 서식지 auditory 청각의 organism 유기체 consequent 그 결과에 따른 inanimate 무생물의 ecosystem 생태계 receptor 수용체 encounter 우연히 만나다, 마주치다

**배경지식 UP**

**Sound Frequency(소리 주파수)**

소리는 공기의 진동으로 느낄 수 있으며, 1초 동안의 진동을 측정한 것을 주파수라 하고, 헤르츠(Hz)라는 단위로 높고 낮음을 표시한다. 사람은 1초에 20~20,000회 정도의 진동수를 가진 소리만 들을 수 있는데, 어떤 동물들은 그 범위를 벗어난 소리를 내기도 한다. 진동수가 20회 이하로 너무 낮아서 들리지 않는 소리를 초저주파(infrasonic)라고 하고, 2만 회 이상이라 너무 높아서 들리지 않는 소리를 초음파(ultrasonic)라고 한다.

### 수능특강 Focus 2

2025학년도 수능특강 영어 27강 2번

언어는 이전에 생각되던 것보다 훨씬 더 유사하며, 그 보편성은 인간의 뇌가 특정 방식으로 세상을 이해하도록 설계되어 있고, 이는 아마도 현실의 구조와도 부합할 것임을 보여 준다. 따라서 모든 언어에는 명사와 동사, 수식어(부사와 형용사), 이름과 대명사가 있다. 언어는 문장 내 단어의 순서에서 차이가 있을 수 있지만(예를 들어, 동사가 중간에 오는지 아니면 끝에 오는지처럼), 문장은 항상 사용된다. (따라서 특정 공동체에 속한 개인은 그 공동체의 언어 습관을 따르지 않을 수도 있다.) 심지어 단어의 순서도 가능한 만큼 크게 다르지 않은데, Steven Pinker는 문장 주성분의 순서는 128가지가 가능하지만, 대부분 언어는 그러한 가능성의 단 두 가지 중 하나만 사용한다고 말한다. 결정적으로, 대부분 언어는 거의 동일한 개념 목록을 가지고 있는 듯 보이고, 그 결과 거의 모든 단어와 문장은 한 언어에서 다른 언어로 효과적으로 번역될 수 있다.

## 간접연계 Practice 2

정답 | ④

소재 | 문화별 색깔 단어에서 발견되는 공통점

해석 | 색상환에 관해 말하자면, 그것이 빛의 물리학 측면에서는 연속체일 수도 있겠지만, 어디서나 인간의 눈은 똑같은 색 수용체를 가지고 있으며, 그래서 색을 구별하는 모든 문화는 결국 똑같은 목록을 갖게 된다. 일부 언어는 우리가 구분하듯 모든 다양한 색조를 분명히 구별하지는 않지만, 새로운 색은 거의 같은 순서로 추가된다. 즉, 두 개의 색깔 단어만을 가지고 있는 문화권에는 거의 항상 밝음(흰색)과 어둠(검은색)을 나타내는 단어가 있다. 만약 그 문화가 세 번째 색을 갖게 된다면, 그것은 항상 빨간색이고, 네 번째 색은 일반적으로 노란색이나 녹색이며, 다섯 번째 색은 그 두 가지 중 나머지 색이 되고, 여섯 번째 색은 항상 파란색이라는 등등이다. 대부분 문화는 11개 기본색을 인식하고 그것도 정확히 같은 방식으로 그렇게 한다. 아마도 색 스펙트럼이 광파의 측면에서는 연속체일지 모르지만, 인간의 눈에 있는 수용체들은 (연속체가) 아니며, 그것들은 우리를 특정한 색깔들에 순응시킨다. 눈이 제대로 작동하는 사람이라면 (즉 색맹이 아닌 사람은 누구든) 문화와 언어에 관계없이 빨간색과 녹색의 차이를 구분할 수 있다.

해설 | ④ not 뒤에는 a continuum in terms of light waves가 생략되었다고 볼 수 있으므로 술어동사가 be동사가 되어야 한다. 따라서 do를 are로 고쳐야 한다.

① new colors는 같은 순서로 추가되는 대상이므로 수동태를 이루는 are added는 어법상 적절하다.

② 주어의 핵이 cultures이므로 이에 연결되는 복수형 술어동사 have는 어법상 적절하다.

③ those two는 바로 앞 문장에서 네 번째 색깔 단어로 사용될 수 있는 yellow or green을 가리키므로, 네 번째 색깔 단어로 선택되지 않은 나머지 다른 하나를 가리키는 the other는 어법상 적절하다.

⑤ Anyone을 수식하는 관계절을 이끄는 관계사로, 선행사인 Anyone이 관계절에서 eyes와 소유 관계에 있으므로, 소유격 관계사 whose는 어법상 적절하다.

어휘 | as for ~에 대해 말하자면 continuum 연속체 receptor 수용체 apparently 분명히, 명백히 sequence 순서, 연속 precisely 정확히 properly 제대로, 적절히

## 수능특강 Focus 3

2025학년도 수능특강 영독 3강 2번

디지털 기술의 확장되는 본질은 새로운 형식이 끊임없이 나타나고 빠르게 다양해지고 있다는 것을 의미했다. Dieter Daniels가 현재의 디지털 미디어의 심해지는 복잡성에 관하여 기술한 것처럼, '그 전체적인 모습을 이해하는 것은 불가능하다.' 어떤 기술도 컴퓨터만큼 신속하게 그 잠재력을 펼친 적은 없었다. 수백 년 동안 형식과 기능을 유지했던 전통적인 도구들과는 대조적으로, 컴퓨터는 짧은 기간에 극적으로 변화했다. 선구적인 예술가 Mark Wilson이 말하는 것처럼, 예술가가 이용할 수 있는 '당혹하게 할 만큼 다양한 컴퓨터 기술'이 있었다. 컴퓨터 예술의 역사를 통틀어, 예술가들은 흔히 디지털화의 형태 및 속도와 싸워 온 것으로 보인다. 이론가이자 예술가의 경우, 빠르게 진화하는 기술의 본질, 그리고 형식의 갑작스러운 계승과 중복을 따라가기가 어려웠다. 마찬가지로, 사학자도 이러한 빠르게 변화하고 항상 확장되는 디지털 형태를 상세히 기술하는 어려움에 직면했다. 이것이 아마도 예술 사학자들이 감당할 수 있는 속도로 진화한 주제를 전통적으로 선호해 온 이유일 것이다.

배경지식 UP

**Computer Art(컴퓨터 예술)**

컴퓨터의 기능을 이용한 예술 작품과 그 기법을 의미하며, 미술 외에 음악 영역까지를 포함해 포괄적 개념으로 해석할 수 있다.

## 간접연계 Practice 3

정답 | ⑤

소재 | 디지털 기술 사회에 대비한 교육의 필요성

해석 | 더 새로운 세대의 학생들과 젊은 성인들이 미디어를 접하고 사용하는 속도에 비해, 연구와 교육 현장의 변화 속도는 엄청나게 더 느리다. 현재 상황은 분명 심각한 우려를 제기한다. 우리는 교육에서 기술 통합이 마땅히 그래야 하는 것보다 덜 일반적이고 덜 효과적일 뿐만 아니라, 오늘날의 학생들이 기술을 사용하는 방식과 그 기술을 사용하는 데 소비하는 시간의 양이 전혀 이상적이지 못하기 때문에 우려해야 한다. 더욱이, 미디어 교육과 정보 활용 능력 둘 다에 대하여, 오늘날의 학생들이 배워온 것과 배웠어야 하는 것 사이에는 분명히 간극이 존재한다. 우리의 현재 교육 시스템은 기술에 의해 엄청나게 변형된 사회에서 어떻게 살아야 하는지를 우리 학생들에게 충분히 가르치거나 안내하지 않는다. 기술은 거의 모든 사람의 삶의 가장 중요한 부분이 되었고 대부분의 사람에게서 읽고, 쓰고, 의사소통하고, 심지어 사고하는 방식까지 변화시켰다. 그러나, 새로운 세대는 그러한 변화에 능숙하게 적응하고 디지털 기술과 생활에 능숙해질 만큼 충분한 기회를 얻지 못했다.

해설 | 젊은 세대인 학생들이 미디어를 접하는 속도에 비해 미디어 교육과 정보 활용 능력 교육 속도가 훨씬 느려서, 학생들이 디지털 기술 변화에 능숙하게 적응하고 디지털 기술과 생활에 능숙

해질 기회를 얻지 못했다는 내용의 글이다. 따라서 글의 제목으로 가장 적절한 것은 ⑤ '젊은 사람들을 기술 주도적인 세상에 준비시킬 필요성'이다.

① 기술이 도울 수 없는 교육 문제들
② 교육자와 교사에게 필요한 디지털 활용 능력
③ 기술 급부상에 의해 야기된 교육 혁신들
④ 젊은 세대가 디지털 중독에서 벗어나도록 돕는 방법

**어휘 |** compared to ~에 비하여 transition 변화 concern 우려 integration 통합 with respect to ~에 대하여, ~에 관하여 literacy (문자 · 정보의) 활용 능력 gap 간극, 격차 sufficiently 충분히 tremendously 엄청나게 virtually 거의, 사실상 competently 능숙하게 adapt 적응하다

## 수능특강 Focus 4

2025학년도 수능특강 영독 12강 9번

아스코르브산, 즉 비타민 C는 인간 식단의 필수적인 구성 요소이다. 하지만 여러분의 고양이, 여러분의 개 혹은 여러분의 양이나 염소나 애완용 쥐는 똑같이 자기 먹이에서 그것을 섭취할 필요가 없다. 그것들은 그것을 합성하기 위한 필수적 효소를 가지고 있으므로 스스로 그것을 만들 수 있다. 그것이 인간에게 하나의 비타민인 이유는, 우리의 영장류 과거의 어느 때에, 우리의 조상들이 아스코르브산을 합성하기 위해 필요한 효소를 상실했기 때문이다. 이 조상은 부주의한 것은 아니었는데, 그는 실제로 그 효소를 '상실한' 것이 아니었다. 오히려 그 특정 효소를 만드는 유전자에 돌연변이가 있었고, 이 유전자 변화는 그 효소의 구조를 바꾸어서, 그것은 아스코르브산 분자를 만드는 자신의 일을 더 이상 할 수 없었다. 그러나 비록 그것이 더 이상 아스코르브산 분자를 만들 수는 없었지만, 이 조상은 이미 그의 음식에 들어 있는 많은 아스코르브산을 섭취하고 있었기 때문에 그에게 불리한 점은 없었다. 그 특정한 시기에 아스코르브산은 이 동물 식단의 선택적인 구성 요소에서 필수적인 구성 요소로 바뀌었다. 이때가 아스코르브산이 비타민 C가 되는 순간이었다.

## 간접연계 Practice 4

**정답 |** ③

**소재 |** 유전 공학으로 만들어진 인공 효소

**해석 |** 효소와 핵산은 상업적 용도에 점점 더 많이 사용되고 있다. 예를 들어, 효소는 연구 실험실에서 반응을 촉매하기 위해, 그리고 제약, 농약, 바이오 연료를 포함하는 다양한 산업 공정을 위해 일상적으로 사용된다. 과거에는 효소를 자연의 공급원에서 추출해야 했는데, 비용도 많이 들고 느린 과정이었다. 그러나 요즘은 유전 공학을 통해 핵심 효소에 해당하는 유전자를 빠르게 성장하는 미생물 세포의 DNA에 통합할 수 있어 효소를 더 빠르게, 그리고 훨씬 더 많은 양으로 얻을 수 있다. 유전 공학은 또한 효소를 구성하는 아미노산을 변형하는 것도 가능하게 만들었다. 그런 변형된 효소는 촉매로서 더 효과적인 것으로 입증될 수 있고, 더 다양한 기질을 수용할 수 있으며, 더 혹독한 반응 조건에서도 살아남을 수 있다. 예를 들어, 변형된 효소는 당뇨병 치료에 사용되는 약품인 sitagliptin의 합성에서 핵심 합성 단계를 촉매하기 위해 사용되었다. 천연 효소는 관련 기질이 너무 커서 활성 부위에 맞지 않았기 때문에 이 반응을 촉매할 수 없었다. 유전 공학은 더 큰 활성 부위를 가진 변형된 효소를 생산했다.

**해설 |** 변형된 효소가 촉매제로 더 효과적이라는 내용의 주어진 문장은 유전 공학으로 효소를 이루는 아미노산을 변형시키는 것이 가능해졌다는 내용 뒤에 와야 하고, ③ 다음에 언급되는, 당뇨병 치료를 위한 sitagliptin 합성에 사용되는 효소는 변형된 효소가 천연 효소보다 더 효과적인 사례에 해당하므로, 주어진 문장이 들어가기에 가장 적절한 곳은 ③이다.

**어휘 |** modified 변형된, 수정된 harsh 혹독한, 가혹한 nucleic acid 핵산 commercial 상업적인 application 특정의 용도[목적] routinely 일상적으로, 통상적으로 catalyse 촉매하다 laboratory 실험실 pharmaceutical 제약 agricultural chemical 농약 extract 추출하다 genetic engineering 유전 공학 incorporate 통합하다 microbial 미생물의 obtain 얻다, 획득하다 diabetes 당뇨병

**배경지식 UP**

**catalyst(촉매)와 substrate(기질)**

촉매는 화학 반응 과정에서 소모되지 않으면서 물질의 반응 속도를 변화시키는 물질을 말한다. 효소는 인체에서 일어나는 화학 반응에서 촉매 역할을 한다. 기질은 생화학에서 효소와 반응하는 분자를 의미하는데, 특정 효소는 특정 기질에만 결합한다.

# Exercise 12

## 간접연계 History

본문 118~119쪽

2024학년도 수능완성 실전모의고사 1회 37번

과학자들은 흔히 극적으로 들리는 주장을 판단하는 위치에 있다. 2012년, Large Hadron Collider(대형 강입자 충돌기)에 있던 물리학자들은 오랫동안 찾았던 힉스 입자일 가능성이 높은 새로운 입자의 발견을 발표했다. (B) 전 세계의 과학자들은 그 주장을 즉시 받아들일 준비를 갖추게 되었는데, 이는 부분적으로 그들이 힉스가 정확히 그것이 있던 그곳에서 발견될 것으로 예상할 만한 충분한 이론상의 이유를 가지고 있었기 때문이었으며, 즉 그들이 가진 사전 확률이 비교적 높았던 것이다. (C) 대조적으로, 2011년에 한 집단의 물리학자들이 빛의 속도보다 더 빠르게 움직이는 것으로 보이는 입자를 측정했다고 발표했다. 그 주장에 대한 반응은 보편적인 회의론의 반응이었다. (A) 이것은 실험자들의 능력에 대한 판단이 아니었고, 그것은 단지 대부분의 물리학자들이 빛보다 더 빠르게 움직이는 모든 입자에 대해 부여한 사전 신뢰가 매우 낮다는 사실을 반영했다. 그리고 실제로, 몇 달 후, 원래 팀은 그들의 측정이 잘못되었다고 발표했다.

**어휘 |** claim 주장 physicist 물리학자 particle 입자 immediately 즉시, 즉각적으로 theoretical 이론상의, 이론의 relatively 비교적, 상대적으로 apparently ~인 것 같이, 명백하게 reaction 반응 universal 보편적인 skepticism 회의론

2024학년도 수능 38번

과학은 때때로 승자 독식 대회로 묘사되는데, 이는 2등이나 3등인 것에 대한 보상이 없다는 뜻이다. 이는 과학 대회의 본질에 대한 극단적인 견해이다. 과학 대회를 그렇게 설명하는 사람들조차도 그것이 다소 부정확한 설명이라고 말하는데, 반복과 입증이 사회적 가치를 지니고 있으며 과학에서는 일반적이라는 것을 감안할 때 그렇다. 또한 그것은 소수의 대회만 존재한다는 것을 암시할 정도로 부정확하다. 물론, 힉스 입자의 확인 또는 고온 초전도체 개발과 같은 몇몇 대회는 세계적인 수준으로 여겨진다. 하지만 다른 많은 대회에는 다양한 부분이 있고, 그런 대회의 수는 증가하고 있을 것이다. 예를 들어, 여러 해 동안 암에 대해 '하나'의 치료법만 있다고 생각되었지만, 암은 여러 가지 형태를 띠고 치료를 제공하기 위해 다양한 접근 방식이 필요하다고 이제 인식된다. 승자는 한 명이 아니라 여러 명이 있을 것이다.

**어휘 |** winner-take-all 승자 독식의 reward 보상 inaccurate 부정확한 to the extent that ~할 정도로 a handful of 소수의 identification 확인 superconductor 초전도체 multiple 다양한, 복합적인

## 간접연계 Searchlight

본문 120~127쪽

### 수능특강 Focus 1

2025학년도 수능특강 영독 11강 9번

도시에서 경제적, 사회 문화적 거래의 핵심으로서 시장들의 현저한 중요성에도 불구하고, 지방 정부 당국은 흔히 그것들을 비위생적이고 건강에 좋지 않은 도시 환경으로 문제 삼는 경향이 있다. 이러한 상황의 초기 사례는 19세기 중반의 주요 유럽 도시들에 있었는데, 거기에서는 가난, 인구 과잉 및 오염이 도심 지역의 주요 문제였다. 예를 들어 런던에서 길거리 시장들은 값싼 음식과 상품을 공급하는 19세기의 생생한 도시 풍경의 일부였다. 하지만 그것들은 체계적이지 않았고 자연 발생적으로 성장하고 있었다. 시 당국은 이 시장들을 도시의 낙후된 생활 환경의 구성 요소로 여겨 왔다. 그들은 길거리 시장을 없애고, 새롭고 확대된 실내 시장을 개발하는 것을 포함하여, 이 문제를 해결하기 위해 구조적인 공간 변화를 도입했다. 이 새로운 실내 시장들은 또한 도시 재개발의 도구로서 기능하기도 했는데, 그것들의 건설에는 기존 건물 단지 철거와 길거리 재정비가 필요했기 때문이었다.

### 간접연계 Practice 1

**정답 |** ⑤

**소재 |** 시장의 다양한 긍정적 기능

**해석 |** 융통성 있는 시공간적 조직으로서, 시장은 상이한 사회-경제적, 문화적 배경을 가진 사람들 간에 자연스러운 동반 상승 효과를 촉진할 수 있다. 그것(시장)은 도시의 삶과 '영혼'을 느끼게 해 줄 수 있다. 전 세계의 시장은 어떤 공통점을 공유하고 있으며, 그로 인해 유사한 일상과 행동 규범을 가진 친숙한 환경이 된다. 상인들의 진입 장벽이 비교적 낮을 뿐만 아니라 시장은 일반적으로 다양한 사람들이 거기에 있을 동등한 권리를 가지고 있다고 느끼는 포용적인 공간으로 여겨진다. 최근의 연구들은 또한 시장이 비화폐성에 기반한 사적 및 공적 공유 행사에서 공유와 업사이클링, 재사용과 재활용이라는 대안적 소비 모델을 위한 플랫폼을 제공할 수 있다는 것을 보여 주었다. 그리고 아마 가장 중요한 것은 시장이 전 세계 많은 도시에서 인간의 기본적인 생존 욕구를 충족시키는 데 필요한 최소한의 도시 기반 시설의 일부라는 점이다. 그것(시장)은 농촌 농부들을 도시 상인과 도시 소비자와 연결하는 경제 엔진으로, 경제학의 기초인 공급과 수요 사슬의 활발한 일부로 기능한다. 그것은 일자리 기회, 생계 수단의 원천, 관광 명소, 기업가 기술과 부의 증대를 위한 교육 플랫폼의 기반 역할을 한다.

**해설 |** 시장이 융통성 있는 시공간적 조직으로서, 대안적 소비 모델을 위한 플랫폼을 제공하기도 하고 최소한의 도시 기반 시설의 일부를 구성하며, 농촌 농부들을 도시 상인과 도시 소비자와 연

결하는 경제 엔진으로 기능하고 일자리 기회, 생계 수단의 원천, 관광 명소, 기업가 기술과 부의 증대를 위한 교육 플랫폼의 기반 등의 역할을 한다는 내용의 글이다. 따라서 글의 주제로 가장 적절한 것은 ⑤ '시장의 중요성과 그것의 다양한 긍정적 기능'이다.
① 도시 기반 시설의 역사와 진화
② 오늘날 전 세계 시장이 직면하고 있는 주요한 문제들
③ 전 세계 다양한 종류의 도시 시장들
④ 전통 시장을 문화유산의 일부로 보존하기

**어휘 |** spatial-temporal 시공간적인 organisation 조직, 기구 facilitate 촉진하다 spontaneous 자연스러운, 저절로 일어나는 routine 일상 conduct 행동 relatively 비교적, 상대적으로 barrier 장벽 inclusive 포용적인, 포괄하는 diverse 다양한 alternative 대안적인 consumption 소비 constitute ~이 되다, 구성하다 infrastructure 사회[공공] 기반 시설 rural 시골의 urban 도시의 livelihood 생계 (수단) touristic (관광) 여행의 attraction 명소

## 수능특강 Focus 2

2025학년도 수능특강 영어 25강 2번

건축 공간은 그것을 정의하는 건축적 특성을 통해 기억에 남게 된다. 규모, 사람에 대한 적합성, 미학, 시각적 효과라는 특성은 장소에 개성과 느낌을 부여하는 여러 요소 중 하나이다. 공간의 목적은 그 공간을 하나의 장소로 만들 수 있다. 백악관의 (타원형인) 대통령 집무실은 엄청난 역사적 중요성을 지닌 장소의 좋은 예이다. 이 훌륭한 방의 독특한 타원형 모양은 그것을 기억에 남게 하고 대단히 호사스럽지 않으면서도 특별한 중요성을 그것에 부여한다. 덧붙여 말하자면, George Washington은 손님들이 자신을 둘러서 있을 때 중앙에 서서 그들에게 인사할 수 있도록 Mount Vernon의 방 두 개를 개조해서 양 끝을 굽은 형태로 만들었다. Thomas Jefferson은 버지니아 대학에 있는 Rotunda 건물의 1층에 두 개의 타원형 회의실을 설계했다. 타원형 회의실은 그 회의실에서 누구도 다른 사람보다 더 중요한 자리에 위치할 수 없기 때문에 민주적인 것으로 여겨졌다.

**배경지식 UP**

**Oval Office(미국 대통령 집무실)**
미국 백악관(White House) 웨스트 윙(West Wing)에 위치한 미합중국 대통령 집무실로 타원형이기 때문에 붙여진 이름이다.

**Mount Vernon**
미국 초대 대통령 George Washington의 생가로 미국 버지니아주 Fairfax County에 있다.

**The Rotunda at the University of Virginia**
미국 3대 대통령인 Thomas Jefferson이 설계한 신고전주의 양식의 건물로, 미 의회 등 많은 의사당 건물의 표본이 되었다.

## 간접연계 Practice 2

**정답 |** ④

**소재 |** 건축의 언어적 특성

**해석 |** 건축은 언어이다. 표면적으로, 건물의 요소들은 먼저 한 가지 기능, 즉 악천후로부터 우리를 보호하고 우리를 안전하게 지켜주는 일을 수행해야 한다. 그러나 필수적인 기능 너머를 보게 되면, 건물은 우리의 삶을 구성하고 심지어 감정을 전달하기도 한다. 건축은 분위기를 전달한다. 어떤 건축물은 수줍어하고 절제되어 있을 수 있거나 화려하고 떠들썩할 수도 있다. 어떤 건축은 엉뚱하고, 어떤 것은 진지하다. 대성당은 헌신을 표현하고 묵상을 고무하는 건축물의 명백한 예이다. 우리 문명의 역사를 거치면서 어떤 형태들은 지위와 의미를 얻는다. 아치는 입구와 통로를 나타낸다. 첨탑은 하늘을 향해 뻗어 있다. 기둥은 힘을 뜻한다. 리듬, 패턴, 곡선은 시간과 에너지, 그리고 흥분의 흐름을 표현한다. 덮개 지붕은 보호와 안전함을 표현한다. 우리가 그것을 알고 있든 모르고 있든, 건축은 우리에게 매우 실제적인 방식으로 말한다.

**해설 |** 건물은 감정과 분위기를 전달하고, 건물의 특정 형태가 어떤 의미를 표현하고 전달한다는 내용의 글이다. 따라서 빈칸에 들어갈 말로 가장 적절한 것은 ④ '언어'이다.
① 과학 ② 종교 ③ 사업 ⑤ 상품

**어휘 |** architecture 건축, 건축물 shield 보호하다 elements 악천후 functionality 기능(성) convey 전달하다, 뜻하다 restrained 절제된, 억제된 cathedral 대성당 obvious 명백한 devotion 헌신 civilization 문명 status 지위 define 나타내다, 정의하다 entrance 입구 passageway 통로 curve 곡선 passage 흐름, 경과 shelter 덮어 주다, 가리다

## 수능특강 Focus 3

2025학년도 수능특강 영독 9강 10번

단백질은 우리가 소유하는 가장 중요한 분자에 속하는데, 왜냐하면 그것은 또한 가장 협업적인 것에 속하기 때문이다. 그것들은 신체가 변화를 해석하고, 그것을 전달하고, 결과적으로 행동을 결정하도록 돕는 데 뚜렷한 역할을 한다. 우리의 몸은 주로 우리의 단백질이 자기의 역할을 알고, 동료의 역할을 인식하며, 그에 따라 행동하기 때문에 작동한다. 그것은 팀의 일부로서 작동하지만, 전적으로 개별적인 특성과 능력의 표현을 통해서이다. 역동적이되 경계가 분명하며, 팀의 맥락 속에서도 개별적이므로, 단백질은 우리가 사람으로서 조직하고 상호 작용하는 방식에 대한 새로운 모델을 제공할 수 있다. 인간과 마찬가지로, 단백질도 자기의 환경에 반응하고, 정보를 전달하고, 결정을 내린 다음, 그것

을 행동에 옮긴다. 하지만 우리와 달리, 단백질은 실제로 다음의 것, 즉 특성 충돌, 개별적인 문제 또는 사무실 정치가 장애가 되도록 두지 않고 본능적으로 협업적인 방식으로 작용하는 것을 매우 잘한다. 그리고 그것이 이것을 달성하는 것은, 자기의 환경에 '맞추려'고 애씀으로써가 아니라, 자기의 다양한 화학적 성질을 조정하여 사용함으로써, 즉 대조적인 '유형'의 상호보완성을 수용함으로써이다.

## 간접연계 Practice 3

**정답** | ③

**소재** | 단백질과 인간의 비교

**해석** | 친목 집단이 어디로 외출할지 또는 어떤 영화를 볼지를 결정하는 것과 같은 방식으로, 세포도 필요한 기능을 수행하기 위해 다른 단백질 유형으로부터의 다양한 입력 정보와 작용에 의존한다. (B) 아니면 적어도 그것은 효율적인 조직 이면에 있는 이론이며, 세포 구조와 동물계에서 보는 것이다. 인간의 행동은 자주 훨씬 더 엉망인 현실이다. 여러분의 친구들에 대해, 그리고 여러분이 교제하는 방식을 결정하는 데 얼마나 능숙한지 생각해 보라. (C) 날짜에 동의하고, 장소를 정하고, 모든 사람의 확약을 받는 데 얼마나 걸리는가? 그리고 그 과정에서 사람들이 정말 하고 싶지 않은 일들을 하거나, 때로는 자신에게 정말 적합하지 않은 일을 하는 것이 포함되는 경우가 얼마나 되는가? 다시 말하지만, 순응에의 욕구와 다른 사람들에 의해 긍정적으로 판단받고자 하는 욕구는 의사소통하고 효과적으로 협력하여 행동할 필요성보다 더 우선하는 경향이 있다. (A) 그에 반해서, 단백질은 감정적인 타협과 사회적 정치 문제를 극복한 효율적 조직체의 경이로움이다. 여러분은 '세포 신호' 과정, 즉 본질적으로 어떻게 서로 다른 단백질이 결합하여 신체의 변화를 감지하고, 그것을 서로 전달하여, 결과적으로 결정을 내리는지를 살펴봄으로써 이를 알 수 있다.

**해설** | 친목 집단에서 의사 결정을 내릴 때처럼 세포도 필요한 기능을 수행하기 위해 다른 단백질로부터 얻은 정보에 의존한다는 주어진 글 다음에는 그것이 효율적인 조직 이면에 있는 이론으로, 세포 구조나 동물계에서 보인다는 (B)가 와야 한다. (B)의 마지막 부분에서 인간들이 사교 활동에서 의사 결정을 하는 데 얼마나 능숙한지 생각해 보라고 했으므로, 이와 관련한 질문을 던지는 (C)가 그다음에 이어지고, (C)에서 설명한 인간의 모습과는 반대로 단백질은 감정적 타협과 정치 문제를 극복한 효율적인 조직체라고 설명하는 (A)가 마지막에 와야 한다. 따라서 주어진 글 다음에 이어질 글의 순서로 가장 적절한 것은 ③이다.

**어휘** | protein 단백질　marvel 경이로움　compromise 타협　combine 결합하다　kingdom 계, 왕국　socialize 교제하다　conformity 순응, 일치　override ~보다 우선하다　in concert 협력하여

## 수능특강 Focus 4

2025학년도 수능특강 영독 6강 7번

읽기는 인간의 인지를 이해하기 위한 도구이다. 언어를 사용하는 능력은 수천 년에 걸쳐 인간에게서 진화했으며, 그 최종적인 결과는 아이들이 다른 화자들과의 상호 작용을 통해 쉽고 빠르게 언어를 습득한다는 것이다. 읽기는 다른데, 그것은 한 사람 혹은 아마도 여러 사람이 그것을 만들어 낼 수 있는 통찰력을 가졌기 때문에 존재하게 된, 라디오와 같은 기술이다. 읽기의 출현은 인간의 역사에서 비교적 최근에 일어났는데, 인간이 말하고, 생각하고, 인식하고, 추론하고, 배우고, 행동하는 능력을 진화시킨 한참 후였다. 읽기는 기존의 부분들에서 만들어진 새로운 도구였다. 이 역사의 우연한 부산물은 우리가 읽기를 이용하여 이 모든 능력을 연구할 수 있다는 것이다. 읽기를 연구하기 위해 읽기 학자가 될 필요는 없는데, 예컨대 사람들에게 단어와 문장을 읽게 하는 것을 우연히 수반하는 실험 방법을 사용하여, 시각이나 기억을 연구할 수 있을 것이다. 이러한 보너스는 깊이와 질이 탁월한 연구 문헌을 만드는 결과를 낳았다.

## 간접연계 Practice 4

**정답** | ③

**소재** | 문자 독해 기술 습득 과정

**해석** | 음운 모형이라고 불리는 과정을 통해 아이는 단순히 기호를 보는 것에서 단어의 형성을 이해하고, 그 단어를 말할 때 듣게 되는 소리를 문자가 나타낸다는 것을 깨닫게 된다. 이 과정은 논리적 순서를 따른다. 아이는 먼저 단어가 더 작은 부분들로 구성되어 있다는 것을 깨닫고, 그런 다음에 이러한 부분들이 소리에 상응한다는 것을 깨닫게 된다. 이제 문자는 구어와 연결된다. 인쇄된 지면의 글자가 단어를 말할 때와 똑같은 음소와 일치한다는 깨달음이 충분히 이해되기 시작한다. 글로 적은 단어와 말하는 단어 사이의 관계는 해체되는데(→ 확고해지는데), 둘 다 소리로 분해될 수 있고, 지면 위의 기호는 소리를 나타낸다. 이 연결은 알파벳 원리로 알려져 있는데, 이것은 읽기를 배우기 위해 아이들이 반드시 숙달해야 한다. Shaywitz는 말하기는 읽기와 달리 인간에게 자연스러운 과정이라고 설명한다. 독자는 기호를 말로 바꾸는 비약을 해야만 하는데, 이는 우리의 뇌가 하는 방법을 알고 있는 것이며, 그렇게 하지 않으면(기호를 말로 바꾸지 않으면) 글자는 지면 위에 의미 없는 기호로 남을 것이다. 아이에게 읽기를 가르치는 것은 이 코드를 체계적으로 풀어내는 과정이다.

**해설 |** 아이들이 글자가 소리를 나타낸다는 사실을 먼저 깨닫고, 글자와 구어를 연결시키는 일련의 논리적 과정을 통해 읽기를 숙달하게 된다는 내용의 글이다. 인쇄된 지면의 글자가 단어를 말할 때 음소와 일치한다는 사실을 깨닫게 되면 글로 적은 단어와 말하는 단어 사이의 관계가 더 확고해지게 될 것이므로 ③의 disintegrates를 solidifies와 같은 낱말로 고쳐야 한다.

**어휘 |** formation 형성, 구성, 구조 sequence 순서 segment 부분, 조각 correspond 상응하다, 대응하다 sink in 충분히 이해되다 leap 비약, 도약 translate 바꾸다, 옮기다 systematically 체계적으로 unlock 풀다

**배경지식 UP**

**phoneme(음소)**

어떤 언어에서 의미 구별 기능을 갖는 음성상의 최소 단위를 말하며, 예를 들어 영어에서는 sip에 쓰인 /s/와 zip에 쓰인 /z/가 두 개의 다른 음소이다.

# Ⅱ 간접연계 정복하기 <실전테스트편>

## 실전테스트 1회

본문 130~155쪽

| | | | | |
|---|---|---|---|---|
| 01 ① | 02 ⑤ | 03 ② | 04 ③ | 05 ⑤ |
| 06 ① | 07 ② | 08 ⑤ | 09 ⑤ | 10 ④ |
| 11 ③ | 12 ② | 13 ⑤ | 14 ② | 15 ① |
| 16 ① | 17 ① | 18 ③ | 19 ③ | 20 ③ |
| 21 ⑤ | 22 ③ | 23 ① | 24 ④ | 25 ④ |
| 26 ① | 27 ② | 28 ⑤ | | |

## 01

**정답 >** ①

**소재 >** 도로 보수의 필요성

**해석 >** Daniel 씨께

저는 Richmond Lane의 주민들을 대표하여 우리 지역의 심각한 문제에 대해 귀하께서 주목해 주시도록 이 편지를 씁니다. 지난 해부터 우리 지역 외곽에 있는 St. Anthony Road는 도로 보수가 심각하게 필요한 상황이었습니다. 이미 행해졌어야 할 보수의 필요성으로 인해, 그 도로의 상태가 갈수록 더 악화되었습니다. 그 도로에서 운전하는 것이 극도로 어려워지고 있습니다. 사람들이 다치는 사고도 여러 차례 있었습니다. 최근에는 침수로 인해 상태가 악화되고 있을 뿐입니다. 긴급하게 도로를 보수하지 않는다면 상황은 더욱더 어려워지기만 할 뿐입니다. 따라서, 저는 우리 지역의 도로 보수의 필요성에 대해 귀하께서 주목해 주시도록 이 편지를 씁니다. 귀하께서 상황의 긴급성을 이해하고 즉각적인 조치를 취해 주시기를 바랍니다. 이 문제에 대한 귀하의 즉각적인 관심에 미리 감사드립니다.

Robin Smith 올림

**해설 >** 도로 보수가 필요한 상황인데도 보수가 이루어지지 않아 도로 상태가 악화되었으며 사고도 여러 차례 발생했음을 알리고, 도로 보수의 필요성에 대해 관심을 촉구하며 조속한 조치를 요구하는 편지글이다. 따라서 글의 목적으로 가장 적절한 것은 ①이다.

**어휘 >** on behalf of ~을 대표하여, ~을 대신하여 resident 주민, 거주자 attention 관심, 주의 overdue 벌써 행해졌어야 할, 이미 늦어진 of late 최근에는 urgent 긴급한, 시급한 prompt 즉각적인, 신속한

수능특강 Link **2025학년도 수능특강 영독 Mini Test 1회 · 18번(무관한 문장)**

■ **분야/소재:** 사회/도로를 줄이는 것의 효과

■ **3줄 요약**

• 고속도로를 없애고 가로수 길로 대체하면 도로의 차량 수가 줄어듦

• 도로가 많아질수록 더 많은 사람이 도로를 이용하게 됨

• 도시에서 운전과 교통량을 줄이려면 자동차에 할당된 공간을 줄일 필요가 있음

Linking Words

highway 고속도로 boulevard 가로수 길 road 도로 traffic 교통 vehicle 차량 commuter 통근자 accident 사고

## 02

**정답 >** ⑤

**소재 >** 달을 따라가는 Luke

**해석 >** Luke는 거대한 연회장의 소음에서 벗어나, Valhalla의 웅장한 홀을 빠져나와 밤의 Asgard의 초현실적인 아름다움 속으로, 황금빛으로 빛나는 Glasir 나무, 세계 사이의 광활한 바다를 내려다보는 절벽으로 이어지는 그 너머의 꽃향기 가득한 들판으로 걸어 들어갔다. 달은 높고 만월로 떠오르고 있었고, 선명하고 빛나며 인도하는 길을 비추고 있었다. Luke는 흥분과 조바심, 모험심을 느꼈다. 심지어… '운명'의 느낌까지도. 그는 자신이 어디로 가는지도 몰랐고, 그저 달을 따라가고 있었다. 공기는 시원하고 상쾌했으며, 성가신 숨결과 함께 끊임없이 움직였다. 그는 걷거나 뛴 것이 아니라, 성큼성큼 걸었고, 조급해하면서도 확신했다. 그는 절벽 끝에 도달했고… 멈춰 서서, 청백색 달빛 아래에서 인광으로 빛나는 Asgard의 거대한 바다를 내다보았다. 갈 곳은 물 위에서 일렁이는 달빛으로 나가는 것 외에는 남아 있지 않았다. 그러나 그는 혼자였다. 그는 심박동이 느려지도록 하면서 주위를 둘러보았다. 실망이 그의 생각을 파고들었다. 그는 너무나도 확신했었다. 그토록 확신했는데 말이다.

**해설 >** Luke가 흥분, 조바심, 모험심, 심지어 운명이라는 느낌을 받으며 달을 따라 어딘가로 향했다가 절벽에 도착하였는데, 아무도 없이 혼자였으며 심박동이 느려지고 실망이 생각을 파고들었다고 하였으므로, Luke의 심경 변화로 가장 적절한 것은 ⑤ '기대하는 → 낙심한'이다.

① 좌절한 → 침착한

② 심심한 → 겁에 질린

③ 우울한 → 즐거운

④ 고마워하는 → 후회하는

**어휘 >** feast 연회, 잔치 imposing 웅장한, 눈길을 끄는 surreal 초현실적인, 꿈같은 survey 조망하다, 살피다 teasing 성가신, 못살게 구는 stride 성큼성큼 걷다 shimmer 일렁이다, 희미하게 빛나다

수능특강 Link **2025학년도 수능특강 영독 8강 3번(글의 순서)**

■ **분야/소재:** 역사/달에 부여한 신성

■ **3줄 요약**

• 인간은 달의 변화하는 모습을 관찰하면서 달에 신성을 부여하고 숭배함

• 달이 태양의 빛을 반사할 뿐이라는 것을 알게 되고부터 달은 태양에 거의 종속됨

• 달은 많은 문화에서 여성 신이 되었지만, 다른 문화에서는 남성 신으로 남아 있음

Linking Words

moon 달 divinity 신 phase (달의) 상(相) illuminate 비추다, 밝게 하다 reflect 반사하다 moonbeam 달빛 shimmer 일렁이다, 희미하게 빛나다

## 03

**정답 >** ②

**소재 >** 환경 보존을 위한 간학문적 접근의 필요성

**해석 >** 자연환경에 대한 다른 문화적 신념들을 보존 관행에 통합하는 것은 여전히 장애물로 남아 있다. 많은 아프리카 사람들은 인류의 인구 증가, 더욱 정교해진 무기, 그리고 소비 수준의 증가가 자연경관에 지속 불가능한 압력을 가하고 있다는 것을 인정하지 않고 문화적인 정당화('우리는 수 세대 동안 사냥을 해왔다')에 계속해서 온 관심을 기울이고 있다. 다른 사람들은 자연 파괴가 일어나기 전에 조상들이 개입할 것이기 때문에 자연 파괴는 전혀 불가능하다고 믿는데, 이는 사실상 보존 관리와 계획으로부터 개인 또는 지역 사회의 책임을 제거한다. 그러한 장벽을 허무는 것은 어렵고, 좌절감을 일으키며, 달성하는 데 오랜 시간이 걸린다. 그것은 공통의 기반을 찾기 위해 보존 과학과 사회 과학의 측면들을 통합하는 간학문적 접근을 필요로 한다. 효과적인 보존을 실행에 옮기는 데 어려움이 있음에도 불구하고, 지역의 의견 제공이 거의 없거나 전혀 없이 사람들에게 어떻게 행동해야 하는지를 말해주는 요새형 보존 모델들은 지속적인 역효과를 낳는 결과를 만들어 낼 가능성이 더 크다는 것을 기억하는 것이 중요하다.

**해설 >** 자연환경에 대한 각기 다른 문화적 신념으로 인해 자연 보존 실천에 어려움을 겪고 있으며, 이를 해결하기 위해서는 보존 과학과 사회 과학의 측면을 하나로 모으는 간학문적 접근을 통해 공통의 기반을 찾아야 한다는 내용의 글이므로, 필자가 주장하는 바로 가장 적절한 것은 ②이다.

**어휘 >** integrate 통합하다, 융합하다 diverging 다른, 갈라지는 conservation 보존, 보호 fixate 온 관심을 기울이다 justification 정당화, 정당한 이유 acknowledge 인정하다 sophisticated 정교한, 복잡한 effectively 사실상, 실질적으로 interdisciplinary 간학문

적인, 학제적인(여러 학문 분야가 관련된) fortress conservation model 요새형 보존 모델(현지 사회의 참여를 무시하거나 제한하면서 자연 보전을 강조하는 방식) enduring 지속적인, 오래가는 counter-productive 역효과를 낳는, 의도와 반대되는 결과를 초래하는

수능특강 Link **2025학년도 수능특강 영어 22강 2번(어법)**

■ **분야/소재:** 환경학/환경 파괴의 주요 원인으로서의 천연자원 소비

■ **3줄 요약**

- 생물 다양성 손실의 중요한 근본 원인을 인구 증가에서 소비로 초점을 옮기는 경향이 증가함
- 환경 쇠퇴의 주요 원인이 인구수 자체가 아니라 천연자원의 소비 방식이라고 강조함
- 부유한 사람과 국가가 천연자원의 불균형적으로 많은 부분을 소비해서 자연환경에 불균형적인 영향을 미침

Linking Words

population 인구 consumption 소비 biodiversity 생물 다양성 natural resources 천연자원 environmental 환경적인, 환경의 decline 쇠퇴 destruction 파괴 conservation 보존, 보호

## 04

**정답 >** ③

**소재 >** 지속 가능한 미래에 대한 고민의 필요성

**해석 >** 오늘날 우리의 상황은 애벌레 형태의 나비의 상황과 다르지 않다. 지난 몇 세대 동안, 우리는 숲, 토양, 어장과 광물 매장물을 소비하며 지구 전역을 우적우적 씹어 먹었다. 우리는 매우 크게 성장했다. 영원히 성장하는 것은 애벌레의 역할이 아니다. 특정 시점에는, 애벌레가 휴식을 취할 수 있을 만큼 충분한 자산을 피부 속에 가지고 있어서, 다른 가능성들이 생겨나고 그것이 동원한 물적 자원들을 변형시켜 삶의 성체 단계에 더 적합한 것이 될 수 있다. 어떤 시점에서는, 사회로서 우리는 수 세대에 걸쳐 지속되고 그러고 나서 앞으로 몇 세기 동안 어떤 형태가 더 적절할지 생각해 볼 만큼 우리가 충분한 자산을 활용했다는 것을 인식해야 한다. 우리는 지구가 제공하는 것과 건강한 삶을 위해 필요한 것을 알고 있다. 안전하고 충족감을 주는 미래는 만약 우리가 그것을 주요 목표로 삼는다면 가능하다. 끊임없는 경제적 팽창이라는 가로등 아래에서 안전을 찾을 수는 없겠지만, 안전한 미래라는 선택지는 생명체가 수십억 년 동안 이 행성에서 번성해 온 것만큼 확실하게 존재한다.

**해설 >** 과거 세대가 지구의 자원을 소모하며 계속해서 성장하고 풍부함을 누렸지만, 이제는 다음 세대에게 더욱 적합한 미래가 어떤 모습이어야 할지 고민이 필요한 시기가 도래했다는 내용의 글이다. 나비 성체가 되지 못하고 계속해서 성장만 하는 애벌레는 건강하고 안전한 미래에 대한 고민 없이 계속해서 소비하면서 팽창하는 인간 사회의 모습을 비유한다. 따라서 밑줄 친 부분이 글에서 의미하는 바로 가장 적절한 것은 ③ '후대에 대한 고려 없는 성장과 소비의 시대'이다.

① 현재 세대의 필요에 부합하지 않는 기술의 수명 주기
② 자연 및 물리적 환경에 지나치게 의존하는 상황
④ 지구를 위한 지속 가능하고 회복력 있는 미래를 준비하는 진보된 단계
⑤ 농업 사회의 산업 중심 도시 사회로의 변모

**어휘 >** caterpillar 애벌레 fishery 어장 deposit 매장량, 매장물 mobilize 동원하다 harness 활용하다, 이용하다 perpetual 끊임없는, 영원한 expansion 팽창, 확장 thrive 번성하다, 번창하다

수능특강 Link **2025학년도 수능특강 영어 13강 4번(빈칸 추론)**

■ **분야/소재:** 사회과학/필요와 욕구 사이의 경계

■ **3줄 요약**

- 필요와 욕구 사이의 경계를 파악하는 것이 중요함
- 누군가의 풍요가 다른 이의 희생으로 이루어진다면 많은 선의와 노력 및 자원이 사라지게 됨
- 개발의 초점이 모두의 삶의 질을 확보하고 개선하는 것이 되어야 함

Linking Words

wealth 부유함, 풍족 resource 자원 secure 확보하다; 안전한 mutual 상호의, 서로의 provision 공급 sustainable 지속 가능한 permanent 영구적인 durable 영속적인

## 05

**정답 >** ⑤

**소재 >** 환경 과학의 지속 가능성에 관한 성찰의 부재

**해석 >** 지속 가능성 발전에 관한 생각을 돕기 위해, 공항에서 뛰쳐나와 택시를 부르는 한 남자의 이야기를 생각해 보라. 그는 택시에 뛰어 올라타서 운전사에게 "서둘러 주세요, 늦었어요."라고 외친다. 택시 운전사는 교통을 뚫고 급히 간다. 몇 분 후, 승객이 "저를 어디로 데려다주는 거예요?"라고 묻고, 이에 대해 택시 운전사는 "모르겠지만, 최대한 빨리는 가고 있어요."라고 대답한다. 나는 환경 과학자들이 자주 이 소품문의 승객과 다소 비슷하게 행동을 한다고, 여기서 택시는 환경 과학 자체라고 넌지시 말해 본다. 우리는 가능한 한 빨리 가고 있는데, 어디로 가야 할지나 거기에 도착할 올바른 수단을 찾았는지에 대해서는 거의 생각하지 않는다. 우리는 그 '거기'가 무엇인지나 노력의 목적이 무엇인지에 관해서는 거의 성찰하지 않은 채 '거기'에 도달하기 위한 수단에 집중하는 경향이 있다. 따라서 지속 가능성은 지속 가능한 개발로 변형되어 진정으로 지속될 수 있는 수준으로 개발을 줄이는 데에 대한 강조가 부족함에도 불구하고 '지속적인' 개발의 함

의가 지배적이 되도록 한다.

**해설 >** 어디로 가는지도 모른 채 최대한 빨리 가는 택시 기사와 승객의 이야기를 통해 환경 과학과 환경 과학자들이 목적과 그 목적에 도달하기 위한 올바른 수단에 관해서는 깊이 고민하지 않은 채 목적지에 도달하는 수단에만 집중하는 경향이 있으며 지속 가능성이 지속 가능한 개발로만 여겨지는 경향이 있다는 내용의 글이다. 그러므로 글의 요지로 가장 적절한 것은 ⑤이다.

**어휘 >** sustainability 지속 가능성 progress 발전, 진보 hail (택시 등을) 부르다 cabbie 택시 기사 environmental science 환경 과학 reflection 성찰, 숙고 strive 노력하다, 힘쓰다 inadequate 불충분한, 부적절한 lessen 줄이다, 완화하다

(수능특강 Link) **2025학년도 수능특강 영어 6강 4번(주제 파악)**

■ **분야/소재:** 환경 과학/지속 가능성에 대한 과학의 기여도

■ **3줄 요약**

- 과학적 지식은 지속 가능성에 기여한다는 믿음이 있음
- 우리는 이제 과학과 사회적 결과 사이의 관계에 대한 선형적 관점에 결함이 있다는 것을 알고 있음
- 과학이 더 광범위한 맥락적, 사회생태학적 문제를 통합해야만 지속 가능성에 대한 과학의 기여도를 평가할 수 있음

(Linking Words)

sustainability 지속 가능성 scientific 과학적인 incorporate 통합하다 contextual 맥락과 관련된 socio-ecological 사회생태학적인 environmental science 환경 과학

## 06

**정답 >** ①

**소재 >** 갈릴레오의 물체 낙하 속도 측정 방법

**해석 >** 여러분은 아마도 갈릴레오가 물체가 어떻게 낙하하는지 관찰하기 위해 피사의 사탑에서 그것을 떨어뜨린 이야기를 들어 본 적이 있을 것이다. 이 이야기는 (뉴턴이 떨어지는 사과에 머리를 쿵하고 맞는 다른 유명한 낙하물 이야기와 함께) 아마도 거짓일 것이다. 역사학자들이 일어났다고 생각하는 것은 다음과 같은데, 갈릴레오 시대에 시간을 측정하는 기구들은 매우 조잡했고, 자유 낙하하는 물체들을 잘 측정할 수 있는 정교한 작업을 할 능력이 없었다. 그러나, 갈릴레오는 경사면에서 공을 굴림으로써 관련된 정보를 얻을 수 있다는 기발한 아이디어를 가지고 있었다. 이것들은 자유 낙하하는 물체보다 훨씬 느리게 움직였고, 다양한 시점에서 그것들의 속도를 그가 사용했던 조잡한 시간 측정 장치(기본적으로는 바닥에 구멍이 있는 물 양동이였는데, 물이 일정한 속도로 빠져나가므로 물의 수위를 보고 얼마나 많은 시간이 경과했는지 알 수 있는 것이었다)의 도움으로 계산할 수 있었다. 그의 실험 결과, 그는 낙하하는 물체의 속도는 일정한 비율로 증가하며, 이러한 증가는 무게에 상관없이 어떤 물체에든 동일하다는 결론을 내렸다.

**해설 >** 갈릴레오가 피사의 사탑에서 물체를 떨어뜨렸다는 이야기는 아마도 거짓일 것이며 실제로 갈릴레오는 경사면에서 공을 굴리고 당시의 조잡한 시간 측정 장치를 활용하여 낙하하는 물체의 속도에 대해 알아낼 수 있었다는 내용의 글이다. 따라서 글의 주제로 가장 적절한 것은 ① '갈릴레오의 실험에 대한 오해와 그의 진짜 방법'이다.

② 측정기기 개발에 대한 갈릴레오의 공헌

③ 관찰과 측정 사이의 과학적 차이

④ 중세 시대 과학 혁명의 논쟁적 양상

⑤ 갈릴레오의 수학적 자연 철학에 대한 역사가들의 평가

**어휘 >** crude 조잡한, 초보적인, 허술한 delicate 정교한, 섬세한 measurement 측정, 측량 inclined plane 경사면 constant 일정한, 끊임없는 velocity 속도 regardless of ~에 상관없이

(수능특강 Link) **2025학년도 수능특강 영어 7강 4번(제목 파악)**

■ **분야/소재:** 과학 및 수학 / 과학에서 중요한 것

■ **3줄 요약**

- 갈릴레오가 경사면에서 공을 굴렸을 때, 그는 현상을 보기만 한 것이 아니라 계산도 했음
- 갈릴레오가 생각해 낸 것은 수량과 관련한 수학 방정식이었음
- 과학에는 숫자가 중요하며, 과학자는 측정하고 계산하며, 단지 관찰만 하는 것이 아님

(Linking Words)

inclined 경사진, 기운 plane 면, 평면 measure 측정하다 measurement 측정 calculate 계산하다 numerical 숫자로 나타낸, 수의 quantity 양, 수량 velocity 속도

## 07

**정답 >** ②

**소재 >** 개인의 환경적 노력과 정치적 결정의 차이

**해석 >** 개인화된 환경적 노력은 재정적 혜택을 환경적 유효성과 일치시키기 때문에 더욱 강력할 수 있다. 나의 에너지 사용량을 추적함으로써, 나는 내가 설치한 전구가 실제로 비용을 절약하고 있는지 알아낼 수 있다. 스마트폰 앱을 사용하면 내가 지금 샤워를 더 오래 하는데도 저수량 샤워꼭지가 물을 절약하고 있는지 확인할 수 있다. 그렇지 않으면, 그 전기와 물의 비용이 내 주머니에서 나간다. 내가 직접적으로 연관되어 있을 때, 실패에 대한 비용은 내가 지불한다. 이것은 정치적인 결정에는 항상 사실은 아니다. 정치가들은 거의 환경 전문가나 과학자나 경제학자가 아니지만, 우리는 그들에게 이러한 모든 기량을 필요로 하는 결정을 내려달라고 요청한다. 그러나, 그들은 대중이 원하는 것에 대

한 전문가이므로 자주 환경적 유행을 선택하는데, 이것은 좋게 들리지만 환경에 거의 도움이 되지 않을 수도 있고 심지어 해를 끼칠 수도 있는 정책들이다. 그들은 그들이 아는 것에 기반하여 결정을 내리는데, 이는 반드시 효과적인 것은 아니다. 멋지게 들리는 것이 항상 환경에 도움이 되는 것은 아니다.

**해설 >** 환경적 노력이 개인에 의해 행해질 때는 개인이 감당하는 재정적 득실과 환경적 효과가 일치하기 때문에 그 노력이 더욱더 강력할 수 있으나 정치적 결정은 대중의 요구에 따라 환경적 유행을 따르더라도 그 결정이 환경에 꼭 도움이 되는 것은 아니라는 내용의 글이다. 따라서 글의 제목으로 가장 적절한 것은 ② '환경적 변화에 힘을 실어 주기: 개인 대 정치적 행동'이다.

① 재정적 발전이 환경의 질을 향상시키는 데 도움이 될 수 있을까?

③ 생활비: 돈을 절약하는 개인화된 친환경 선택사항들

④ 환경적 정책 결정: 지금 행동할 것인가 아니면 더 많은 정보를 기다릴 것인가?

⑤ 기후변화에 대한 정치 참여에서 내적 책임감의 역할

**어휘 >** personalized 개인화된, 개인이 원하는 대로 할 수 있는 align 일치시키다, 조화시키다 financial 재정의, 금융의 effectiveness 유효성 low-flow 저수량의 have skin in the game 직접적으로 연관되다, 직접적 이해관계가 있다 fad (일시적인) 유행

(수능특강 Link) **2025학년도 수능특강 영어 3강 2번(요지 파악)**

■ **분야/소재:** 환경/환경을 위한 선택

■ **3줄 요약**

- 지구를 위해 할 적절한 일을 아는 것이 어려우며 좋게 들리는 것이 반드시 그렇지 않을 수도 있음
- 개인이 사는 곳과 하는 행동에 따라 지구 환경을 위해 무엇이 더 나은지가 달라질 수 있음
- 환경을 위한 선택과 최선의 해결책은 개인적인 상황과 행동에 달려 있음

(Linking Words)

environment 환경 expensive 비싼 effective 효과적인 individual 개인적인 personal 개인적인 choice 선택 personalized 개인화된 effectiveness 유효성 decision 결정

## 08

**정답 >** ⑤

**소재 >** 미국 전체 성인과 Z세대 성인의 일일 미디어 참여 양상

**해석 >** 위의 도표는 2023년 미국의 전체 성인과 Z세대 성인의 일일 미디어 참여를 살펴본 조사 결과를 보여 준다. 이 조사에 따르면 미국 성인은 비디오 스트리밍 서비스와 비교해서 전통적인 TV를 매일 시청한다고 말하는 경향이 더 높았지만, Z세대 성인은 그 반대의 경향을 보고했다. 일일 미디어 소비 측면에서, 일반적으로 성인은 매일 AM/FM 라디오 청취 27%와 음악 스트리밍 28%로 거의 동일하게 나뉘는 반면, Z세대 성인은 AM/FM 라디오를 청취한 사람에 비해 음악을 스트리밍했다고 응답한 사람이 2배 넘게 많았다. 미국 성인의 11%가 매일 팟캐스트를 청취하거나 매일 비디오 팟캐스트를 시청한다고 말했으며, Z세대 성인은 팟캐스트 청취율 12%에 비해 17%로 더 높은 비디오 팟캐스트 시청을 보고했다. 다른 미디어에 관해서는 Z세대 성인의 12%가 매일 라이브 오디오 서비스를 사용했다고 응답한 반면, 전체 성인 중에서는 9%가 그렇다고 보고했다. 또한 Z세대 성인의 15%가 매일 오디오북을 들었다고 말했는데, 이는 전체 성인 비율의 2배가 넘었다.

**해설 >** Z세대 성인의 오디오북 청취 비율은 15%이고 일반 성인의 비율은 8%이므로, Z세대 성인의 오디오북 청취 비율은 전체 성인 표본의 2배가 안 된다. 따라서 도표의 내용과 일치하지 않는 것은 ⑤이다.

**어휘 >** engagement 참여, 개입 investigate 살피다, 조사하다 proportion 비율 inclined to ~하는 경향이 있는, ~할 것 같은 as compared to ~과 비교해서

(수능특강 Link) **2025학년도 수능특강 영어 19강 1~3번(1지문 3문항)**

■ **분야/소재:** 미디어/인기 팟캐스트를 탄생시킨 Monica Padman

■ **3줄 요약**

- Monica Padman이 대학을 졸업하고 할리우드 배우 Kristen Bell의 아이를 봐주게 됨
- Padman은 Bell의 남편과 열띤 토론을 즐겨함
- 토론 내용을 팟캐스트로 발전시키자는 Bell의 제안을 받아들여 Armchair Expert라는 팟캐스트가 탄생함

(Linking Words)

podcast 팟캐스트 popularity 인기

## 09

**정답 >** ⑤

**소재 >** 식물학자이자 유전학자인 Hugo de Vries

**해석 >** Hugo de Vries는 네덜란드의 위대한 식물학자이자 생물학적 진화에서 유전자의 개념과 돌연변이 이론을 제안한 것으로 가장 잘 기억되는 최초의 유전학자들 중 한 명이었다. de Vries는 또한 유전의 법칙에 관한 Gregor Mendel의 논문을 재발견한 최초의 인물이기도 하였다. 어린 시절부터, de Vries는 식물학에 매우 관심이 많았고 집에서 만든 식물 표본집으로 여러 상을 받았다. de Vries는 Leiden University에서 유명한 독일 식물학자 Julius von Sachs 밑에서 식물학을 공부했고 1870년

에 졸업했다. 1877년, de Vries는 새롭게 설립된 University of Amsterdam에서 식물생리학 교수가 되었고, 1881년에 정교수가 되었다. 1885년에 그는 또한 Amsterdam Botanical Institute and Garden의 교수이자 소장이 되어 1918년까지 일했다. 1883년, de Vries는 소금 용액의 농도가 식물 세포에 미치는 영향을 연구했다. 이것은 네덜란드의 물리 화학자 Jacobus van 't Hoff가 용액의 성질에 관한 이론적인 분석을 하도록 영감을 주었고, 그것으로 그는 1901년 노벨 화학상을 수상했다.

**해설 >** 네덜란드의 물리 화학자 Jacobus van't Hoff가 Hugo de Vries의 연구에서 영감을 받아 용액의 성질에 관해 분석했고 이것으로 노벨상을 수상했다고 하였으므로, 글의 내용과 일치하지 않는 것은 ⑤이다.

**어휘 >** botanist 식물학자 geneticist 유전학자 mutation 돌연변이 biological 생물학적인, 생물학의 evolution 진화 inheritance 유전, 유산 notable 유명한, 주목할 만한 physiology 생리학 full professor 정교수 concentration 농도, 집중 solution 용액 theoretical 이론적인, 이론의

수능특강 Link **2025학년도 수능특강 영어 20강 3번(글의 순서)**

■ **분야/소재:** 과학/Hugo de Vries와 Darwin의 만남

■ **3줄 요약**

- Hugo de Vries가 Darwin을 만나기 위해 잉글랜드로 갔음
- Hugo de Vries와 Darwin은 서로 매우 닮았으며 둘은 대화를 나누었음
- Hugo de Vries는 Darwin을 만난 후 식물학을 그만두고 유전학에 몰두했음

Linking Words

botanist 식물학자 heredity 유전 geneticist 유전학자 botany 식물학 inheritance 유전

## 10

**정답 >** ④

**소재 >** 꿀벌 글짓기 대회

**해석 > 전국 꿀벌 글짓기 대회**

여러분은 꿀벌이 여러분, 여러분의 공동체, 그리고 세상에 어떤 의미인지 생각해본 적이 있습니까? 자, 그 생각을 가지고, 키보드를 잡고, 이 재미있는 글짓기 대회에 참가하세요! 대회 주제는 '꿀벌 속의 슈퍼 유기체'입니다.

**규정:**

■ A4 크기 용지 한 장에 타자로 작성한 글을 제출하세요(양면도 괜찮습니다).
■ 단어 제한 : 750~1,000 단어
■ 뒷받침(근거)의 깊이, 정확성, 창의성, 간결성, 논리적 전개에 따라 글을 심사합니다.
■ 글은 2월 18일 일요일 자정까지 온라인으로 제출해야 합니다.
■ 등록하려면, 글을 쓴 사람에 관한 일반적인 정보를 포함한 신청서를 제출하세요.
■ 모든 출품작은 재단의 소유가 됩니다(글은 반환되지 않습니다).

**시상 내역:**

■ 상위 3명에게 상금이 수여됩니다:
• 1위: $200
• 2위: $100
• 3위: $50
■ 수상자는 3월 첫째 주에 공지 예정입니다.

**대회 후원자:** The Foundation for the Preservation of Honey Bees

**해설 >** 모든 출품작은 재단의 소유가 되며 글은 반환되지 않는다(essays will not be returned)고 하였으므로, 안내문의 내용과 일치하지 않는 것은 ④이다.

**어휘 >** organism 유기체, 생물 submit 제출하다 double-sided 양면의 limit 제한, 한도 depth 깊이 accuracy 정확성 conciseness 간결(성) property 자산, 소유(물) sponsor 후원자

수능특강 Link **2025학년도 수능특강 영독 6강 4번(어법)**

■ **분야/소재:** 인류학/야생 꿀벌 집 찾기

■ **3줄 요약**

- 벌 사냥[벌 추적하기]은 유럽, 북미, 중동, 아프리카에서 널리 행해진 오래된 활동임
- 수렵 · 채집인은 꿀벌 집을 찾아 먹을 것을 얻었음
- 서기 1세기에 집필된 야생 꿀벌 집 찾기에 관한 최초의 문자 기록이 있음

Linking Words

bee 벌 honey bee 꿀벌 colony 군체, 집단

## 11

**정답 >** ③

**소재 >** 볼링 기금 모금 행사

**해석 > 'Strike Out Childhood Cancer' 볼링 기금 모금 행사**

Kiwanis Club of Randolph Township은 조만간 저희의 연례 볼링 기금 모금 행사 'Strike out Childhood Cancer'를 개최할 예정입니다. 의미 있는 즐거운 볼링의 날에 동참하세요.

이 기금 모금 행사는 3월 17일 일요일 오후 1시 30분부터 3시 30분까지 Rockaway Lanes에서 개최됩니다.

**일반 정보**

- 4명에서 6명의 볼러로 팀을 구성하세요.
- 참가비는 볼러당 25달러이며, 여기에는 2시간 동안의 무제한 볼링과 신발 대여가 포함됩니다.
- 모든 수익금은 암과 싸우는 어린이들과 그들의 가족들에게 도움을 제공하는 데 헌신하는 비영리 단체인 Sarah's Fight for Hope에 기부될 것입니다.
- 점수가 가장 높은 게임과 두 번째로 높은 게임에 대해 상이 수여됩니다.
- 등록 및 팀 구성은 3월 10일 일요일에 마감됩니다.
- 자리를 예약하시려면 RandolphKiwanis.org에서 팀 등록 양식을 다운로드한 후 완성해서 사이트에 결제와 함께 업로드하세요.

**해설 >** 참가비는 볼러당 25달러이며, 여기에는 2시간 동안의 무제한 볼링과 신발 대여가 포함된다고(The participation fee is $25 per bowler, which includes two hours of unlimited bowling and shoe rental.) 하였으므로, 안내문의 내용과 일치하는 것은 ③이다.

**어휘 >** fundraiser 모금 행사　rental 대여, 임대료　nonprofit 비영리적인　committed to ~에 헌신하는　registration 등록　formation 구성, 형성　reserve 예약하다

(수능특강 Link) **2025학년도 수능특강 영어 23강 3번(무관한 문장)**

- **분야/소재:** 스포츠과학/볼링공의 각도 변화
- **3줄 요약**
  - 볼링공을 떨어뜨리는 각도에는 항상 미세한 변화가 있고 공이 이동하면서 그 변화는 더 커짐
  - 볼링공은 볼링핀과 부딪칠 때 방향이 바뀌고 넘어지는 볼링핀끼리도 부딪쳐서 예측이 어려움
  - 연달아 스트라이크를 치더라도 볼링 핀이 정확히 똑같은 방식으로 넘어지는 것은 아님

(Linking Words)
bowling 볼링　bowler 볼링 치는 사람, 볼러　lane 레인　angle 각도

## 12

**정답 >** ②

**소재 >** 구매 계획과 전략의 중요성

**해석 >** 식료품점의 통로는 마치 각각이 여러분이 돈을 쓰도록 유혹하려고 하는 광고판들이 늘어선 고속도로와 같다. 미리 계획을 세움으로써, 여러분은 교묘한 판촉 진열품들이 여러분의 알뜰 구매 의도를 망치는 것을 막을 수 있다. 2005년 Arbitron의 연구는 판매 물품 광고전단을 참고하고 쿠폰을 모은 '똑똑한 구매자'의 40퍼센트가 상점의 확성기를 통해 상품에 대한 오디오 광고를 들은 후에 여전히 계획하지 않은 구매를 한다는 것을 발견했다. 그 연구는 또한 '똑똑한 구매자'의 35퍼센트가 상점에서 오디오 광고를 들은 후 자신의 목록에 있던 브랜드와 다른 브랜드를 구매했다는 것을 발견했다. 나는 효과가 있을지도 모른다고 생각하기는 하지만, 여러분에게 귀마개를 착용하라고 제안하는 것은 아니다. 하지만 여러분이 상점에 더 오래 머물수록, 상점의 판촉에 굴복할 가능성이 더 크다는 것을 분명히 알아라. 신중하게 계획된 목록과 전략은 판매 책략들이 여러분을 그것들의 걸려들게 하는 손아귀로 유혹하기 전에 여러분이 신속하게 들어가고 나오도록 도와준다.

**해설 >** ② found의 목적어 역할을 하는 that절에서 주어인 40 percent of "smart shoppers" who consulted sales circulars and collected coupons에 이어지는 서술어를 이끄는 동사가 나와야 하므로, making을 made로 고쳐야 한다.
① a highway를 수식하는 분사구를 이끄는 과거분사 lined의 쓰임은 적절하다.
③ 앞에 조동사 should가 생략된 형태로 동사원형 wear의 쓰임은 적절하다.
④ '~할 가능성이 있다'라는 의미의 「be likely to + 동사원형」의 형태이므로 to succumb의 쓰임은 적절하다.
⑤ marketing ploys를 대신하는 대명사 their의 쓰임은 적절하다.

**어휘 >** aisle 통로　billboard 광고판　lure 유혹하다, 꾀다　merchandise 판매를 촉진하다　derail 실패하게 하다, 무산시키다　thrifty 알뜰한, 절약하는　consult 참고하다　circular 광고전단　loudspeaker 확성기, 스피커　earmuff 귀마개　succumb to ~에 굴복하다, 지다　ploy 책략, 계략　catchy 남을 걸려들게 하는, 속임수의　clutch 손아귀

(수능특강 Link) **2025학년도 수능특강 영어 7강 1번(제목 파악)**

- **분야/소재:** 경제학/낭비되는 식품을 줄이는 방안
- **3줄 요약**
  - 한 연구에 따르면 가정에서 음식을 버려 식료품 지출의 일부를 낭비함
  - 상하기 쉬운 식품을 과도하게 사지 않음으로써 돈을 절약할 수 있음
  - 쇼핑하기 전에 생필품을 점검하고 다음 주에 사야 할 정확한 양을 추정해야 함

(Linking Words)
grocery 식료품　spending 지출　save 절약하다　overbuy 과도하게 사다　leftover 남은 음식　merchandising 판촉, 판매

## 13

**정답 >** ⑤

**소재 >** 인간이 만든 세계에서 참과 거짓을 판단하기의 어려움

**해석 >** 인간이 만든 세계, 주식시장, 법인 합병, 정치, 그리고 아마도 심지어 도덕의 세계에 관한 한, 우리의 생각에 부합하는 마음으로부터 독립적인 대상을 찾거나 심지어 상상하기조차 어렵다. 여기서 우리는 무엇이 참인지 거짓인지 그저 바라보고 알 수는 없고, 우리의 욕망과 개념적 편견이 우리가 생각하고 있는 것이 무엇인가에 대한 바로 그 본질에 더 분명하게 영향을 미치는 것 같다. 그러나 이런 종류의 것들에 대해 말하는 것은 산과 몽구스에 대해 말하는 것만큼이나 진실과 거짓에 민감하다. 우리는 경제적, 정치적, 도덕적 문제에 대해 실수를, 큰 실수를 할 수 있다. 그리고 우리가 어떤 주제에 대해 실수를 할 수 있음을 인정하는 것은 그 주제에 대한 우리의 생각이 객관적으로 참이거나 거짓일 수 있다는 것을 받아들이는 것과 같다. 따라서 어떤 영역에서는 우리의 믿음이 참이거나 거짓일 수 있지만, 그것들의 참과 거짓은 마음으로부터 독립적인 다양한 대상의 행동과 거의 관련이 없어 보인다. 그런 경우 우리는 개념적 선택에서 더 훨씬 더 많은 자유가 있고, 세상이 더 기꺼이 다른 설명을 용인한다고 생각하기 꺼린다(→ 쉽다). 우리는 상황이 더 중요하다고 생각한다.

**해설 >** 인간이 만든 세계에는 마음으로부터 독립적인 대상이 존재하지 않기에 진실과 거짓을 판단하기 어려우며 우리의 욕망과 편견이 우리의 사고에 영향을 미친다는 내용의 글이다. 우리의 믿음이 참일 수도 있고 거짓일 수도 있지만, 이것은 마음 독립적인 대상의 행동과는 무관하며 우리는 상황을 더 중요하게 여긴다고 하였다. 이를 바탕으로, 우리는 개념적 선택에 자유가 있고 세상이 다양한 설명을 용인한다고 생각하는 경향이 있다고 추론할 수 있다. 따라서 ⑤의 reluctant는 '~하기 쉬운, ~하는 경향이 있는'의 의미를 지닌 prone과 같은 낱말로 바꾸어야 한다.

**어휘 >** corporate merger 법인 합병 conceive of ~을 상상하다 conceptual 개념적인, 개념의 susceptible to ~에 민감한 latitude 자유, 허용 범위 tolerate 용인하다, 참다 context 상황, 맥락

(수능특강 Link) **2025학년도 수능특강 영어 Test 2 · 4번(주장 파악)**

■ **분야/소재:** 철학/진리 추구와 도덕적 판단

■ **3줄 요약**

- 때로는 어떤 문제에 대한 진실을 추구하는 것이 추구하지 않는 것보다 도덕적으로 더 나쁠 것임
- 도덕적으로 나쁜 것은 추구되는 정보가 야기하는 결과일 수도 있고 정보가 추구되는 방식일 수도 있음
- 특정한 방식으로 진리를 추구할 때는 그 탐구가 추구하는 것이 다른 가치관과 충돌할 것인지 먼저 판단해야 함

(Linking Words)

economic 경제적인 growth 성장 economy 경제 consume 소비하다

# 14

**정답 >** ②

**소재 >** 순간에 집중해야 하는 등반의 특성

**해석 >** 등반과 관련된 위험은 등반가들이 자유를 경험하기 위해 올바른 정신 상태에 있도록 돕는 역할을 할지도 모른다. 등반가들은 언제 어디에 캠프를 설치할 것인지, 또는 다음 장비 배치 지점은 어디일지, 또는 반드시 다음 발걸음이 믿을 수 있도록 하는 것과 같은 단순히 그 순간의 문제에 주의를 기울여야 한다. 만일 등반가들이 그들의 당면한 상황에 집중하지 않는다면, 결과는 참담할 수 있다. 등반 환경의 위험성은 등반가들에게 매우 단순화된 정신적 존재로 진입하도록 계속해서 장려한다. 이것은 결국 적어도 일정 기간 동안, 등반가들이 그들 자신과 조화를 이루도록 돕는다. 등반의 고립된 성격과 자급자족 정신을 고려할 때, 자신의 상황을 받아들이고 행동하는 대신, 그것을 한탄할 여지가 거의 없다는 것도 이것에 추가하라. 일단 어떤 행동이 요구되는지 이해하면, 해야 할 것을 성취하려고 단순히 시도하는 것 외에 받아들일 만한 선택지가 없다는 것이 분명하다.

**해설 >** 등반가들은 당면한 상황에 집중해야 하며 즉각적 상황에 집중하지 않으면 결과가 참담할 수 있고 등반 환경의 위험성으로 인해 등반가는 단순화된 정신적 존재가 되며 자신과 조화를 이룬다는 내용의 글이다. 따라서 빈칸에 들어갈 말로 가장 적절한 것은 ② '위험'이다.

① 비용 ③ 계획 ④ 기술 ⑤ 동기

**어휘 >** placement 배치, 놓기 solid 믿을 수 있는, 견고한 disastrous 참담한, 처참한 persistently 계속해서, 끈질기게 in accord with ~과 조화되어, ~과 일치하여 self-sufficiency 자급자족, 자족 lament 슬퍼하다, 후회하다 acceptable 받아들일 만한, 용인되는

(수능특강 Link) **2025학년도 수능특강 영어 Test 2 · 20번(글의 순서)**

■ **분야/소재:** 철학/등반과 윤리

■ **3줄 요약**

- 등반가의 윤리적이거나 비윤리적 행동과 관련하여 등반과 철학이 교차함
- 등반에서의 윤리적 문제 중 일부에는 더 일반적인 도덕 원칙의 직접적인 연장이 수반됨
- 등반에 고유한 요인을 수반하는 문제들에는 더 광범위한 윤리 규칙을 적용할 수 없음

(Linking Words)

climbing 등반 climber 등반가 place 설치하다 gear 장비 placement 설치

## 15

**정답 >** ①

**소재 >** 협상의 전략

**해석 >** 약속을 폐기하는 한 가지 방법은 문제가 조용히 사라지게 내버려 두는 것이다. 일정 시간 경과 후 협상가는 이전 약속을 언급하는 일 없이 해당 약속의 영역에서 새로운 제안을 할 수 있다. 이 과정의 변형은 이전에 상대방의 약속에 의해 배제되었던 방향에서 잠정적인 조치를 취하는 것이다. 예를 들어, 특정 직무 배치를 절대 받아들이지 않겠다고 말한 직원은 그 직무에 '임시'로 배치되는 것이 자신의 경력에 주는 이점을 고려하도록 요청받을 수 있다. 관료제 기관에서는 변화가 공식적으로 채택되기 전에 효과가 있는지 확인하기 위한 '혁신적인 실험'으로서 도입될 수 있다. 상대방이 이러한 변형 중 어느 하나에 응답하여 침묵이나 구두 발언을 통해 그 방향으로 일이 진행되도록 할 의지를 표시한다면, 협상이 그냥 진행되도록 허용해야 한다.

**해설 >** 협상가가 이전 약속을 언급하지 않고 새로운 제안을 함으로써 이전의 약속을 폐기할 수 있다는 내용의 글이다. 따라서 빈칸에는 ① '문제가 조용히 사라지게 내버려 두는 것'이 가장 적절하다.

② 문제를 명확하게 밝히는 것
③ 문제를 제3자에게 넘기는 것
④ 설명 없이 상대방을 무시하는 것
⑤ 의도적으로 문제를 덜 중요하게 만드는 것

**어휘 >** abandon 폐기하다, 버리다 commitment 약속 negotiator 협상가 proposal 제안 variation 변형 exclude 배제하다 placement 배치 institution 기관 innovative 혁신적인 adopt 도입하다, 채택하다 in response to ~에 응답하여 indicate 표시하다 verbal 구두로 된, 말의 willingness 의지, 기꺼이 하려는 마음 negotiation 협상

(수능특강 Link) **2025학년도 수능특강 영어 Test 2 · 7번(제목 파악)**

■ **분야/소재:** 비즈니스/협상의 기술

■ **3줄 요약**

- 협상가들은 긍정적인 것을 강조함으로써 선택사항을 수락하는 것의 매력도를 높일 수 있음
- 매력적인 특성을 극대화하고 부정적인 특성을 최소화하고, 기한을 설정하는 등의 방법이 있음
- 이는 판매원의 제품 판매 전략과 동일함

(Linking Words)

negotiator 협상가

## 16

**정답 >** ①

**소재 >** 알고리즘 기계 프로그래밍의 역설

**해석 >** 최근의 알고리즘 기계들이 완전히 정해진 과정을 따르더라도, 우리는 그 결과가 예측 불가능하고, 우리가 아직 모르는 것, 즉 사용자와의 주어진 상호 작용에 적합한 새로운 정보를 생산하기를 원한다. 예상되는 결과는 누구에 의해서도 예측되지 않으며 자가 학습 알고리즘의 경우, 예측할 수 없을 것인데, 바로 그런 이유로 우리가 알고리즘을 사용하며, 그런 이유로 그것들이 창의적으로 보이는 것이다. 그러므로 설계자들이 직면한 딜레마는 창의적이지만 동시에 통제 가능한 기계를 만드는 것, 즉 예측하지 못한 결과를 산출하는 프로그램을 짜는 것이다. 기계가 완전히 결정적이더라도, 기계의 행동은 우연적으로 보이고 사용자의 우연성에 반응해야 한다. 예를 들어, 일련의 기계 학습 알고리즘에 기초한 실제 장난감 로봇 Cozmo는 단순한 무작위가 아니라 '예측 불가능하게 프로그램이 짜여' 있다. Cozmo의 행동은 사용자에게 즉각 반응하고 적절하게 보여야 하며, 그렇지 않으면 재미가 없다. 지능형 알고리즘의 프로그램을 짜는 역설적인 목적은 예측 불가능한 기계를 통제된 방식으로 만드는 것이다.

**해설 >** 알고리즘을 통해 인간이 예측하지 못하는 창의적인 결과를 만들어 내기를 원하지만 동시에 인간이 통제할 수 있어야 한다고 했으므로 ① '예측 불가능한 기계를 통제된 방식으로 만드는 것'이 빈칸에 가장 적절하다.

② 창의적인 기계의 행동에서 창의성을 제거하는 것
③ 확고하고 변하지 않는 기계의 행동을 정립하는 것
④ 인간 창조자를 능가할 수 있는 기계를 만드는 것
⑤ 유익하면서 동시에 해로울 수 있는 기계를 개발하는 것

**어휘 >** outcome 결과 unpredictable 예측 불가능한 appropriate 적합한 interaction 상호 작용 dilemma 딜레마, 진퇴양난 real-life 실제의, 현실의 based on ~에 기초한 random 무작위의 responsive 즉각 반응하는, 응답성이 좋은 paradoxical 역설적인 purpose 목적

(수능특강 Link) **2025학년도 수능특강 영독 1강 4번(빈칸 추론)**

■ **분야/소재:** 정보통신/의사소통 동반자로서의 알고리즘의 특성

■ **3줄 요약**

- 알고리즘은 인간과 다르게 데이터를 처리하고 정보를 관리함
- 이것이 오히려 장점이 됨
- 우리의 요구에 응하면서 인간의 이해에 제한받지 않는 정보를 제공할 수 있음

(Linking Words)

algorithm 알고리즘 machine 기계 information 정보

## 17

**정답 >** ①

**소재 >** 지도자가 솔직해야 할 필요

**해석 >** 정보가 방대하고 압도적이며 끊임없이 변화하는 환경에서는 지도자가 확고한 관점을 가지고 있으면서도 '모른다'고 말할 수 있을 만큼 개방적인 태도를 취하고, 자신이 가진 여러 능력이나 배경이 특정 문제를 처리하도록 자신을 준비시켜 주지 않았다는 사실을 인정하는 것이 중요하다. 지도자는 너무나 많은 모호함, 복잡함, 불확실함에 부딪히므로 지도자가 모든 해답을 아는 것이 가능하지 않다. 때로는 당혹스러워하는 것이 적절한 대응이다. 이러한 혼란해하는 반응이 일부 사람들에게는 엄청나게 불편하다는 것을 우리는 안다. 하지만 가끔은, 어떤 주제에 대해 정보가 없거나 상황이 대단히 난해해서 파악할 수 없다고 인정하는 것이 중요하다. 다른 분야에서 확신이 있고 지식이 있는 지도자는 정직함으로 다른 사람들에게 동기를 부여할 것이다. 요즘 직속 부하 직원, 팀원 및 다른 사람들은 투덜대거나 가식 떨지 않고 자신의 단점을 인정할 줄 아는 관리자를 존경한다.

**해설 >** 정보가 너무 많고 환경이 끊임없이 변화하여 지도자가 모든 해답을 아는 것이 불가능한 환경에서는 자신도 해답을 알지 못하여 당혹스럽다는 것을 솔직히 인정해야 한다는 내용의 글이므로 ① '당혹스러워하는 것'이 빈칸에 가장 적절하다.

② 무관심한 것
③ 공격적으로 변하는 것
④ 무지를 감추려 노력하는 것
⑤ 스스로 옳다고 주장하는 것

**어휘 >** vast 방대한 overwhelming 압도적인 constantly 끊임없이 ambiguity 모호함 complexity 복잡함 appropriate 적절한 tremendously 엄청나게 uncomfortable 불편한 every so often 가끔 uninformed 정보가 없는 grasp 파악하다, 이해하다 knowledgeable 지식이 있는 motivate 동기를 부여하다 direct report 직속 부하 shortcoming 단점

수능특강 Link **2025학년도 수능특강 영어 16강 3번(문장 삽입)**

- **분야/소재:** 인문/오늘날 리더의 자질
- **3줄 요약**
  - 리더에게 경험은 중요한 자질임
  - 끊임없이 변화하는 세상에서는 경험이 오히려 불리할 수 있음
  - 오늘날 리더는 새로운 시각에서 볼 수 있도록 단련해야 함

Linking Words

constantly 끊임없이 changing 변화하는 important 중요한 leader 지도자 situation 상황

## 18

**정답 >** ③

**소재 >** 소셜 네트워크의 데이터를 이용한 대중 이해의 필요성

**해석 >** 소셜 네트워크 공간에서 데이터를 채굴해 오는 것은 우리의 시청취자에 대한 통찰을 얻는 데 도움이 된다. 이러한 데이터는 사람들이 언제 적극적이 되는지, 어떤 주제에 대해 사용자들이 관심을 갖는지 이해하는 데 도움이 될 수 있다. 길을 건너기 전에 좌우를 살펴보는 것이 우리가 더 정보에 근거한 결정을 내리는 데 도움이 되는 것처럼, 어떤 대화가 일어나고 있는지에 대해 데이터 기반의 견해를 갖는 것은 우리가 시청취자와 더 좋은 관계를 가지게 할 수 있게 한다. (안전 운전과 보행자 의식을 고취하는 다양한 프로그램에도 불구하고 부주의한 운전자로 인해 횡단보도 사고가 계속 발생하고 있어, 지속적인 교육과 교통법규의 엄격한 집행의 필요성을 강조한다.) 한때 쉽게 시청취자를 장악했던 존재들은 시사적이며 주목받는 분야를 더 잘 이해하기 위해 데이터 기반의 수단을 이용할 필요가 있다. 그들은 사람들에게 흥미를 불러일으킬 내용과 편집자가 중요하다고 생각하는 내용 사이의 균형을 맞추기 위해 노력하면서, 뉴스에 종사하는 사람들이 항상 씨름해 온 난제에 잘 대처해야 한다.

**해설 >** 소셜 네트워크 공간에서 가져온 데이터를 이용해 시청취자를 더 잘 이해할 수 있어야 한다는 내용의 글이므로, 지속적인 교육과 교통법규의 엄격한 집행으로 부주의한 운전자로 인한 횡단보도 사고를 방지해야 한다는 내용의 ③이 글의 전체 흐름과 관계 없는 문장이다.

**어휘 >** mine 채굴하다 insight 통찰 informed decision 정보에 근거한 결정 data-driven 데이터 기반의 engage 관계를 맺다 inattentive 부주의한 despite ~에도 불구하고 encourage 고취하다, 격려하다 pedestrian 보행자 highlight 강조하다 ongoing 계속 진행 중인 enforcement 집행 regulation 법규 entity 존재, 실체 command 장악하다 topical 시사적인 challenge 난제, 도전 engaged in ~에 종사하는 contend with (곤란한 문제나 상황)과 씨름하다

수능특강 Link **2025학년도 수능특강 영어 28강 1번(주제 파악)**

- **분야/소재:** 정보통신/데이터와 알고리즘에 의한 편향된 정보
- **3줄 요약**
  - 소셜 네트워크의 구성원들은 편향되어 있어서 특정 민족이 과도하게 대표됨
  - 알고리즘은 설계자의 정치적 문화적 가치가 내재되어 있어, 중립적이지 않음
  - 단순한 트래픽 증가가 아니라 대중에게 정확한 정보를 전달하려 힘써야 함

Linking Words

data 데이터 challenge 어려움, 난제 network 네트워크 informed 정보에 근거한

## 19

**정답 >** ③

**소재 >** 아이들에게 롤모델이 미치는 영향

**해석 >** 도심 빈민 지역의 많은 젊은이들은 대학을 졸업하고 전임으로 일하는 지역 내 롤모델과 멘토가 부족하다. (B) 그런 롤모델은 다양한 직업에 대한 상상력을 넓히고 교육에 투자하여 더 부유해질 수 있는 가능성을 높이는 데 도움이 될 것이다. Robb과 Fairlie는 가족 소유의 기업에서 일한 경험의 부족이 더 나쁜 사업 성과와 관련이 있다는 것을 발견했다. (C) 발명가와 혁신가를 접하는 것은 아이들에게 비슷한 영향을 미칠 수 있다. 연구자들은 시험 점수를 통제한 후에도 최고 소득 가정의 아이들이 중위 소득 아래 가정의 아이들보다 발명가가 될 가능성이 10배 높다는 사실을 발견했다. (A) 그들은 또한 특정 기술에서 높은 혁신율을 가진 가족이나 이웃에서 성장하는 것이 그 아이가 같은 기술 분야에서 성공적인 혁신가가 될 가능성이 높아지는 결과로 이어진다는 것도 발견했다. 이는 우리가 아이들을 더 많은 혁신가와 발명가와 접하게 할 수만 있다면, 아이들이 성공할 가능성이 더 커진다는 것을 시사한다.

**해설 >** 주어진 문장의 local role models를 (B)의 Such role models로 받고 있다. (C)의 a similar effect 이후는 발명가와 자주 만나는 아이들이 발명가가 될 가능성이 높다는 내용인데, 이는 (B)의 두 번째 문장에서 말한 내용인 가족 소유의 기업에서 일한 경험이 부족한 아이들이 사업 성과가 나쁘다는 것과 연결되는 내용이다. (A)의 They는 (C)의 Researchers를 가리킨다. 따라서 주어진 글 다음에 이어질 글의 순서로 가장 적절한 것은 ③ '(B)−(C)−(A)'이다.

**어휘 >** inner-city 도심 빈민 지역　work full-time 전임으로 일하다　innovation 혁신　probability 가능성　imply 시사하다, 의미하다　expand 넓히다, 확장하다　be associated with ~과 관련이 있다　tenfold 10배로　median income 중위 소득

(수능특강 Link) **2025학년도 수능특강 영어 Test 3 · 15번(빈칸 추론)**

- **분야/소재:** 사회/아프리카계 미국인 교외화의 의도치 않은 결과
- **3줄 요약**
  - 고소득 집단이 떠난 후의 도시 중심부에는 젊은 사람들이 성공한 사람을 볼 기회가 적음
  - 높은 수준의 교육을 달성한 사람과 교류가 적으면 교육의 경제적 이점을 과소평가함
  - 교외로 상향 이동하는 사람들의 현상은 도심 빈민 지역의 젊은이들에게 영향을 끼침

(Linking Words)

role model 롤 모델　income 소득　education 교육　effect 영향

## 20

**정답 >** ③

**소재 >** 아이의 기술 사용에 대한 부모의 감시나 제한 조치

**해석 >** 한 연구에서 연구자들은 어린이들에게 그들의 다양한 형태의 기술 사용을 통제하는 규칙을 부모님이 가지고 있는지 물었다. (B) 텔레비전(68%), 컴퓨터(60%), 비디오 게임(66%), 음악(85%) 등 대부분의 범주에서 대부분의 어린이가 아니라고 답했다. 부모가 자녀의 인터넷 및 소셜 미디어 사용에 제한을 하는지 질문을 받았을 때는 46%의 부모가 제한을 한다고 답했지만, 자녀의 36%만이 그러한 제한을 확인했다. (C) 그렇다면 누구의 말을 믿어야 할까? 어느 경우이든, 너무나 많은 부모들이 표현한 근심의 강도를 특히 고려하면 그 수치는 놀라울 정도로 낮다. (A) 이 연구는 이러한 근심에 대응하는 의미 있는 조치가 부족한 이유가 아이들 방의 50%에 컴퓨터가 있고, 55%의 부모가 소셜 미디어를 단지 일시적인 인터넷 유행이라고 생각하기 때문이었음을 시사했다. 핵심은 대다수의 부모가 자녀의 기술 사용을 감시하거나 제한을 두지 않는다는 것이다.

**해설 >** 주어진 문장에서 연구자들의 질문에 대한 응답을 (B)의 첫 문장에서 하고 있고, (B)의 내용에서 보이는 모순에 대해 누구의 말을 들어야 할지 의문을 제기하고 있는 것이 (C)의 첫 문장이며, (C)의 the concerns를 (A)의 these concerns로 지칭하고 있다. 따라서 주어진 글 다음에 이어질 글의 순서로 가장 적절한 것은 ③ '(B)−(C)−(A)'이다.

**어휘 >** govern 통제하다, 관리하다　in response to ~에 대응하여　concern 근심　due to ~ 때문에　presence 있음, 존재　fad 일시적 유행　bottom line 핵심, 결론　keep an eye on ~을 감시하다　category 범주　confirm 확인하다, 확증하다　alarmingly 놀라울 정도로　given ~을 고려하면

(수능특강 Link) **2025학년도 수능특강 영어 13강 5번(빈칸 추론)**

- **분야/소재:** 정보통신/매체와 기술 자체에 대한 주목
- **3줄 요약**
  - 전달되는 콘텐츠를 넘어 매체 자체가 영향을 끼침
  - 소셜 미디어를 사용하면 사회적 기술을 배울 수 있는 경험이 줄어듦
  - 우리는 기술의 콘텐츠에 집중한 나머지 기술이 사람들에게 미치는 영향을 과소평가함

(Linking Words)

technology 기술　social media 소셜 미디어　children 어린이들, 아이들　video 비디오

## 21

**정답 >** ⑤

**소재 >** 비축될 수 있는 생산성과 비축될 수 없는 생산성

**해석 >** 피자 1000개를 만들 수 있는 충분한 원재료가 있다면, 그 재료는 하룻밤에 1000개의 피자를 만들거나 1000일 동안 하룻밤에 한 개씩 피자를 만드는 데 사용될 수 있을 것이다. 원재료의 생산성은 원재료가 변형되어 만들어질 수 있는 피자의 물리적 숫자로 단순히 측정된다. 또한 피자의 재료는 시간이 지남에 따라 생산되므로 해당 재료가 생산될 때 사용되거나 미래의 사용을 위해 비축될 수 있다. 반면, 요리사나 주방은 수명이 다할 때까지 수많은 피자를 생산할 수 있지만, 무한대의 재료를 이용할 수 있을지라도, 어느 주어진 날 저녁에 몇 개 이상은 만들 수 없다. 요리사와 주방의 생산성은 시간당 피자 수로 측정된다. 하지만, 이 생산성은 비축될 수 없다. 예를 들어, 한 요리사를 6일 밤 동안 쉬게 하더라도, 일주일 분량의 피자를 만들 수 있는 능력이 일곱 번째 날 밤에 모두 소진될 수는 없다.

**해설 >** ⑤ 뒤에 나오는 요리사의 생산성은 비축되었다가 일주일치가 한꺼번에 소진될 수 없다는 예시는 주어진 문장에서 말하는 '비축될 수 없는 생산성'의 예시로 보는 것이 자연스럽다. 따라서 this productivity는 요리사와 주방의 생산성을 가리키고, 주어진 문장은 ⑤에 들어가는 것이 가장 적절하다.

**어휘 >** productivity 생산성　stockpile 비축하다　raw ingredient 원재료　transform 변형시키다　be capable of ~할 수 있다　over the course of ~ 동안　available 이용 가능한　capacity 능력

(수능특강 Link) **2025학년도 수능특강 영어 Test 1 · 21번(문장 삽입)**

- **분야/소재:** 경제/질료인(質料因)과 동력인(動力因)
- **3줄 요약**
  - 피자를 만들기 위해서는 요리사, 주방, 원재료가 필요함
  - 자신은 변형되지 않고 변형을 일으키는 요리사와 주방은 동력인임
  - 원재료는 자신이 변형되므로 질료인임

(Linking Words)

raw ingredient 원재료　pizza 피자　transform 변형하다　production 생산

## 22

**정답 >** ③

**소재 >** 집단 내에서 제한받는 언론의 자유

**해석 >** 집단은 다양한 의견을 용인할 것이지만, 그 의견이 수용된 철학의 테두리 안에 머물러 있는 경우에만 그렇다. 즉, 여러분이 질을 중시하는 한, 여러분의 의견은 환영받는다. 그렇지 않다면 여러분의 견해는 비난받을 것이다. 민주주의 국가에서 특정 의견만 허용하는 것의 위험성이 상당히 인지되어 있고, 그 문제를 해결하기 위해 특별한 노력이 기울여져 왔다. 언론의 자유는 다른 사람들이 격렬하게 반대할지라도, 심지어 내 세계관이 불쾌할지라도 내 의견에 대한 권리를 보장한다. 그러나 우리는 시민으로서 이러한 권리를 가지고 있지만, 이러한 관용이 직장 생활까지 확장되는지는 그렇게 분명하지 않다. 조직에서, 언론의 자유는 더 희귀한 것이다. 따라서, 집단은 헌신을 이끌어 내고 일을 해내는 데는 훌륭한 수단이지만, 최고의 아이디어를 내놓는 데에 반드시 뛰어난 것은 아니다. 집단은 혁신을 저해하는 일종의 집단 순응 사고를 강요할 수 있다.

**해설 >** 주어진 문장은 시민으로서 가지는 권리가 직장 생활까지 확장되는지는 분명하지 않다는 내용이다. 주어진 문장의 '그러나'는 앞 문장과는 다른 내용이 이어질 것을 보여 주므로, 민주주의 국가에서 시민이 가지는 보편적 언론의 자유를 말하는 내용에서 직장, 조직, 집단에서 언론의 자유가 반드시 보장되지는 않는다는 내용으로 넘어가는 자리인 ③에 들어가는 것이 가장 적절하다.

**어휘 >** tolerance 관용　extend 확장되다, 뻗다　tolerate 용인하다, 견디다　a range of 다양한　boundary 테두리, 경계　censure 비난하다, 검열하다　pains 노력, 수고　guarantee 보장하다　commodity (유용한) 것, 상품　vehicle 수단　generate 일으키다, 초래하다　commitment 헌신　come up with 내놓다, 제시하다　impose 강요하다　discourage 저해하다, 좌절시키다

(수능특강 Link) **2025학년도 수능특강 영어 Test 1 · 19번(글의 순서)**

- **분야/소재:** 문화/서로 다른 문화의 충돌
- **3줄 요약**
  - 서로 다른 문화가 만나면 어느 한쪽이 자신의 관점을 강요하는 경우가 있음
  - 지배적 위치에 있는 사람이나 국가가 자신이 올바르다는 가정을 가지고 있으면 혁신할 수 없음
  - 어떤 사람의 문화적 배경과 맞지 않는 일을 시킬 때에는 자신의 관점을 되돌아볼 필요가 있음

(Linking Words)

group 집단　opinion 의견　view 견해　idea 아이디어

## 23

**정답 >** ①

**소재 >** 강력한 이념적 입장을 가진 국가를 상대하는 방법

**해석 >** 어떤 국가가 예를 들어, 에너지 분야에서 민간 부문 기업보다 공공 부문 기업의 우위와 같이 특정 문제에 대해 강력한 이념적 입장을 취했다면, 해당 국가의 공무원에게 그 입장이 틀렸다고 설득하는 것은 거의 소용이 없다. 그보다는 상대방이 그 이념적 입장을 통해 추구하고 있는 목표를 알아내도록 노력하고, 그

런 다음에 그 목표를 달성할 수 있게 해 주는 옵션을 제안하기를 추구하라. 청량음료 공장의 경우, 미국 기업이 더 많은 상품을 소비자에게 공급하기 위해 소련 정부를 설득하려고 노력했다면 분쟁을 일으키고 역효과를 낳는 일이었을 것이다. 그 대신, 미국 투자자는 해당 국가의 관심이 산업적 능력을 개발하는 데 있음을 확인하고 청량 음료 공장, 유통 시스템 그리고 농장이 국가의 이익을 증진하는 데 도움이 될 것이라고 정부를 납득시켰다.

→ 강력한 이념적 입장을 가진 국가를 상대할 때는, 그들의 이념적 입장에 대한 직접적인 논의를 피하고 그 대신 그들의 근본적인 목표에 맞춰 주는 데 집중하는 것이 권장된다.

**해설 >** 강력한 이념적 입장을 취하는 국가의 경우, 그들의 입장이 틀렸다고 설득하는 것보다는 상대가 추구하는 목표를 알아내고 그 목표를 달성하는 데 도움이 되는 제안을 하라는 내용의 글이므로, 빈칸 (A), (B)에 들어갈 말로 가장 적절한 것은 ① '피하고 – 맞춰 주는'이다.

② 묵살하고 – 반대하는
③ 제안하고 – 반박하는
④ 무시하고 – 이해하는
⑤ 방해하고 – 대응하는

**어휘 >** ideological 이념적인, 이상적인 say 예를 들면, 이를테면 predominance 우위, 우월 public sector 공공 부문 private sector 민간 부문 determine 알아내다, 밝히다 pursue 추구하다 propose 제안하다 confrontational 분쟁을 일으키는 counterproductive 역효과를 낳는 identify 확인하다 capacity 능력 convince 납득시키다, 확신시키다 distribution 유통 advance 증진시키다 stance 입장 underlying 근본적인

(수능특강 Link) **2025학년도 수능특강 영어 6강 3번(주제 파악)**
- **분야/소재:** 비즈니스/이념적 원칙에 맞춰 창의적으로 거래 성사시키기
- **3줄 요약**
  - 이념적 원칙 때문에 거래를 성사시키지 못하게 하는 규칙이나 제도가 있음
  - 창의력을 발휘하면 이념적 원칙을 존중하면서도 사업을 진행할 수 있는 방법을 찾을 수 있음
  - 노동자의 경영 참여 보장이나 석유 개발 계약서 작성 사례 등에서 예시를 찾아볼 수 있음

(Linking Words)
ideological 이념의 enterprise 기업, 대규모 사업 company 기업 interest 이익

## [24~25]

**정답 > 24** ④ **25** ④

**소재 >** 스포츠에서 균형 있는 경쟁을 위한 협력

**해석 >** 팀과 클럽은 상대 팀의 경기장 안팎에서의 지속적인 성공에 좌우된다. 리그가 부유하고 성적이 좋은 팀과 가난하고 성적이 저조한 팀, 두 그룹으로 분리되어 있다면, 이는 결국 관련된 모든 클럽과 대회 전반에 피해를 줄 것이다. 실제로는, 클럽은 소비자가 원하는 것을 내놓기 위해 경쟁자와 협력해야 한다. 스포츠 조직은 성공을 유지하기 위해 상대가 필요하며, 경쟁의 균형을 유지하기 위해 수익을 나누어 갖고 선수 재능을 교환하는 데 협력할 수 있다. 대부분의 산업에서, 기업은 이러한 방식으로 협력하는 것이 허용되지 않을 것인데, 이러한 방식은 반경쟁적 행위, 즉 '카르텔' 행위로 간주되어 이를 금지하는 법률이 흔히 있기 때문이다. 하지만 스포츠에서는, 카르텔 계약이 흔하다. 예를 들어, 클럽은 수익을 나누어 갖고, 다른 클럽의 시장 진입을 막고, 공동으로 가격을 정하고 일반적으로 경쟁의 양을 제한할 수 있다.
일부 스포츠 규정과 리그는 자신들의 경쟁에서 균형을 추구하며 이를 장려하는 정책을 시행해왔다. 스포츠 규제 당국은 균형 잡힌 경쟁이 흥미진진하고 박빙의 결과를 낳아 스포츠에 대한 대중의 흥미 수준을 높이고 더 많은 관중과 중계권료를 창출할 수 있다고 거의 믿지 않는다(→ 일반적으로 믿는다). 예를 들어, 선수들의 팀 연봉 총액 상한제, 수익 분배에 관한 규칙, 선수가 팀에 선발되는 방법에 관한 규정은 모두 팀 간 경쟁의 균형을 유지하기 위해 고안된 것이다.

**해설 > 24** 스포츠에서 팀과 클럽은 흥미진진한 경기로 관중을 더 많이 유치하기 위해 경쟁의 균형을 유지하려고 서로 협력하고 있다는 내용의 글이다. 따라서 ④ '스포츠에서의 경쟁과 협력: 균형 잡기'가 글의 제목으로 가장 적절하다.

① 스포츠에서의 카르텔 행위를 막기 위한 정책
② 스포츠 대회를 통한 글로벌 통합 촉진
③ 스포츠 마케팅에서의 협력: 경계 허물기
⑤ 스포츠 성공의 비결: 어떤 대가를 치르더라도 상대를 물리치기

**25** 일부 스포츠 규정과 리그가 자신들의 경쟁에서 균형을 추구하며 이를 장려하는 정책을 시행해 온 것은 흥미진진한 경쟁과 박빙의 결과를 낳는 것이 더 많은 관중과 중계권료를 창출할 수 있다고 믿었기 때문이다. 따라서 (d)의 rarely를 commonly와 같은 어휘로 바꾸어야 한다.

**어휘 >** opponent 상대 ultimately 결국 involved 관련된 competition 대회, 시합 cooperate 협력하다 rival 경쟁자 deliver 내놓다, 전하다 opposition 상대, 반대(편) revenue 수익 talent 재능 maintain 유지하다 anti-competitive 반경쟁적인 prohibit 금지하다 prevent 막다, 방해하다 collectively 공동으로 code 규정, 관례 pursue 추구하다 implement 시행하다 regulator 규제 당국, 규제 담당자 close 박빙의, 아슬아슬한 generate 창출하다, 발생시키다 attendance 관객 수, 참석자 수 broadcast rights fee 중계권료 salary cap 팀 연봉 총액 상한제 draft 선발하다, 뽑다

수능특강 Link 2025학년도 수능특강 영어 Test 1 · 13번(어휘)

■ 분야/소재: 스포츠/스포츠 팀 간의 균형의 중요성

■ 3줄 요약

- 비즈니스에서는 경쟁자를 없애야 함
- 팬들은 승패를 미리 알 수 없는 경기에 매력을 느낌
- 스포츠팀 간의 경쟁력에 균형이 있어야 많은 관중을 모을 수 있음

Linking Words

sports team 스포츠 팀　league 리그　club 클럽　success 성공　competition 경쟁　balance 균형　interest 흥미　attendance 관중

## [26~28]

정답 > 26 ① 27 ② 28 ⑤

소재 > Edward Lear와 그의 고양이 Foss

해석 > (A) 19세기 영국의 예술가이자 작가인 Edward Lear는 동물과 풍경을 그리는 화가로 명성을 얻었다. 그러나 그는 또한 자신을 국제적으로 유명하게 한 여러 권의 아동용 넌센스 시집을 출판하기도 했다. *The Owl and the Pussycat*을 비롯한 많은 작품이 오늘날에도 여전히 유아들에게 읽히고 있다.

(B) Lear는 자신의 시에 경쾌한 만화를 삽화로 넣었다. 그가 가장 좋아하는 소재 중 하나는 1872년에 얻은 줄무늬 고양이 Foss였다. Foss가 누가 봐도 몹시 매력적이지 않은 소재였다는 점을 고려하면 자신의 반려동물에 대한 Lear의 헌신은 꽤 놀랍다. Foss는 뚱뚱하고 꼬리가 짧았는데, 소문에 의하면 미신을 믿는 하인이 그렇게 하면 그가 돌아다니는 것을 막아 줄 거라 믿고서 꼬리를 잘라버렸다고 한다.

(D) 그런데도 Lear가 자신과 자신의 뚱뚱한 친구가 모험을 하는 모습을 그린 그림은 끝이 없다. Lear는 Foss를 너무 사랑했기에, 새집을 지을 때 그 고양이의 기분을 상하지 않게 하기 위해 그는 이전 집과 똑같아 보이도록 만들었다. 그리고 1887년 Foss가 세상을 떠났을 때, 그는 주인의 정원에 커다란 기념석 아래에 묻혔다. 오늘날에도 여전히 Lear의 넌센스 시 모음집에서 Foss의 그림을 볼 수 있다.

(C) 하지만 거기에는 신비한 무언가가 있다. 실제 Foss는 1872년에야 그 작가의 삶에 들어왔다. 하지만 그보다 몇 년 전에 그는 뚱뚱하고 줄무늬가 있는 짧은 꼬리의 비슷한 고양이 그림을 자주 그렸다. 그리고 어떤 이유에서인지 Lear는 Foss가 거의 불가능에 가까운 31년을 살았다고 확신했는데, 그가 그 숫자를 자신의 친구의 묘비에 새겨 넣게 할 정도였다. 아마도 그는 실제 Foss를 수십 년 동안 마음의 눈에 지니고 있던 상상 속 고양이의 화신으로 보았던 것 같다.

해설 > 26 고양이 Foss가 매력적이지 않다는 내용의 (B) 뒤에 Lear는 Foss를 매우 사랑했다는 내용이 연결되는 (D)가 오는 것이 자연스럽다. (D)의 첫 문장에서 Yet이 앞부분과 상반되는 내용이 나올 것임을 보여 준다. (C)의 them은 (D)의 pictures of Foss를 가리키므로, 글의 순서로 가장 적절한 것은 ① '(B) – (D) – (C)'이다.

27 밑줄 친 (a), (c), (d), (e)는 Lear를 가리키지만, (b)는 Foss를 가리킨다.

28 오늘날에도 Lear의 넌센스 시 모음집에서 Foss를 그린 그림을 볼 수 있다고 했으므로, Edward Lear에 관한 내용으로 적절하지 않은 것은 ⑤이다.

어휘 > fame 명성　toddler 유아, 걸음마를 배우는 아이　illustrate 삽화를 넣다　lighthearted 경쾌한, 명랑한　striped 줄무늬의　devotion 헌신　by all accounts 누구에게 들어도, 모든 사람들의 이야기에 따르면　reportedly 소문에 의하면, 전하는 바에 따르면　superstitious 미신을 믿는　roam 돌아다니다　mysterious 신비한　convinced 확신하는　so much so that ~할 정도로　figure 숫자, 수치　carve 새기다　tombstone 묘비　imaginary 상상 속의　pass away 죽다, 사망하다　memorial 기념의, 추도의

수능특강 Link 2025학년도 수능특강 영독 9강 5~7번(1지문 3문항)

■ 분야/소재: 일화/주인의 뇌전증 발작을 예측하는 고양이 Tee Cee

■ 3줄 요약

- Tee Cee는 버려진 고양이었는데 Michael Edmonds에게 입양됨
- Tee Cee는 뇌전증을 앓고 있던 Michael Edmonds가 발작을 일으키는 순간을 미리 알아채는 능력을 지님
- Tee Cee는 올해의 구조 고양이상 후보로 지명됨

Linking Words

cat 고양이　fame 명성　pet 반려동물

## 실전테스트 2회

본문 156~181쪽

| | | | | |
|---|---|---|---|---|
| 01 ② | 02 ④ | 03 ⑤ | 04 ② | 05 ⑤ |
| 06 ⑤ | 07 ③ | 08 ⑤ | 09 ④ | 10 ⑤ |
| 11 ④ | 12 ④ | 13 ⑤ | 14 ⑤ | 15 ① |
| 16 ① | 17 ② | 18 ③ | 19 ③ | 20 ④ |
| 21 ④ | 22 ⑤ | 23 ① | 24 ④ | 25 ④ |
| 26 ④ | 27 ③ | 28 ⑤ | | |

## 01

**정답 >** ②

**소재 >** 비서 업무 서비스 제공 제안

**해석 >** Cole 씨께,

비서가 필요하지만, 현금 유동성이 경력 있는 상근 직원을 고용하는 데 '안 돼요'라고 하는 처지에 있다는 것을 깨닫고 있나요? 귀사에 상근 비서를 계속 바쁘게 할 만큼 충분한 업무가 없나요? 그렇다면, 저에게 귀사를 위한 해결책이 있습니다. 이제 유휴 시간에 대한 비용을 지불하지 않고도 숙련된 비서의 혜택을 누릴 수 있습니다. 설명해 드리겠습니다. 제가 제공할 수 있는 서비스는 무한합니다. 20년 이상의 사무 경험을 바탕으로, 양질의 워드 프로세싱, 타이핑 및 기타 많은 관련 서비스를 매우 알맞은 가격으로 제공할 수 있습니다. 제가 몇몇 소기업 고객들로부터 받은 추천서를 동봉해 드렸는데, 귀사도 좋은 서비스를 받는 그 기업 목록에 추가되기를 바랍니다. 귀사의 시간과 현금 유동성을 보다 수익성 있게 사용하는 데 어떻게 도움을 드릴 수 있는지 논의하기 위해 귀사가 필요 사항을 평가하는 시간을 가진 후 몇 주 후에 전화를 드리겠습니다.

James Sharpe 올림

**해설 >** 숙련된 비서 서비스를 효율적으로 제공하는 업체에서 서비스 이용을 권유하기 위해 쓴 서한이므로, ②가 글의 목적으로 가장 적절하다.

**어휘 >** full-time 상근의 idle 유휴의, 사용되지 않는 quality 양질의 affordable (가격이) 알맞은 enclose 동봉하다 letter of reference 추천서 client 고객 assess 평가하다 profitably 수익성 있게

(수능특강 Link) **2025학년도 수능특강 영어 1강 4번(글의 목적)**

- **분야/소재:** 광고/복사기 유지 관리 서비스 광고
- **3줄 요약**
  - 사무실의 성공을 위해서는 복사기 유지 보수가 중요함
  - Lake Paperworx는 복사기 유지 보수를 전문으로 하는 회사로, 유지 보수 비용을 크게 줄일 수 있음
  - 서비스에 관심이 있는 경우 유선으로 연락할 것을 요청함

(Linking Words)

administrative 행정의, 행정상의 maintenance 유지 관리 extend 연장하다 downtime (기계 혹은 장비의) 비가동 시간 enclosed 동봉된 brochure 소책자 outline 개요를 기술하다

## 02

**정답 >** ④

**소재 >** 돌아가신 엄마를 회상하는 Amy

**해석 >** Amy의 엄마가 돌아가신 지 3년이 지났다. 그녀는 어떤 날은 엄마가 프랑스어 자장가를 부르며 샹들리에 먼지를 털거나 침대를 정리하며 그냥 다른 방에 있는 것처럼 행동할 수 있었다. Amy는 그들이 같이 쓰던 침실로 뛰어 올라가곤 했고, 그녀가 돌아가신 것을 기억하는 고통은 그녀를 무릎 꿇리곤 했다. 결국 그 고통이 가라앉으면, 행복한 기억이 그녀의 마음을 가득 채우곤 했다. 가장 좋았던 것은 그녀의 엄마가 그녀에게 그들의 집을 방문했던 형형색색의 새들, 마당에서 자란 선명한 망고들, 그리고 소금기 묻은 바다 공기와 섞인 부겐빌레아의 달콤한 냄새와 같은, Saint Lucia에 대해 들려주곤 했던 이야기들이었다. 그녀는 하늘을 향해 뻗어가는 산들인, Gros Piton과 Petit Piton의 전망들을 그리워했다. Amy는 그들이 섬을 떠났을 때 겨우 다섯 살이어서, 많은 것을 기억하지는 못했다. 엄마의 기억이 자신의 것처럼 느껴졌다.

**해설 >** 엄마가 돌아가신 것을 회상하며 슬퍼하다가 그 고통이 가라앉으면 행복한 기억이 마음을 가득 채운다고 하며 엄마와 함께했던 것들을 그리워하고 있으므로, Amy의 심경으로 가장 적절한 것은 ④ '슬프고 그리워하는'이다.

① 짜증나고 화가 난
② 초조하고 두려운
③ 무관심하고 지루한
⑤ 의심을 하고 자신이 없는

**어휘 >** pretend ~인 체하다 dust 먼지를 털다 chandelier 샹들리에 turn down a bed 침대를 정리하다 lullaby 자장가 force ~ to *do* ~가 …하도록 하다 ache 고통

(수능특강 Link) **2025학년도 수능특강 영어 2강 1번(심경 파악)**

- **분야/소재:** 일화/원하는 옷감의 구매 실패
- **3줄 요약**
  - 전쟁이 끝난 후, 사교 시즌이 시작되자 Olivia는 멋진 드레스를 입고 댄스 파티에 참석할 것을 기대함
  - 그녀는 노란 비단과 구슬이 달린 레이스를 구입하여 드레스를 만들려고 함
  - 그러나 그녀가 원하는 물건들은 이미 예약되어 있었고, Olivia는 실망했음

Linking Words

beaded 구슬이 달린　anticipation 기대　whisper 살랑거리다, 속삭이다; 살랑거리는 소리　bubble (감정이) 부풀다　roll 두루마리　letdown 낙담　fabric 직물, 천　pearl 진주　charming 매력적인

## 03

**정답 >** ⑤

**소재 >** 생태계가 경제활동에 미치는 영향

**해석 >** 지적 탐구 영역으로서 거시 경제학에 대한 환경적 접근이 직면한 근본적인 문제는 다음과 같다. 에너지와 재료를 공급하고 폐기물을 흡수하며 많은 생태계 서비스를 제공할 수 있는 능력의 측면에서 생태계는 안정되어 있는 반면에 세계 경제는 성장하고 있다는 것이다. 그 결과, 지구 표면에 있는 재생 불가능한 자원의 비축물이 고갈되고 있고, 폐기물 처리지가 가득 차고 있으며, 인간이 만든 생태계(즉, 농업)가 지구의 생물 생산성의 점점 더 많은 부분을 차지하고 있다. 이러한 사건들의 추가적인 결과들은 지구 온난화, 대기 및 수질 오염, 유독성 폐기물, 보호를 해 주는 오존층 파괴를 포함해 지구의 생물학적 다양성의 급락, (열대 우림과 같은) 자연 서식지의 소멸 그리고 수많은 환경 문제들을 포함한다. 경제활동이 생태계에 미치는 영향을 완전히 이해하려면, 우리는 그것이 제공하는 서비스에 대한 중요한 무언가를 알아야 한다. 그래야만 우리는 앞으로 나아가 경제와 환경의 관계를 자세히 고려할 수 있을 것이다.

**해설 >** 세계 경제의 성장이 전 세계 생태계가 에너지와 자원을 공급하고 폐기물을 처리하며 다양한 생태계 서비스를 제공하는 한정된 능력에 부담을 주면서 다양한 환경적 문제를 초래하고 있어 경제활동이 생태계에 미치는 영향을 이해하기 위해 그것이 제공하는 서비스에 대한 중요한 무언가를 알아야 한다고 말하고 있으므로, 필자의 주장으로 가장 적절한 것은 ⑤이다.

**어휘 >** fundamental 근본적인　macroeconomics 거시 경제학　intellectual 지적인　inquiry 탐구　ecosystem 생태계　stable 고정적인, 안정적인　in terms of ~의 측면에서　capacity 능력　absorb 흡수하다　a host of 많은, 다수의　stock 비축물　nonrenewable 재생 불가능한　resource 자원　crust 표면, 지각　deplete 고갈시키다　agriculture 농업　take over 차지하다　biotic 생물의, 생물에 관련된　consequence 결과　diversity 다양성　habitat 서식지　tropical rain forest 열대 우림　toxic 유독성의　destruction 파괴　impact 영향　in detail 자세히

수능특강 Link　**2025학년도 수능특강 영어 4강 4번(주장 파악)**

■ **분야/소재:** 경제/끊임없는 경제 성장 추구의 문제점

■ **3줄 요약**

- 경제 성장을 위한 자원 채취는 환경에 부정적인 영향을 미침
- 지구는 유한한 자원을 가지고 있기 때문에 지속적인 경제 성장은 불가능함
- 생태계의 한계 내에서 살아가는 법을 배워야 함

Linking Words

management 관리　continuous 지속적인　separate 분리된　extract 채취하다, 추출하다　consume 소비하다　dump 버리다　finite 유한한　ecosystem 생태계　absorb 흡수하다　properly 제대로　constant 끊임없는　ecological 생태학적인　impossibility 불가능성

## 04

**정답 >** ②

**소재 >** 노트북을 둘러싼 복잡한 시스템

**해석 >** 여러분의 노트북은 현재 헤아릴 수 없는 크기의 오케스트라가 연주하고 있는 교향곡의 한 음이다. 그것은 훨씬 더 거대한 전체 중 아주 작은 부분이다. 그 역량의 대부분은 그것의 단단한 껍질 너머에 있다. 그것은 오직 방대한 다수의 다른 기술들이 현재 조화롭게 작동하고 있기 때문에 그 기능을 유지한다. 예를 들어, 그것은 그 기능이 무수하게 많은 복잡한 물리적, 생물학적, 경제적 그리고 대인 관계적 시스템의 안정성에 보이지 않게 의존하는 전력망에 의해 전원을 공급받는다. 그것의 부품을 만드는 공장들은 여전히 가동 중이다. 그것의 기능을 가능하게 하는 운영체제는 그 부품들에 기반을 두고 있고, 아직 만들어지지 않은 다른 부품들에 기반을 두고 있지 않다. 그것의 비디오 하드웨어는 자신의 콘텐츠를 웹에 올리는 창조적인 사람들이 기대하는 기술을 실행한다. 여러분의 노트북은 다른 기기들과 웹 서버의 특정한, 명시된 생태계와 통신 중이다.

**해설 >** 노트북이 단순히 독립적인 기계가 아니라, 다양한 기술과 시스템이 조화롭게 작동함으로써 기능을 유지하는 복잡한 시스템의 일부라는 점을 설명하고 있는 글이므로, 밑줄 친 부분이 글에서 의미하는 바로 가장 적절한 것은 ② '기술의 방대한 네트워크 내의 작은 구성 요소'이다.

① 미래에 더 많은 잠재력을 갖게 될 기술
③ 입력의 작은 차이에 민감한 응용 프로그램
④ 다양한 장르의 음악에 쉬운 접근성을 제공하는 도구
⑤ 겉보기에는 무질서한 데이터에서 파생된 혁신적인 기술

**어휘 >** note 음, 음표　incalculable 헤아릴 수 없는　reside (성질이) 존재하다, 있다　maintain 유지하다　an array of 다수의　power grid 전력망　invisibly 눈에 보이지 않게　stability 안정성　in operation 가동 중인　enable 가능하게 하다　specified 명시된

수능특강 Link 2025학년도 수능특강 영어 11강 1번(어법)

■ 분야/소재: 컴퓨터/컴퓨터 은유

■ 3줄 요약

- 인간과 기계의 상호 작용을 더 자연스럽게 만들려면, 컴퓨터가 친숙한 사물이나 행동을 모방하는 컴퓨터 은유를 개발해야 함
- 대표적인 컴퓨터 은유로는 데스크톱과 브라우저가 있음
- 컴퓨터 은유는 새로운 시스템을 기존의 친숙한 시스템처럼 사용하게 하여, 사용자의 학습 비용을 줄여줌

Linking Words

metaphor 은유, 비유 imitate 모방하다 command 명령어, 명령 arrangement 배열 browser 브라우저(인터넷의 자료들을 읽을 수 있게 해 주는 프로그램) folder (일부 컴퓨터 시스템에서 파일 보관용) 폴더 linguistic 언어의, 언어적인

수능특강 Link 2025학년도 수능특강 영독 5강 2번(무관한 문장)

■ 분야/소재: 스포츠/행동의 해석과 예측을 수반하는 스포츠

■ 3줄 요약

- 많은 스포츠에서 선수는 상대 선수의 행동을 해석하고 예측해야 함
- 자기 행동을 상대 선수 및 팀 동료에 맞게 조정하는 것은 그들의 행동을 이해하고 다음에 어떤 행동을 할지 예측하는 것을 필요로 함
- 우수한 선수는 상대 선수 및 팀 동료의 행동에 맞게 자기 행동을 조정하는 데 능숙함

Linking Words

interpret (특정한 뜻으로) 이해하다, 해석하다 anticipate 예측하다 execute 수행[실행]하다 strategy 전략 coordinate ~ with ... ~을 …에 맞게 조정하다 complementary 보완적인 incompatible 상충되는, 양립할 수 없는 opponent 상대 선수 dynamic 역동적인 superior 우수한, 우월한 skilled 숙련된

## 05

**정답 >** ⑤

**소재 >** 스포츠에 대한 명확한 정의 사용의 문제점

**해석 >** 스포츠에 대한 명확한 정의를 사용하는 것은 중요한 이점을 가지고 있지만, 잠재적으로 심각한 문제들도 가지고 있다. 예를 들어, 우리가 제도화된 경쟁적 활동에만 관심을 집중할 때, 그러한 활동을 공식적으로 조직할 자원도, 자신의 활동을 경쟁적으로 만들고자 하는 욕구도 없는 많은 사람의 삶에 있는 신체적 활동을 간과할 수 있다. 다시 말해 우리는 사회에서 비교적 상류 계급의 집단의 신체 활동을 고려하는 데 모든 시간을 할애할 수 있는데, 왜냐하면 그 집단은 신체 활동을 공식적으로 조직할 수 있는 힘과 그것을 경쟁적으로 만들려는 욕구를 갖고 있기 때문이다. 만약 이렇게 된다면, 우리는 이러한 상류 계급의 집단의 활동에 특권을 주고 그것을 다른 집단의 활동보다 더 중요한 문화의 일부로 취급한다. 이것은 결과적으로, 조직화된 스포츠를 할 자원도 시간도 없는 사람들이나 경쟁적인 활동에 매력을 느끼지 못하는 사람들을 사회적으로 무시할 수 있다.

**해설 >** 스포츠를 제도화된 경쟁적 활동으로만 정의할 경우, 조직화된 스포츠를 할 여력이 없는 사람들이나 경쟁적인 활동에 매력을 느끼지 못하는 사람들을 사회적으로 무시할 수 있다고 하는 글이므로, 글의 요지로 가장 적절한 것은 ⑤이다.

**어휘 >** precise 명확한 definition 정의 institutionalized 제도화된 competitive 경쟁적인, 경쟁력 있는 overlook 간과하다 neither ~ nor ... ~도 …도 아닌 select 상류 계급의 privilege 특권을 주다 marginalize 사회적으로 무시하다 attracted to ~에 매력을 느끼는

## 06

**정답 >** ⑤

**소재 >** 불확실성을 두려움으로 오해하는 것의 여파

**해석 >** 어떤 주어진 순간이든, 만약 여러분이 흥분이나 불확실성에 기반한 아드레날린을 두려움으로 잘못 해석한다면, 여러분은 불안해질 것이다. 따라서, 그 후 여러분은 아마 이 아드레날린을 경험한 상황을 위험하다고 분류하고 계속해서 두려움을 느끼게 될 것이다. 예를 들어, Iris는 파티에 오는 것이 불안하다고 자주 느꼈지만, 그것은 사회적 공포증 때문은 아니었다. 사실, 그녀는 그런 파티 공포증을 겪는 이유를 알지 못했다. 치료를 받으면서 Iris는 파티가 누구를 만날지 혹은 저녁이 지나면서 즐거운 시간을 보낼 수 있을지에 대한 불확실성으로 가득 찰 수 있다는 것을 곧 받아들였다. 그녀는 자신의 불확실성에 기반한 아드레날린을 위협으로 오해하고 있었고, 그것이 그녀를 불안 경주로 내몰았다! 그녀가 이 위협을 더 잘못 해석할수록, 파티는 더 위협적이 되었다. 그리고 그녀가 '파티 불안'과 더 싸울수록, 아드레날린 파동이 훨씬 더 큰 '위험한 파티'로부터 자신을 보호하기 위해 자신의 뇌를 더 학습시켰다. 이 과정에 "나는 파티에서 소음과 혼란을 참을 수 없다."와 같은 추가적인 무서운 잘못된 믿음을 더함으로써, 그녀는 파티 공포증이라는 괴물을 만들어 냈다!

**해설 >** 불확실성에 기반한 아드레날린을 두려움으로 잘못 해석하는 것이 불안증의 원인이라는 점을 설명하고 있으며, Iris의 사례를 들어, 파티에 대한 불확실성이 아드레날린을 유발했고, Iris는 이를 위협으로 오해하여 불안증을 겪게 되었다는 것을 말하고 있으므로, 글의 주제로 가장 적절한 것은 ⑤ '불확실성으로 인한 아드레날린을 두려움으로 착각하는 것이 불안으로 이어질 수 있는 방식'이다.

① 아드레날린의 급격한 증가가 근육에 에너지를 증가시키는 이유
② 대중 연설에 대해 잘못 이해된 두려움을 극복하는 방법들
③ 파티 참석이 불확실성에 기반한 아드레날린 감소에 미치는 영향
④ 두려움이 사회적 환경에서 집중력을 향상시키는 데 도움이 되는 과정

**어휘 >** misinterpret 잘못 해석하다 uncertainty 불확실성 label 분류하다 context 상황, 맥락 due to ~ 때문에 phobia 공포증 suffer 겪다 enjoy oneself 즐거운 시간을 보내다 threat 위협 scary 무서운 chaos 혼란

(수능특강 Link) **2025학년도 수능특강 영독 2강 6번(함축 의미 추론)**

■ **분야/소재:** 심리/유전적 성향의 발현

■ **3줄 요약**

- 불안은 유전적 요인이 영향을 미치는 정신 건강 문제임
- 불안 신경망이 있는 사람은 그렇지 않은 사람보다 불안 문제를 겪을 가능성이 높음
- 그러나 유전적 요인은 불안 문제를 일으키는 결정적인 요인은 아님

(Linking Words)

anxiety 불안, 걱정 genetic 유전적인 phobia 공포증 panic attack 공황 발작 second aunt 부모의 사촌 누이 wiring 신경망, 신경계의 구조 inclination 성향 develop (병 · 문제가) 생기다 by no means 절대[결코] ~이 아닌 abuse 남용; 남용하다 alcoholic 알코올 중독자

## 07

**정답 >** ③

**소재 >** 미디어 분야에 대한 견제와 균형의 필요성

**해석 >** 독립 미디어 부문은 바람직한 결과이지만, 모든 기관이나 조직에는 어느 정도의 견제와 균형이 필요하다. 미디어 업계에 종사하는 많은 사람이 미디어의 역할을 진실의 수호자이자 국민을 위한 목소리로 여긴다. Marquez와 Adam Michnik 둘 다 저널리즘 직업의 영광에 대해 논하지만, 또한 언론인이 부패하지 않고, 정직하며, 편견이 없어야 할 필요성에 대해 논한다. 안타깝게도, 인간의 본성상 우리는 때때로 우리가 이루고자 열망하는 높은 기준을 유지하지 못한다. 의무와 책임감을 보장하기 위한 견제와 균형이 없다면 미디어는 자신들의 권력을 남용할 수 있다. Viktor Muchnik과 Yulia Muchnik이 지적하는 것처럼, 권력의 남용은 저널리즘이 무엇에 관한 것인지에 대한 불분명한 이해에서 일어날 수 있다. 그들은 신념에 헌신하는 것과 특정 개인과 정치적 동맹을 맺는 것의 차이, 그리고 양질의 저널리즘은 정치인들과 일정한 거리를 유지하는 것을 의미하는 것임을 깨닫기 전까지 자신들이 어떻게 편을 들며 정치에 자유롭게 참여했는지를 논한다.

**해설 >** 독립 미디어는 진실을 수호하는 힘이지만, 권력 남용을 막기 위한 견제와 균형이 필요하다고 말하며, 구체적으로 Viktor Muchnik과 Yulia Muchnik이 저널리즘의 의미를 깨닫기 전까지 편을 들며 정치에 자유롭게 참여했다는 내용을 말하고 있는 글이다. 따라서 글의 제목으로 가장 적절한 것은 ③ '견제와 균형: 양질의 저널리즘을 구성하는 것'이다.
① 사람들은 미디어 통제가 야기할 수 있는 잠재적 위험을 알고 있는가?
② 진실 밝히기: 사회에서 독립 미디어의 역할
④ 소유권 포기: 미디어의 통제력 부족을 수용하기
⑤ 잃어버린 독립: 외부의 조작에 대한 미디어의 항복

**어휘 >** outcome 결과 agency 기관 checks and balances 견제와 균형 defender 수호자 glory 영광 incorruptible 부패하지 않는 unprejudiced 편견이 없는 maintain 유지하다 aspire 열망하다 attain 이루다 ensure 보장하다 accountability 의무 abuse 남용하다; 남용, 악용 come about 일어나다, 생기다 take sides 편들다 be dedicated to ~에 헌신하다 alliance 동맹

(수능특강 Link) **2025학년도 수능특강 영독 5강 11~12번(1지문 2문항)**

■ **분야/소재:** 미디어/언론의 공공 소유에 대한 상반된 의견

■ **3줄 요약**

- 미디어의 공공 소유는 정보의 접근성과 다양성을 보장하지만, 민간 소유는 그러지 못함
- 공공 소유를 반대하는 사람들은 공공 소유가 정부의 미디어 통제와 비효율성의 위험이 있다고 함
- 영국 방송 협회(BBC)에 관한 최근 기사는, 정부 소유는 다른 미디어 회사가 성장하는 것을 정부 소유가 아니었을 경우보다 더 어렵게 만든다고 주장함

(Linking Words)

media 미디어, 언론 journalism 저널리즘 control 통제 ownership 소유 manipulate 조작하다

## 08

**정답 >** ⑤

**소재 >** 쇼핑 방식 선호도 차이

**해석 >** 위의 도표는 사람들이 제품을 온라인에서 사는 것을 선호했는지 아니면 상점에서 사는 것을 선호했는지를 보여 준다. 온라인에서 가장 많이 구매한 상품은 책, 음악, 영화, 비디오 게임인 반면, 식료품은 상점에서 가장 많이 구매되었다. 책, 음악, 영화, 비디오 게임을 온라인에서 구매한 사람들의 비율은 상점에서 그것들을 구매한 이들의 비율의 두 배가 넘었다. 상점에서 식료품을 구매한 사람들의 비율은 온라인에서 식료품을 구매한 사람들의 세 배가 넘었다. 책, 음악, 영화, 비디오 게임을 제외하고,

장난감만이 상점에서보다 온라인 구매의 비율이 더 높은 유일한 상품이었다. 가전제품과 가구 및 홈웨어 상품 모두 상점에서 온라인에서 구매된 것들의 비율보다 두 배가 넘게 구매되었다.

**해설 >** 가전제품은 상점에서 56퍼센트가, 온라인에서 33퍼센트가 구매되었고, 가구 및 홈웨어 상품은 상점에서 59퍼센트가, 온라인에서 30퍼센트가 각각 구매되었으므로 두 품목 모두 상점에서 온라인 구매의 비율보다 두 배가 넘게 구매되었다는 ⑤가 도표의 내용과 일치하지 않는다.

**어휘 >** household appliance 가전제품 homeware 홈웨어, 가정용품 prefer 선호하다 other than ~을 제외하고

(수능특강 Link) **2025학년도 수능특강 영어 8강 4번(도표 정보 파악)**

- **분야/소재:** 인터넷/미국 성인의 온라인 쇼핑 기기
- **3줄 요약**
  - 2022년 미국 성인의 온라인 쇼핑 기기 선호도는 스마트폰이 가장 높았으며, 스마트폰 사용 비율이 데스크톱/노트북 컴퓨터와 태블릿을 크게 앞섬
  - 연령별로 보면, 스마트폰 사용은 50세 미만에서 더 많이 나타난 반면, 태블릿 사용은 18~29세에서 더 높았다.
  - 소득이 높을수록 스마트폰, 데스크톱/노트북 컴퓨터, 태블릿 각 기기를 사용할 가능성이 더 높음

(Linking Words)

device 기기, 장비 income 수입 distribution 분포 prefer 선호하다 common 흔한 vary 다르다, 다양하다

## 09

**정답 >** ④

**소재 >** 천문학자 Edward Pigott

**해석 >** Edward Pigott은 1753년 런던에서 태어난 영국의 천문학자였다. 천문학자 Nathaniel Pigott에게서 태어난 그는, 가족이 1781년 York로 이사하기 전에 프랑스에서 교육을 받았다. 그는 독학한 천문학자이자 수학자였고, 천문학에 많은 중요한 기여를 했다. Pigott의 첫 번째 주요 기여는 1807년 소행성 4 Vesta의 발견이었다. 이것은 영국 천문학자에 의해 발견된 첫 번째 소행성이었다. Pigott은 천문학 사진 분야에서도 선구자였다. 그는 자신만의 망원경을 만들었고 1840년에 달의 사진을 찍기 시작했으며 그의 사진들은 달의 표면을 처음으로 자세히 보여 주었다. Pigott은 천문학 분야에 중요한 영향을 주었고 그의 발견과 기여는 태양계에 대한 우리의 이해를 증진시키는 데 도움이 되었다.

**해설 >** 1840년에 달의 사진을 찍기 시작해 달의 표면을 처음으로 자세히 보여 주었다고 했으므로 ④가 글의 내용과 일치하지 않는다.

**어휘 >** astronomer 천문학자 self-taught 독학한 contribution 기여 pioneer 선구자 in detail 자세히 solar system 태양계

(수능특강 Link) **2025학년도 수능특강 영독 Mini Test 1 · 9번(내용 일치 · 불일치)**

- **분야/소재:** 인물/John Goodricke의 생애
- **3줄 요약**
  - John Goodricke는 청각 장애를 가졌지만, 뛰어난 수학 실력으로 천문학에 관심을 갖게 됨
  - 그는 1782년 11월부터 Algol의 밝기를 정기적으로 관측하여 그 주기성을 규명하였음
  - 이는 변광성의 주기성을 밝힌 최초의 연구로 인정받아 런던 왕립학회에서 Copley 메달을 수상함

(Linking Words)

deaf 귀가 들리지 않는, 청각 장애가 있는 astronomy 천문학 accurately 정확하게 estimate 추정하다 note 주목하다 establish (사실을) 규명하다[밝히다] truly 정말 in nature 본래 award 수여하다

## 10

**정답 >** ⑤

**소재 >** 박물관 특별 전시회 안내

**해석 >** 2024 우리 유산의 보물

The Grand Museum of Treasures는 다가오는 특별 전시회인 '2024년 우리 유산의 보물'에 여러분을 초대하게 되어 매우 기쁩니다.

- 날짜: 5월 6일부터 12일까지
- 시간: 오전 10시부터 오후 5시까지
- 장소: The Grand Museum of Treasures

특별 주안점:

- 희귀 유물: 값을 매길 수 없는 유물들을 가까이에서 직접 살펴 보세요.
- 역사적 이야기: 각 전시품 뒤에 숨겨진 이야기를 탐구해 보세요.
- 가이드 투어: 깊이 있는 지식과 독특한 관점을 제공하는 전문가가 이끄는 투어와 함께 여러분의 경험을 향상시켜 보세요.

※ 특별 전시회 입장료는 일반 입장료 표에 포함됩니다.

우리가 공유하는 유산의 비밀과 아름다움을 알아낼 수 있는 이 특별한 기회를 놓치지 마십시오.

더 많은 정보를 원하시면 저희 웹사이트 www.GrandMusOT.org를 방문해 주세요.

**해설 >** 특별 전시회 입장료는 일반 입장료 표에 포함된다고 했으므로 ⑤가 안내문의 내용과 일치하지 않는다.

**어휘 >** thrilled 매우 기쁜, 신이 난 upcoming 다가오는 exhibition 전시회 location 장소 rare 희귀한 get up close and personal 바로 가까이서 직접 살펴보다 priceless 값을 매길 수 없는 artifact 유물 narrative 이야기 exhibit 전시품 enhance 향상시키다 expert 전문가 in-depth 깊이 있는 unique 독특한 perspective 관점 admission 입장료 extraordinary 특별한 uncover 알아내다 heritage 유산

(수능특강 Link) **2025학년도 수능특강 영어 10강 1번(내용 일치 · 불일치)**

■ **분야/소재:** 미술/미술관 보수 공사 공지

■ **3줄 요약**

- Sunflower 미술관은 2024년 3월 1일부터 31일까지 보수 공사로 인해 폐관함
- 재개관 전시는 4월 1일부터 30일까지 열리는 '봄의 꽃' 전시회임
- 보수 공사 기간 동안 미술관 회원권, 상품권, 포인트의 만료일은 연장됨

(Linking Words)

renovation 보수 공사 notice 공지 extension 연장 extend 연장하다 24/7 연중무휴, 하루 24시간 주 7일

## 11

**정답 >** ④

**소재 >** 모형 비행기 만들기 도전 안내

**해석 > 2024 어린이 모형 비행기 만들기 도전**

2024 어린이 모형 비행기 만들기 도전에 참여해 새로운 높이로 비상할 준비를 하세요!

- 날짜: 6월 15일(토)
- 시간: 오전 9시에서 오후 4시까지
- 장소: High Plain Park

**행사 주요 내용:**

- 모형 비행기 만들기: 어린이들에게 모형 비행기를 만들 수 있는 재료와 안내가 제공될 것입니다.
- 심사: 심사위원단은 각 비행기의 창의성, 디자인, 비행 성능을 평가할 것입니다.
- 가족들의 즐길거리: 가족들은 자신들의 어린 조종사들을 응원하면서 음식, 다과, 게임을 즐길 수 있습니다.

**등록비:** 참가자 1인당 10달러

행사에 자녀를 등록시키려면 www.2024CMAMC.org를 방문하여 온라인 등록 양식을 작성하세요.

※ 이용 가능한 자리가 한정되어 있으니, 아이의 자리를 반드시 일찍 확보하세요!

**아이들을 위한 안전 보호안경 가져오는 것을 잊지 마세요!**

**해설 >** 등록 비용을 참가자당 10달러로 명시하고 있으므로 안내문의 내용과 일치하는 것은 ④이다.

**어휘 >** soar 비상하다 announce 발표하다 judging 심사 evaluate 평가하다 performance 성능 refreshments 다과 cheer 응원하다 registration 등록 complete (서식을 빠짐없이) 기입하다[작성하다] available 이용 가능한 secure 확보하다 safety goggles 안전 보호안경

(수능특강 Link) **2025학년도 수능특강 영어 Test 2 · 10번(내용 일치 · 불일치)**

■ **분야/소재:** 취미/어린이 퀼트 챌린지

■ **3줄 요약**

- 15세 이하 청소년이라면 누구나 참여 가능
- 지름 45인치 이하의 퀼트 제출
- 8월 9일까지 우편으로 제출하면, 9월 5일부터 7일까지 전시, 9월 7일 수상자를 발표하여 상위 3명에게는 상금 수여함

(Linking Words)

entrant 참가자 announce 발표하다

## 12

**정답 >** ④

**소재 >** 색이 인간의 삶에 끼치는 영향

**해석 >** 색은 단순히 표면 장식이 아니다. 그것은 우리의 삶의 깊숙한 곳까지 스며들어, 우리의 말, 생각, 그리고 느낌을 흠뻑 적시며, 우리의 종이 자신의 주변에 짜서 만든 더 큰 의미의 그물망에 속한다. 수천 년 동안, 우리는 어떻게 살고 사랑할 것인가, 무엇을 숭배하거나 두려워할 것인가, 우리가 누구이며 우리가 어디에 속해 있는가와 같은 근본적으로 중요한 생각들을 전달하기 위해 보편적인 언어로서 색을 사용해 왔다. 그것은 심지어 우리의 가장 강력한 의미 전달자가 될 수도 있는데, 왜냐하면 그것이 매우 직접적이고 생생한 목소리로 우리에게 말을 하기 때문이다. 그러나 색은 의미를 전달할 뿐만 아니라, 그러한 의미들이 존재하는 맥락을 만들어 내기도 한다. 자연과 문화, 경험과 이해 사이를 오가며, 그것은 세상과의 우리의 관계를 중재한다. 색은 항상 존재하는 프리즘이며, 그것을 통해 우리는 그것들에 대해 어떻게 생각하고 느끼는지 뿐만 아니라 우리 주변의 사람들, 장소들, 물체들도 본다. 우리가 마시는 공기 혹은 우리가 헤엄치는 물처럼, 우리는 그 안에 얽혀 있다.

**해설 >** ④ 전치사 through의 목적어이고, 선행사 an ever-present prism을 수식하는 관계사가 되어야 하므로 what을 which로 고쳐야 한다.

① our species를 주어로 하는 동사로 어법상 적절하다. species가 단수임에 유의한다.

② 문장의 술어인 have used가 존재하므로 준동사인 to부정사 to communicate를 사용한 것은 어법상 적절하다.

③ it(= color)을 의미상의 주어로 하는 분사구문의 분사로 어법

상 적절하다.

⑤ color를 지칭하는 대명사로 어법상 적절하다.

**어휘 >** decoration 장식 significance 의미, 의의 species 종 weave 짜다 millennium 천 년(*pl.* millennia) universal 보편적인 fundamental 근본적인 worship 숭배하다 bearer 전달자 vivid 생생한 transmit 전달하다 context 맥락 mediate 중재하다

(수능특강 Link) **2025학년도 수능특강 영어 30강 1번(제목 파악)**

■ **분야/소재:** 문화/인간의 창조물인 색깔

■ **3줄 요약**

- 고대 이집트인들은 색깔과 인간이 매우 유사하다고 생각함
- 색깔은 결국 그것을 지각하는 사람에 의해 만들어짐
- 색깔은 인간이 만든 가장 위대한 창조물일 수 있음

(Linking Words)

represent 표현하다 civilization 문명 striking 놀라운 resemblance 유사성 thoroughly 밀접하게, 완전히 manufacture 만들다, 제조하다 grey matter (두)뇌, 지성 trigger 더 부추기다 give rise to ~을 불러일으키다 consciousness 의식 sophisticated 정교한

## 13

**정답 >** ⑤

**소재 >** 환경 정치에서 과학자와 과학의 역할

**해석 >** 과학자들과 과학적 지식은 환경 정치에서 여러 역할을 하며, 규제 결정과 다른 환경 보호 계획뿐만 아니라, 결정이 이루어지고 계획이 취해지는 과정에 더해, 이러한 과정과 밀접한 관련이 있는 토론과 논쟁에도 영향을 미친다. 과학 자체가 흔히 토론의 초점이다. 셀 수 없이 많은 환경 논쟁에서 반대 당사자들은 과학적 증거를 모아서 과학적 지식의 측면에서 그들의 상반된 이해관계나 가치관을 표현한다. 시민들은 점점 더 전문가들의 판단을 무비판적으로 받아들이지 않으려고 하며, 이것이 환경 의사 결정의 주요한 정치적 역학 중 하나가 되었다. 흔히 이러한 저항은 과학자들과 강력한 경제적, 정치적 이해관계 사이의 긴밀한 관계에 대한 인식을 반영한다. 환경 문제가 다른 세계관과 상반되는 이해관계에 대한 강렬한 논쟁의 현장이 될 수 있는 사회에서, 과학자들에 의해 제공되는 환경의 묘사는 흔히 그 자체로 치열하게 논쟁된다. 따라서 과학은 환경 문제에 필수적인 것으로 널리 간주되지만, 그 역할은 편안함(→ 긴장)으로 가득 차 있다.

**해설 >** 과학은 환경 정치에서 중요한 역할을 하지만, 과학적 지식은 이해관계에 따라 다르게 해석될 수 있다는 점에서 논쟁의 대상이 되기도 하며, 시민들은 전문가의 판단을 더 이상 무조건적으로 신뢰하지 않게 되었다고 언급했으므로 과학의 역할이 '긴장'으로 가득 차 있다고 하는 것이 문맥상 자연스럽다. 따라서 ⑤의 ease(편안함)를 tensions(긴장)와 같은 낱말로 바꾸어야 한다.

**어휘 >** regulatory 규제[조절, 조정]하는 initiative 계획 debate 토론 controversy 논쟁 surround ~과 밀접한 관련이 있다 countless 셀 수 없이 많은 opposing 반대의 assemble 모으다 conflicting 상반된 primary 주요한 dynamics 역학 resistance 저항 affair 문제 intense 강렬한 dispute 논쟁 divergent (사상 따위가) 다른, 일치하지 않는 worldview 세계관 portrayal 묘사 fiercely 치열하게 contest 논쟁하다

(수능특강 Link) **2025학년도 수능특강 영독 Mini Test 3 · 14번(빈칸 추론)**

■ **분야/소재:** 환경/환경 문제에서 과학의 권위

■ **3줄 요약**

- 과학은 환경 문제를 정의함
- 과학은 환경 문제의 범위를 확장함
- 과학적 측정이 있어야 환경 문제로 인식되도록 하는 과학의 권위

(Linking Words)

determine 결정하다 toxic 독성의 pollutant 오염 물질 provincial 주(州)의, 지방의 atmosphere 대기

## 14

**정답 >** ⑤

**소재 >** 온라인상에서의 개인 간 연결의 수치화

**해석 >** 오프라인 세계에서, '인맥이 좋은' 사람들은 흔히 그들의 인맥이 양보다는 그것의 질과 상태에 의해 가늠되는 개인들로 이해된다. 소셜 미디어의 상황에서는, '친구'라는 용어와 그것의 부가적인 동사 '친구 추가하기'가 강력한 '그리고' 약한 유대관계, 완전히 낯선 사람들'과 더불어' 친밀한 접촉을 나타내게 되었다. 그들의 중요성은 일반적으로 하나의 무차별적인 숫자로 분명하게 표현된다. '팔로워'라는 용어는 비슷한 변형을 겪었는데, 그 단어는 중립적인 '집단'에서 '헌신자' 그리고 '신봉자'에 이르기까지 모든 것을 내포하고 있지만, 소셜 미디어의 상황에서는 순전히 여러분을 따르는 사람들의 숫자를 의미하게 되었다. 온라인 사교성의 기술적인 기록으로부터, 우리는 연결성이, 더 많은 사람들이 여러분이 인기가 있다고 생각하고 따라서 여러분과 연결되고 싶어 하기 때문에, 여러분이 더 많은 접촉을 가지고 만들수록 여러분이 더 가치 있게 된다는 '인기 원리'라고도 알려진 수량화할 수 있는 가치라는 것을 도출한다.

**해설 >** 오프라인 세계에서 인맥의 질과 지위가 중요시되는 반면, 소셜 미디어에서는 양이 중요시된다고 하며, 친구와 팔로워는 강한 유대관계가 있는 사람에서부터 완전히 낯선 사람까지 다양한 관계를 포괄하며, 그 중요성은 단순한 숫자로 표현된다고 했으므

로, 온라인상의 연결성(connectivity)이 '수량화할 수 있는' 가치임을 추론할 수 있다. 따라서 빈칸에 들어갈 말로 가장 적절한 것은 ⑤ '수량화할 수 있는'이다.
① 융통성이 있는
② 시대에 뒤떨어진
③ 분류할 수 있는
④ 뜻밖의

**어휘 >** well connected 인맥이 좋은 gauge 가늠하다, 판단하다, 측정하다 status 상태, 지위 adjunct 부가의 designate 나타내다 intimate 친밀한 articulate 분명하게 표현하다 indiscriminate 무차별적인 undergo 겪다 transformation 변형 connote 내포하다 neutral 중립적인 devotee 헌신자 sheer 순전한 inscription 기입 sociality 사교성 derive 도출하다, 추론하다

(수능특강 Link) **2025학년도 수능특강 영독 8강 4번(어법)**

■ **분야/소재:** 미디어/소셜 미디어와 사교

■ **3줄 요약**

• 소셜 미디어의 초기 유토피아적 환상
• 그러나 실제로는 소셜 미디어 플랫폼은 계산된 출력에 의해 형성된 인간 입력의 결과와 그 반대와 같은 자동화된 기술을 통해 사용자가 접하는 정보를 제한하고, 사용자의 사교성을 원하는 방향으로 유도함
• 소셜 미디어는 인간의 사교성과 기술이 결합된 사회 기술적 총체이며, 이러한 미디어의 '사교적인' 이미지를 뒷받침하는 규범과 가치는 플랫폼의 기술적 구조 속에 숨겨져 있음

(Linking Words)

functionality 기능 collaboration 협력, 협동 reflect 나타내다 inherently 본질적으로 inform 영향을 미치다 direct 통제하다, 지휘하다 inscription (새겨진) 글, 기입 sociality 사교성, 사교 행위 preferable 더 나은, 선호되는 input 입력 output 출력 vice versa 그 반대[역]도 마찬가지이다 component 구성 요소 norms 규범 coincidentally 우연의 일치로 assumption 전제

## 15

**정답 >** ①

**소재 >** 가용 뇌 영역과 인지 능력의 관계

**해석 >** 한 연구에서, 시각장애인들이 단어 목록을 얼마나 잘 기억할 수 있는지를 알아보는 테스트를 받았다. 차지하고 있는 후두엽 피질이 '더 많은' 이들이 더 높은 점수를 받을 수 있었는데, 즉 그들은 기억 작업에 전념할 수 있는 영역이 더 넓었다. 전반적인 이야기는 간단한데, 즉 부동산이 많을수록 더 좋다. 이는 때때로 직관에 반대되는 결과로 이어진다. 사람들 대부분이 색각을 위한 세 가지 다른 유형의 광수용체를 가지고 태어나지만, 어떤 사람들은 두 가지나 한 가지 유형만을 가지고, 혹은 전혀 없이 태어나 색을 구분하는 능력이 떨어진다(또는 전혀 없다). 하지만, 색맹인 사람들이 전부 다 나쁜 상황만은 아닌데, 그들은 회색의 색조를 '더 잘' 구별한다. 왜일까? 왜냐하면 그들은 똑같은 양의 시각 피질을 갖고 있지만 신경써야 할 색상 범위는 더 적기 때문이다. 이용할 수 있는 똑같은 양의 피질 영역을 더 단순한 작업에 사용하면 수행은 향상된다. 비록 군대가 색맹 군인들을 특정 업무에서 제외하기는 하지만, 그들은 색맹 군인들이 정상적인 색각을 가진 사람들보다 적의 위장을 더 잘 발견할 수 있다는 점을 깨닫게 되었다.

**해설 >** 색맹인 사람들이 회색의 색조를 더 잘 구별하는 이유는 신경써야 할 색상의 범위가 더 적어서라고 했으므로, 이용할 수 있는 똑같은 양의 피질 영역을 더 단순한 작업에 사용해서 회색을 더 잘 구별하는 것이라 볼 수 있다. 따라서 빈칸에 들어갈 말로 가장 적절한 것은 ① '수행은 향상된다'이다.
② 더 민감한 기술을 필요로 한다
③ 기억력을 확장시킨다
④ 두뇌의 여러 부분을 활성화시킨다
⑤ 더 높은 수준의 사고 기술을 약화시킨다

**어휘 >** territory 영역 devote to ~에 전념하다 straightforward 간단한 real estate 부동산 color vision 색각 diminish 떨어뜨리다, 손상하다 discriminate 구분하다, 구별하다 distinguish 구별하다 cortical 피질의 exclude 제외하다, 배제하다 camouflage 위장 normal 정상적인

(수능특강 Link) **2025학년도 수능특강 영어 Test 2 · 23번(요약문 완성)**

■ **분야/소재:** 뇌 과학/뉴런의 경쟁과 뇌의 재구조화

■ **3줄 요약**

• 뉴런은 생존을 위해 끊임없이 경쟁하며 자기 영역을 차지하고 끈질기게 방어함
• 각 뉴런 그리고 뉴런 간의 각 연결부가 자원을 얻으려고 싸움
• 개인의 경험과 목표에 따라 뇌 구조의 개인화가 이루어짐

(Linking Words)

neuron 뉴런(신경 세포) brain 뇌 competition 경쟁 survival 생존 territory 영역 connection 연결 resource 자원 structure 구조 cortex 대뇌 피질 region 영역

## 16

**정답 >** ①

**소재 >** 때와 장소에 상관없이 일정한 관찰 결과

**해석 >** 모든 실험의 목적은 관찰이다. 그러나 그것은 느슨하게 연관되어 있거나 중요하지 않은, 건성으로 하는 관찰이 아니다. 그것은 논거를 만들어 내는 과정에서 증거로 사용하기 위해 이루어지는 관찰이며, 그 논거는 자연의 선택된 사건들 사이의 연관성

에 관한 가설이다. 법정 사건의 증인이 재판 변호사가 던진 같은 질문에 매번 똑같은 대답을 내놓을 것으로 예상되는 것처럼, 실험자도 역시 자신의 실험 장치로 '둘러막은' 자연의 그 부분으로부터, 자신의 실험 조건에서 만들어진 같은 자극에 대해 똑같은 반응을 산출할 것으로 예상한다. 실험자는 자신의 실험 변수에 대해 특정한 방식으로 행동하고, 어떤 반응이든 간에, 자연이 매번 같은 방식으로 반응하리라 예상한다. 게다가 실험자가 다른 곳에 같은 조건을 만들고 자신의 행위를 반복한다면, 그는 자연으로부터 얻은 반응이 자기 실험의 이전 장소에서의 반응과 같으리라 예상한다. 따라서 실험자가 한 관찰은 시간과 장소 둘 다에 영향을 안 받을 것으로 예상된다.

**해설 >** 논거의 증거로 사용하기 위해 이루어지는 관찰은 실험자가 자신의 실험 조건에서 언제든 매번 같은 방식으로 자연이 반응하고, 다른 장소에 같은 조건을 만들어도 이전 장소와 반응이 같으리라 예상한다고 했으므로, 빈칸에 들어갈 말로 가장 적절한 것은 ① '시간과 장소 둘 다에 영향을 안 받을 것으로'이다.

② 새로운 가설의 발전을 촉진할 것으로
③ 기존의 일반적인 가정에 이의를 제기할 것으로
④ 데이터 세트 내에서 예상치 못한 패턴을 드러낼 것으로
⑤ 변수 간의 강한 상관관계를 나타낼 것으로

**어휘 >** observation 관찰 casual 건성으로 하는 loosely 느슨하게 case 논거, 주장 hypothesis 가설 concerning ~에 관한 connectedness 연관성, 관련성 attorney 변호사 yield 산출하다, 내다 variable 변수 previous 이전의

(수능특강 Link) **2025학년도 수능특강 영어 13강 8번(빈칸 추론)**

■ **분야/소재:** 자연과학/실험에서 중요 요인 분리하기

■ **3줄 요약**

- 특정 세제의 표백 방식을 알아내기 위한 표준 과학 실험 가정
- 세제가 특정 방식으로 작용하게 할 수 있는 요인을 파악하고, 그 특정 요인이 다른 변수와 정확하게 분리되도록 실험을 고안
- 다른 변수를 동일하게 유지한 상태로 특정 요인의 유무에 따른 결과를 보고, 그것이 중요한 요인임을 결정할 수 있음

(Linking Words)

experiment 실험 factor 요인 ingredient 성분, 재료 material 재료 discover 발견하다 cause 일으키다 devise 고안하다 hypothesis 가설 determine 결정하다

## 17

**정답 >** ②

**소재 >** 증기 기관의 혁명성

**해석 >** 수력은 근력에 비해 큰 발전이었지만 여전히 문제점이 있었다. 즉, 사람들은 그것을 작동시키기 위해 고도가 급격히 떨어지는 곳을 흘러내리는 엄청난 양의 물이 필요했다. 또한 세계의 많은 지역에서 자연은 그런 조합을 제공하지 않았다. 그리고 이 지점에서 증기 동력이 획기적이 되었다. 물을 끓일 열을 내기 위해 연료를 태우면 무거운 기계 장치를 증기의 힘으로 움직이게 할 수 있었다. 증기 기관의 발명이 열을 운동으로 바꿀 기회를 만들었기 때문에 산업화 시대는 사실 증기의 시대이다. 열을 만들어 내는 것은 가장 기초적인 일이고 그것을 위한 재료는 쉽게 구할 수 있지만, 열을 운동으로 바꾸는 능력은 획기적이었다. 미국에서 이 전환은 1800년대 말에 일어났다. 증기에 필요한 물의 양은 수력에 필요한 물의 일부에 불과했다. 그리고 수차에 필요한, 고도가 급격히 떨어지는 곳이 없는 저지대조차도 증기를 만들 충분한 물이 있었다. 증기는 수력에 비해 에너지 생산량을 증가시켰을 뿐만 아니라 제조업자들이 자유로이 원하는 곳에 자신들의 공장을 지을 수 있게 해 주었다.

**해설 >** 수력과 비교하여 증기 동력의 혁명성을 설명한 글로, 연료를 태워 물을 끓이고 증기의 힘으로 기계를 움직이게 하는 증기 기관은 고도가 급격히 떨어지는 곳이 없고 물이 많지 않은 곳에서도 사용 가능하다고 했으므로, 빈칸에 들어갈 말로 가장 적절한 것은 ② '제조업자들이 자유로이 원하는 곳에 자신들의 공장을 지을 수 있게 해 주었다'이다.

① 에너지 생산에서 물 공급 방법을 혁신화했다
③ 급속한 도시 팽창에서 흔히 볼 수 있는 공간적 다양성을 촉진시켰다
④ 오늘날 화석 연료로 인해 우리가 가지고 있는 환경 문제를 촉발시켰다
⑤ 다양한 경제 주체 간의 관계를 급격히 변화시켰다

**어휘 >** hydropower 수력 advance 발전, 진보 drawback 문제점 namely 즉, 다시 말하자면 incredible 엄청난 quantity 양 combination 조합, 결합 revolutionary 획기적인, 혁명적인 machinery 기계 장치 readily 쉽게 transition 전환, 변이 fraction 일부, 작은 부분 low-lying 저지의, 낮은 waterwheel 수차, 물레방아 output 생산량

(수능특강 Link) **2025학년도 수능특강 영독 2강 8번(빈칸 추론)**

■ **분야/소재:** 경제/물과 에너지를 이용한 상품의 가공

■ **3줄 요약**

- 가공된 재료가 원재료보다 더 가치가 있음
- 인간은 천연자원을 가치가 더 높은 상품으로 질을 높이기 위해 에너지를 사용했음
- 물과 에너지는 광범위한 상품의 가공을 가능하게 하고 그 과정에서 가치를 창출함

(Linking Words)

process 처리하다 material 재료 valuable 가치있는 natural resource 천연 자원 water 물 commodity 상품

## 18

**정답 >** ③

**소재 >** 환자의 정신적 고통을 이해하는 의료인

**해석 >** 일부 환자들은 의사의 다양한 기술을 넘어서는, 일종의 집중적인 고통 치료가 필요한 게 사실이지만, 많은 경우 환자들에게 필요한 것은 의료인들이 그들의 어려운 상황에 함께했다는 느낌뿐이다. 환자들은 감정이 쏟아져 나오고 절망이 분명하게 느껴질 때 이해 받고 수용됨을 느낄 필요가 있다. 그들(환자들)은, 공감과 침착함을 유지할 수 있는 개인적 회복력이 있어 자신의 불안에 방해받지 않고 강렬한 환자의 감정을 목격할 수 있는 임상의가 필요하다. (그들은 또한 자신들의 진단과 치료 옵션을 이해할 필요가 있는데, 이는 진료팀 구성원, 환자, 그리고 환자 가족 간에 원활한 의사소통이 요구된다.) 환자는 그 상황에서 벗어나고자 하는 임상의 자신의 욕구보다는 이해를 받고자 하는 환자의 욕구에 계속 집중할 수 있는 임상의가 필요하다. 환자들은 환자의 고통이 간호의 중심으로 남을 수 있도록, 자신의 고통을 견딜 수 있는 의사, 간호사, 사회복지사, 물리치료사가 필요하다.

**해설 >** 의사, 간호사를 비롯한 의료인들은 환자들의 정신적 고통을 이해하고 공감해 주며 침착하게 함께 견딜 수 있어야 한다는 내용의 글이므로, 환자가 진단과 치료 옵션을 이해하기 위해서는 진료팀과 환자, 환자 가족 간에 의사소통이 필요하다는 내용인 ③은 글의 전체 흐름과 관계가 없다.

**어휘 >** distress 고통　intervention 치료, 개입　exceed 넘다, 초과하다　practitioner 의사　health care provider 의료인　spill out 쏟아져 나오다　despair 절망　clinician 임상의　resilience 회복력　empathic 공감을 할 수 있는　witness 목격하다　get in the way 방해하다　diagnosis 진단　tolerate 견디다

(수능특강 Link) **2025학년도 수능특강 영어 31강 1번(주장 파악)**

■ **분야/소재:** 의학/환자의 감정적 영역에 대한 임상의의 관심

■ **3줄 요약**

- 임상의가 질환과 치료법에 관한 폭넓은 지식을 갖는 것은 매우 중요함
- 질병이 환자의 감정에 어떤 영향을 미칠 수 있는지에 대한 지식도 중요함
- 이해하고 수용하는 입장에서 환자의 감정을 다루어야 하며 이를 잘 수행하려면 임상의가 환자의 욕구에 유념할 필요가 있음

(Linking Words)

clinician 임상의　disease 질병　treatment 치료　anatomy 해부학　physiology 생리학　care 돌봄, 간호　patient 환자　emotion 감정　reaction 반응　illness 질병

## 19

**정답 >** ③

**소재 >** 노인이 노화에 잘 적응하도록 돕기

**해석 >** 노화는 여러분과 여러분이 신경 쓰는 노인에게 긍정적인 변화와 성장의 시기일 수도 있지만 역시 힘들 수도 있다. (B) 여러분의 이전 관계가 완벽했다고 해도 갈등의 가능성이 많다. 때때로 역할이 거꾸로 되어 여러분이 부모처럼 행동하기 시작하고, 노인은 여러분이 자기들에게 무엇을 해야 한다고 말한다고 해서 화를 내거나, 분개하거나, 혹은 우울해하는 아이처럼 행동하기 시작한다. 대부분 노인은 독립적이기 원하고, 스스로 결정하기를, 그리고 짐이 되지 않기를 바란다. (C) 하지만 그들의 가족들은 노인이 새로운 표준에 적응하기를 거부함으로써 더 안 좋아지거나 다칠 수도 있다는 두려움에 부담을 느낄 수 있다. 이것은 이해할 수 있는 우려이며, 양쪽을 모두 살피고 모두가 감수할 수 있는 해결책을 협상하기 위해서는 인내심과 배려가 필요하다. (A) 노인이 인지적 또는 기능적 저하를 겪어 왔을 때 이것은 특히 사실이다. 독립이 무엇을 의미하는지, 어떻게 하면 도움을 받는 일이 한 사람을 더 독립적으로 만들 수 있는지 다시 틀을 잡는 것이 중요하다.

**해설 >** 노화가 긍정적인 변화와 성장의 시기일 수도 있지만 힘들 수도 있다는 주어진 글 다음에는 힘들 수 있는 이유에 해당하는, 이전에는 완벽했던 관계라도 갈등의 가능성이 많아진다는 내용의 (B)가 와야 한다. 노인이 독립적이기를 원한다는 (B)의 마지막 부분 다음에는 But으로 시작하면서 이와 상반된 가족의 입장을 서술하는 (C)가 이어져야 한다. (A)에서의 This는 (C)의 it requires ~ can live with를 가리키며, 노인의 독립과 관련한 문제를 해결하려고 할 때 무엇이 중요한지 부연 설명하고 있으므로 (A)가 마지막에 오는 것이 자연스럽다. 따라서 주어진 글 다음에 이어질 글의 순서로 가장 적절한 것은 ③이다.

**어휘 >** cognitive 인지적인　decline 저하, 쇠퇴　reframe 다시 틀을 잡다[만들어 내다]　independence 독립　potential 가능성　conflict 갈등　reverse 거꾸로 하다, 뒤집다　resentful 분개하는　depressed 우울한　adapt 적응하다　normal 표준, 정상　concern 우려, 걱정　patience 인내심　thoughtfulness 배려, 사려 깊음　negotiate 협상하다

(수능특강 Link) **2025학년도 수능특강 영독 6강 3번(글의 순서)**

■ **분야/소재:** 건강/나이와 관련한 정상적인 것과 노안

■ **3줄 요약**

- 나이와 관련된 정상적인 변화가 신체적으로 그리고 감정적으로 일과 기분에 영향을 미침
- 노안은 정상적이며 안경으로 시력을 바로잡을 수 있음
- 노화 시 안경과 같은 보조 기구의 효과를 인식할 때만 삶의 질에 변화가 생김

(Linking Words)
normal 정상적인 impairment 손상 age 나이가 들다 disability 장애 function 기능 assistive 보조의 device 기구, 장치 hearing aid 보청기 adaptive device 재활 보조 기구

## 20

**정답 >** ④

**소재 >** 뇌 연구와 수학

**해석 >** 뇌는 수학 없이 이해하기에는 너무 복잡한 생물학적 대상의 전형적인 예이다. 뇌는 인지와 의식이 있는 곳이다. (C) 그것은 우리가 어떻게 느끼고, 어떻게 생각하고, 어떻게 움직이며, 우리가 누구인지에 대해 책임을 지고 있다. 그것은 하루가 계획되고, 기억이 저장되며, 열정이 느껴지고, 선택이 이루어지며, 단어들이 읽히는 곳이다. 그것은 인공 지능에게 영감을 주는 것이자 정신 질환의 원인이다. (A) 세포들의 단일한 복합체가 신체와 세상과 연계하면서 어떻게 이 모두를 이뤄낼 수 있는지 이해하는 일은 다양한 수준의 수학적 모형화를 요구한다. 일부 생물학자들이 느끼는 망설임에도 불구하고, 수학적 모델이 신경과학 역사의 구석구석에 숨겨져 있다는 것을 발견할 수 있다. (B) 그리고 그것(신경과학)은 전통적으로 모험을 즐기는 물리학자나 옆길로 샌 수학자들의 영역이었지만, 오늘날 '이론' 또는 '계산' 신경과학은 전용 학술지, 학회, 교과서 그리고 자금 조달 원천이 있는, 신경과학 기업의 완전히 발전된 세부 분야이다. 수학적 사고방식은 뇌 연구 전반에 영향을 미치고 있다.

**해설 >** 뇌가 이해하기 어려운 복잡한 대상이며, 인지와 의식이 있는 곳이라는 주어진 글 뒤에는 이런 뇌의 기능을 구체적으로 설명하는 (C)가 와야 하며, 이를 이해하기 위해서는 다양한 수준의 수학적 모형화가 필요하다는 내용의 (A)가 그다음에 이어져야 한다. (A)에서 첫 문장의 all this는 (C)에 언급된 뇌의 복잡한 기능을 가리킨다. (A)에 언급된 신경과학과 관련하여 오늘날의 이론 신경과학과 계산 신경과학에 대해 서술하고 있는 (B)가 마지막에 오는 것이 자연스럽다.

**어휘 >** prime 전형적인 cognition 인지 consciousness 의식 accomplish 이루다, 성취하다 complex 복합체 interface 연계하다, 조화하다 hesitancy 망설임, 주저함 neuroscience 신경과학 domain 영역 wandering 옆길로 샌 subdivision 세부 분야, 일부분 enterprise 기업 dedicated 전용의 funding 자금 조달 inspiration 영감[자극]을 주는 사람[것] artificial intelligence 인공 지능

(수능특강 Link) **2025학년도 수능특강 영어 Test 1 · 6번(주제 파악)**

- **분야/소재:** 자연과학/수학적 모델과 생물학적 사실
- **3줄 요약**
  - 수학적 분석을 위해 문제를 단순화하는 사람들은 생물학적 세부 사항에 무관심하다고 자주 비판받음
  - 신경학자 Cajal의 비판: 현실회피형 이론가는 사실보다 아름다움을 선호함
  - 단순성, 우아함, 그리고 사물을 처리하기 쉽게 만들려는 욕구에 이끌리는 수학자들은 생물학의 풍부함을 묵살함

(Linking Words)
mathematical model 수학적 모델 analysis 분석 neuroscience 신경과학 biological 생물학의

## 21

**정답 >** ④

**소재 >** 인간이 만든 환경의 영향력

**해석 >** 분명 관련이 있기는 하지만, 인간이 만든 환경의 영향력은 법이나 사회규범과 같은 다른 제도가 주어진 상황에 적합한 행동을 제안함으로써 우리의 행동을 형성하는 방식과는 다르다. 예를 들면 우리는 정지 신호를 무시하고 달리지 '말아야 하는데', 왜냐하면 그것이 법에 어긋나기 때문이다. 하지만 물론 우리는 그렇게 '할 수도 있다'(그리고 종종 그렇게 하기도 한다). 정지 신호의 물리적 특성은, 예를 들자면 벽돌담과는 달리, 그러한 가능성을 우리에게 제공한다. 그러나 우리는 창문이 없는 방에서 밖을 내다보거나, Microsoft Word 프로그램으로 전화를 걸거나, Facebook에 '싫어요'라고 게시하는 등과 같은 그런 일들을 인간이 만든 환경이 그런 가능성을 제공하지 않으면 말 그대로 할 수 없다. <u>그리고 인간이 만든 환경의 조장과 제약은 경찰과 같은 다른 행위자에게 그것들을 강제하도록 요구하지 않기 때문에, 그것들은 자주 우리에게 조용히 그리고 보이지 않게, 심지어 잠재의식적으로 영향을 미친다.</u> 인간이 만든 환경이 영향력을 나타내는 이러한 수동성과 교묘함은 그것이 무시하기 매우 쉽고 동시에 무시하기에는 매우 위험하다는 것을 의미한다. 그러나 그것의 거의 보이지 않는 영향력이라는 사실은 또한 디지털 기술을 대중화하는 어떠한 프로젝트에서도 인간이 만든 환경을 중심에 두는 것의 중요성을 강화한다.

**해설 >** ④의 앞선 내용은 창이 없는 방에서 밖을 볼 수 없는 것처럼 인간이 만든 환경이 가능성을 제공하지 않으면 어떤 행동을 말 그대로 할 수 없다는 것이고, ④ 뒤의 문장에서는 인간이 만든 환경의 수동성과 교묘함을 언급하고 있으므로 두 문장 사이에는 논리적 공백이 있으며, ④ 뒤의 문장에서 말하고 있는 수동성과 교묘함은 주어진 글에서 언급한 인간이 만든 환경의 조장과 제약이 소

용히 잠재의식적으로 작용하는 것을 가리키는 것으로 볼 수 있다. 따라서 주어진 문장이 들어가기에 가장 적절한 곳은 ④이다.

**어휘 >** encouragement 조장, 격려 constraint 제약 enforce 강제하다 subconsciously 잠재의식적으로 distinct 다른, 별개의 institution 제도 norm 규범 circumstance 상황 literally 말 그대로 afford 제공하다, 주다 passivity 수동성 subtlety 교묘함, 절묘함 manifest 나타내다, 명시하다 reinforce 강화하다 democratize 대중화하다, 민주화하다

수능특강 Link **2025학년도 수능특강 영독 7강 7번(어법)**

■ **분야/소재:** 건축/지하철 차량 문 배치가 탑승자에게 미치는 영향

■ **3줄 요약**

- 지하철 차량 공간 배치에서 작은 디자인 선택이 사용자 행동에 큰 영향을 미칠 수 있음
- 문을 대칭적으로 배치할 때보다 비대칭적으로 배치할 때 공간 사용이 고르게 분산됨
- 문의 위치를 변경함으로써 공간에 대한 승객들의 인식을 재형성하고 환경의 힘을 사용해 승객의 행동을 형성할 수 있음

Linking Words

design 설계 effect 영향 behavior 행동 space 공간 environment 환경 influence 영향을 미치다

## 22

**정답 >** ⑤

**소재 >** 휴대 전화 사용 공간과 관련된 에티켓 문제

**해석 >** 모바일 미디어를 통한 공간의 변화는 많은 에티켓 문제를 제기했다. 하나는 공간 침해와 그러한 공간을 위한 에티켓 관례의 붕괴이다. 회의 중에 다른 사람이 말할 때 휴대 전화를 걸거나 받는 사람은 다른 사람이 발언권을 갖고 있을 때 말하면 안 된다는 많은 회의에서의 불문율을 어긴 것으로 대개 여겨질 것이다. 이 너무 흔한 관행은 더 많은 이가 회의 중에는 문자 메시지로 전환함으로써 다소 줄어들었다. 다른 흔한 에티켓 위반은 화장실 칸 안에서, 계산원이 지불을 기다리고 있고 뒤에 있는 사람들은 지체되고 있는 슈퍼마켓 줄에서, 그리고 교회에서 휴대 전화를 거는 것이다. 일반적으로, 어떤 장소나 행사에서 사람들과 사회적, 정서적으로 더 많이 연결될수록 휴대 전화를 걸고 받는 것이 더 지장을 주는 것으로 보인다. 그래서 교회에서나 사랑하는 사람과의 저녁 식사 자리에서, 혹은 교실에서나 극장에서는 휴대 전화를 거는 것이 더 무례하게 인식되고, 기차 안에서나 야구장에서, 해변에서, 또는 길을 걸으면서는 덜 무례하게 인식된다.

**해설 >** ⑤의 앞 문장에서는 화장실 칸 안이나 슈퍼마켓 줄에서, 교회에서 휴대 전화를 거는 것이 에티켓 위반이라고 서술하고 있고, ⑤ 다음 문장에서는 교회나 교실, 극장과 같은 곳에서 휴대 전화를 거는 것은 더 무례하게, 야구장이나 해변에서는 덜 무례하게 인식된다고 말하고 있는데, 이 두 문장은 인과 관계로 연결되기에는 논리적 공백이 있다. 또한 사람들과 사회적 정서적으로 더 연결될수록 휴대 전화를 걸고 받는 것이 더 지장을 주는 것으로 보인다는 주어진 문장이 ⑤ 다음 문장의 근거가 될 수 있으므로, 주어진 문장이 들어가기에 가장 적절한 곳은 ⑤이다.

**어휘 >** disruptive 지장을 주는, 파괴적인 transformation 변화 invasion 침해, 침범 protocol (공식적인) 관례, 프로토콜, 협약 have the floor 발언권을 갖다 stall 칸, 구획 cashier 계산원 perceive 인식하다

수능특강 Link **2025학년도 수능특강 영어 Test 3 · 7번(제목 파악)**

■ **분야/소재:** 기술/휴대 전화가 재정의한 공간 개념

■ **3줄 요약**

- 휴대 전화는 대기 구역이나 휴대 전화를 걸 수 없는 지역의 가장자리 공간처럼 공간으로 제대로 정의되지 않은 것에 공간을 만들어 냄
- 휴대 전화는 멀리 떨어져 있는 사람들과 공간을 공유하는 데 사용되기도 함
- 통화에 몰두하여 자신이 점유하는 물리적 공간 속 사람들과 소통이 끊어질 수도 있음(함께 있는 혼자/부재의 존재)

Linking Words

mobile phone 휴대 전화 space 공간 practice 관행 etiquette 에티켓, 예의 behavior 행동 interaction 상호 작용

## 23

**정답 >** ①

**소재 >** 생각의 영향에서 벗어나기

**해석 >** 여러분의 의식은 일련의 계속 진행 중인 생각들을 연이어 만들어 낸다. 여러분이 어떤 특정한 생각에 집중할 때, 그것은 존재하며 눈에 보인다. 일단 여러분의 관심이 다른 곳으로 옮겨가면, 그 생각은 여러분의 머리에서 사라진다. 여러분의 생각은 나타났다 사라졌다 한다. 적극적으로 그것을 통제하려고 애쓰지 않는 이상, 여러분은 자기가 생각하는 내용에 대한 통제력이 놀랍도록 거의 없다. 일단 자기가 자기 생각들을 생각해 내는 사람이고, 자기 머리가 '현실'을 만들어 내지 않고 '생각'을 만들어 낸다는 점을 이해한다면, 여러분은 자신이 생각하는 바에 그만큼 영향을 받지 않을 것이다. 여러분은 자기 생각을 현실의 근원으로서가 아니라 자신이 하는 것, 즉 여러분이 지닌, 삶의 경험을 가져오는 능력으로 보게 될 것이다. '막대기와 돌은 내 뼈를 부러뜨릴지 모르지만, 말은 결코 나를 다치게 할 수 없다'라는 옛말을 기억하는가? '생각'을 '말' 대신 쓸 수 있다. 일단 자기 생각이 단지 생각일 뿐이라는 사실을 이해하면 그것은 자신의 기분을 상하게

하거나 우울하게 할 수 없다.
→ 의식이 연속적인 생각의 흐름을 만들어 내지만 그것이 그저 정신적 개념이라는 사실을 인식함으로써 자기 감정과 전반적인 행복에 미치는 그것의 영향을 줄일 수 있다.

**해설 >** 생각은 끊임없이 연이어 떠오르지만, 그 생각이 현실의 원천이 아니라 그저 자신이 만들어 낸 생각일 뿐이라는 점을 인정하면, 그 생각으로 인해 기분이 상하거나 우울해지지 않을 수 있다는 내용의 글이다. 따라서 빈칸 (A), (B)에 들어갈 말로 가장 적절한 것은 ① '인식함 – 영향'이다.
② 부인함 – 영향
③ 인식함 – 의존
④ 반영함 – 의존
⑤ 부인함 – 등장

**어휘 >** consciousness 의식 ongoing 계속 진행 중인 content 내용 affect 영향을 미치다 substitute 대신 쓰다, 대용하다 depress 우울하게 하다 construct 개념, 생각

(수능특강 Link) **2025학년도 수능특강 영어 3강 4번(요지 파악)**
■ **분야/소재:** 자기 개발/상상의 본질
■ **3줄 요약**
- 생각은 상상력을 이용하여 이미지나 그림을 마음속에 만드는 것임
- 생각은 현실이 아니며 마음속에만, 기억 속에만 있을 뿐임
- 상황이 나빠 보이는 이유는 실제로는 그렇지 않지만 마음이 과거를 재현하고 여분의 드라마를 추가하여 어떤 사건이든 더 나빠 보이게 만들기 때문임

(Linking Words)
imagination 상상 memory 기억 thought 생각 mind 정신, 생각 recreate 재현하다 real 현실의

## [24~25]

**정답 > 24** ④ **25** ④

**소재 >** 무지의 다양한 범위

**해석 >** 모래에 머리를 박고 있는 타조는 자발적, 고의적, 혹은 단호한 무지로도 묘사되는, 알기를 원하지 않거나 모르는 것을 원하는 것의 유명한 상징이다. 그 개념은 확장되어 의도적인 누락 또는 침묵을 포함할 수도 있다. 예를 들어, 아이티의 역사학자 Michel-Rolph Trouillot는 과거에 대한 지식을 생산하는 과정에서 개인이 특정한 정보 항목을 전달하는 것과 그것에 대해 침묵하는 것 중 하나를 선택하는 네 가지 순간을 구분했다. 그 네 가지 순간은 문서를 생산하고, 문서 보관소에 저장하고, 정보를 검색하고, 기록된 역사에서 그것을 사용하는 순간이다.
그 반대되는 성격인 비자발적 무지의 예로, 우리는 가톨릭 신학 쪽을 살펴볼 수도 있다. Thomas Aquinas와 같은 중세 신학자들은, 기독교의 존재를 알지 못했던, 그래서 그것을 받아들이지 못한 것에 관해 비난받을 수 없는 이들을 지칭할 때 '극복할 수 없는 무지'라는 문구를 사용했다. 반면에 그들이 알고 있었다면, 그들은 '비난할 만한' 무지의 죄를 범한 것일 것이다.
비난할 만한 무지는 개인적일 수도 있고 집단적일 수도 있다. 사회역사학자들은 특히 후자에 관해 우려하고 있으며, 자메이카 철학자 Charles W. Mills가 인종차별주의 기저에 있는 편견을 지칭하기 위해 만든 표현인 '백인 무지'가 그 예이다. 집단적 무지는 사람들이 자신들의 상황을 불공정하다고(→ 공정하다고) 받아들이도록 부추김으로써 한 집단의 다른 집단에 대한 지배를 뒷받침한다. 지배하는 이들의 무지는 그들이 자신들의 특권에 의문을 제기하지 못하게 하고, 피지배자들의 무지는 그들이 반항하지 못하게 하는 경우가 잦았다. 이런 이유로 Diderot가 말했듯이 '사람들을 무지와 어리석음의 상태로 두려는' 권력을 가진 이들의 노력이 있는 것이다.

**해설 > 24** 무지는 자발적이고 고의적인 무지부터 비자발적인 무지, 개인적인 무지와 특정 집단의 다른 집단에 대한 지배를 뒷받침하는 집단적인 무지까지 그 범위가 다양하다는 내용의 글이다. 따라서 글의 제목으로 가장 적절한 것은 ④ '무지의 다양한 범위: 고의적인 것, 비자발적인 것에서 집단적인 것까지'이다.
① 무지와 편견의 차이점과 유사점
② 정보를 생산하고 보관하는 데 있어 중요한 순간
③ 무지한 타조: 침묵하는 역사와 억압된 진실의 상징
⑤ 지배자들의 무지가 그들 자신을 세상에 대해 의심하게 만드는 방식

**25** 어느 한 집단이 다른 집단을 지배하는 것을 뒷받침하려면 사람들로 하여금 그 공정하지 못한 상태를 공정하다고 생각하도록 부추겨야 할 것이므로, (d)의 unfair를 fair와 같은 낱말로 바꾸어야 한다.

**어휘 >** ostrich 타조 voluntary 자발적인 wilful 고의적인 resolute 단호한, 굳은 ignorance 무지 extend 확장시키다 omission 누락 Haitian 아이티의 archive 문서 보관소 retrieve (정보를) 검색하다 involuntary 비자발적인 Christianity 기독교 guilty 죄를 범한 collective 집단적인 coin (새로운 낱말·어구를) 만들다 philosopher 철학자 prejudice 편견 underlie 기저를 이루다 racism 인종차별주의 privilege 특권 dominant 지배하는 remark 말하다

(수능특강 Link) **2025학년도 수능특강 영독 4강 6번(함축 의미 추론)**
■ **분야/소재:** 사회학/무지의 사회학
■ **3줄 요약**
- 우리가 서로 다른 것에 관해서 모두 무지하다는 Mark Twain의 말은 기억할 만함

- 코로나 바이러스의 확산에 대해 유행병 학자들은 예견했으나 정부는 알지 못하거나 알기를 원하지 않았음
- 2001년 세계 무역 센터의 파괴는 '정보 과부하'와 의사소통의 실패를 보여 주는 사례임

Linking Words

sociology 사회학 ignorance 무지 predict 예견하다 suspect 의심하다 admit 인정하다

## [26~28]

**정답 >** 26 ④ 27 ③ 28 ⑤

**소재 >** 불가능해 보이는 일을 가능하게 만드는 공식

**해석 >** (A) 늦은 오후였다. 남동생은 친구 집에서 귀가하여 엄마에게 인사를 하고 주머니에서 밝은 빨간색 스펀지 공을 꺼냈다. 그것은 지름이 약 1인치였다. 오른손 손가락 끝에 공을 쥐고, 그는 침착하게 그것을 왼손에 놓고, 손을 둥글게 말아 그것을 감싸더니 모두가 볼 수 있도록 이제는 닫힌 손을 들어 올렸다. 누군가—아마도 나, 어쩌면 엄마—가 그 위에 바람을 불도록 요청받았다. 엄마가 그 특권을 행사했다. 그러고 나서 그는 손가락을 벌렸고 나를 깜짝 놀라게 했다. 공이 그냥 사라져 버린 것이다. 그러니까 갑자기 말이다.

(D) 나는 내 동생이 불가능한 일을 막 해낸 것이라고 매우 확신했다. 물론 지금은 많은 이에게, 스펀지 공을 사라지게 하는 그의 속임수가 그렇게 충격적이지는 않다. 하지만 나는 아홉 살이었고, 이전에 한 번도 마술 묘기를 본 적이 없었다. 이런 상황에서, 그것은 정말로 혼란스러운 경험이었다. 그리고 두 가지 면에서 혼란스러운 경험이었다. 첫째, 명백한 것은, 스펀지 공이 사라졌다는 것이다. 둘째, 조금 덜 명백한 것은, 내 동생은 마법을 쓰지 않았다는 것이다. 그때까지 그가 한 어떤 행위도 물리학의 법칙을 거스르지는 않았다. 우연한 공중 부양도 없었고, 엄마가 가장 좋아하는 컵이 사라졌을 때, 아무도 그에게 그것을 다른 차원으로 순간 이동시킨 죄를 추궁하지 않았다.

(B) 그러므로 내 동생이 비록 불가능한 일을 해내기는 했지만, 설명이 있어야 했다. 어쩌면 그것은 그가 어떤 기술들을 습득한 것이거나 그가 고수한 특정한 과정일 수도 있었다. 이것은 놀라운 깨달음이었다. 그것은 불가능한 일에 어떤 공식이 있음을 의미했다. 그리고 내가 원했던 그 어떤 것보다도 나는 그 공식을 알고 싶었다. 나는 마술 묘기를 공부하기 시작했다. 카드 묘기, 동전 묘기, 심지어 그 작은 스펀지 공까지. 내가 11살이 되었을 무렵, 나는 실질적으로 동네 마술 가게인 Pandora's Box에서 살다시피 하고 있었고, 그곳에서 나는 불가능한 일들을 많이 보았다.

(C) 그 시절 배운 주요 교훈은 앞에선 아무리 정신을 혼미하게 할 정도로 희한한 속임수로 보이더라도 뒤에는 항상 이해가 가능한 논리가 있다는 것이었다. 불가능은 항상 공식을 가지고 있었고 내가 전념하면 가끔 그 공식을 배울 수 있었다. 나의 멘토 중 한 명은 역사에는 불가능한 일이 많다고 즐겨 말했다. 각 사례에서, 불가능은 누군가가 그 공식을 알아냈기에 가능해졌다. "물론, 만약 네가 공식을 모른다면, 그것은 마법처럼 보여. 하지만 이제 너는 그럴 정도로 어리석지는 않지."라고 그는 말했다.

**해설 >** **26** 남동생이 필자와 엄마 앞에서 손에 들고 있던 작은 스펀지 공을 사라지게 만든 묘기를 보인 (A) 다음에는 동생이 불가능한 일을 해낸 것에 대해 매우 혼란스러워하면서도 동생이 마법을 쓰지는 않았을 거라고 추론하는 내용의 (D)가 이어져야 하며, 동생이 마법을 쓰지 않았다면 불가능한 일에 어떤 공식이 있을 거라 믿고 그 공식을 알아내기 위해 마술을 배우는 (B)가 그다음에 오고, 마지막으로 마술을 배우면서 불가능해 보이는 일 뒤에는 항상 이해가 가능한 논리가 있음을 알게 되었다는 (C)가 오는 것이 자연스러운 글의 흐름이다. 그러므로 글 (A)에 이어질 글의 순서로 가장 적절한 것은 ④이다.

**27** (a), (b), (d), (e)는 모두 필자의 남동생을 가리키고 (c)는 필자의 멘토를 가리키므로, 가리키는 대상이 나머지 넷과 다른 것은 (c)이다.

**28** 필자는 남동생이 불가능한 일을 하기는 했지만, 그동안 물리적 법칙을 거스르는 행위를 한 적이 한 번도 없음을 떠올리며 남동생이 마법을 썼다는 점에 대해서는 확신하지 못했다고 했으므로, 글에 관한 내용으로 적절하지 않은 것은 ⑤이다.

**어휘 >** diameter 지름 ball 동그랗게 만들다 blow one's mind ~을 깜짝 놀라게 하다, 흥분시키다 vanish 사라지다, 사라지게 하다 just like that 갑자기 startling 놀라운 formula 공식 mind-bendingly 정신을 혼미하게 할 정도로 improbable 희한한, 사실 같지 않은 apply 전념하다, 몰두하다 be littered with ~이 많다, ~이 많이 포함되어 있다 obvious 명백한 accuse 죄를 추궁하다 teleport 순간 이동시키다 dimension 차원

수능특강 Link **2025학년도 수능특강 영독 11강 2번(문장 삽입)**

- **분야/소재:** 사회문화/가능성에 대한 제약
- **3줄 요약**
  - 우리는 가능성이 다양한 세계에 살고 있음
  - 가능성을 실현하는 데 상당한 제약이 있음을 인식해야 함
  - 물리적, 생물학적 제약보다 사회적, 문화적 제약이 더 중요함

Linking Words

possibility 가능성 constraint 제약 imagination 상상 envision 상상하다 limitation 한계 discover 발견하다 explore 탐색하다

# 고1~2 내신 중점 로드맵

과목: 국어, 영어, 수학, 한국사 사회, 과학

**고교 입문 → 기초 → 기본 → 특화 + 단기**

**고교 입문**
- 고등 예비 과정 (국어·영어·수학·한국사 사회·과학)
- 내 등급은? (국어·영어·수학)

**기초**
- 국어: 윤혜정의 개념의 나비효과 입문편/워크북 / 어휘가 독해다!
- 영어: 정승익의 수능 개념 잡는 대박구문 / 주혜연의 해석공식 논리 구조편
- 수학: 기초 50일 수학 / 매쓰 디렉터의 고1 수학 개념 끝장내기
- 인공지능: 수학과 함께하는 고교 AI 입문 / 수학과 함께하는 AI 기초

**기본**
- 국어·영어·수학: 기본서 올림포스 / 올림포스 전국연합 학력평가 기출문제집 / 유형서 올림포스 유형편
- 한국사 사회·과학: 기본서 개념완성 / 개념완성 문항편

**특화**
- 국어 특화: 국어 독해의 원리 | 국어 문법의 원리
- 영어 특화: Grammar POWER | Reading POWER | Listening POWER | Voca POWER
- 고급: 올림포스 고난도
- 수학 특화: 수학의 왕도
- 고등학생을 위한 多담은 한국사 연표

**단기**
- 단기 특강

| 과목 | 시리즈명 | 특징 | 수준 | 권장 학년 |
|---|---|---|---|---|
| 전과목 | 고등예비과정 | 예비 고등학생을 위한 과목별 단기 완성 | | 예비 고1 |
| 국/수/영 | 내 등급은? | 고1 첫 학력평가+반 배치고사 대비 모의고사 | | 예비 고1 |
| | 올림포스 | 내신과 수능 대비 EBS 대표 국어·수학·영어 기본서 | | 고1~2 |
| | 올림포스 전국연합학력평가 기출문제집 | 전국연합학력평가 문제 + 개념 기본서 | | 고1~2 |
| | 단기 특강 | 단기간에 끝내는 유형별 문항 연습 | | 고1~2 |
| 한/사/과 | 개념완성 & 개념완성 문항편 | 개념 한 권+문항 한 권으로 끝내는 한국사·탐구 기본서 | | 고1~2 |
| 국어 | 윤혜정의 개념의 나비효과 입문편/워크북 | 윤혜정 선생님과 함께 시작하는 국어 공부의 첫걸음 | | 예비 고1~고2 |
| | 어휘가 독해다! | 학평·모평·수능 출제 필수 어휘 학습 | | 예비 고1~고2 |
| | 국어 독해의 원리 | 내신과 수능 대비 문학·독서(비문학) 특화서 | | 고1~2 |
| | 국어 문법의 원리 | 필수 개념과 필수 문항의 언어(문법) 특화서 | | 고1~2 |
| 영어 | 정승익의 수능 개념 잡는 대박구문 | 정승익 선생님과 CODE로 이해하는 영어 구문 | | 예비 고1~고2 |
| | 주혜연의 해석공식 논리 구조편 | 주혜연 선생님과 함께하는 유형별 지문 독해 | | 예비 고1~고2 |
| | Grammar POWER | 구문 분석 트리로 이해하는 영어 문법 특화서 | | 고1~2 |
| | Reading POWER | 수준과 학습 목적에 따라 선택하는 영어 독해 특화서 | | 고1~2 |
| | Listening POWER | 수준별 수능형 영어듣기 모의고사 | | 고1~2 |
| | Voca POWER | 영어 교육과정 필수 어휘와 어원별 어휘 학습 | | 고1~2 |
| 수학 | 50일 수학 | 50일 만에 완성하는 중학~고교 수학의 맥 | | 예비 고1~고2 |
| | 매쓰 디렉터의 고1 수학 개념 끝장내기 | 스타강사 강의, 손글씨 풀이와 함께 고1 수학 개념 정복 | | 예비 고1~고1 |
| | 올림포스 유형편 | 유형별 반복 학습을 통해 실력 잡는 수학 유형서 | | 고1~2 |
| | 올림포스 고난도 | 1등급을 위한 고난도 유형 집중 연습 | | 고1~2 |
| | 수학의 왕도 | 직관적 개념 설명과 세분화된 문항 수록 수학 특화서 | | 고1~2 |
| 한국사 | 고등학생을 위한 多담은 한국사 연표 | 연표로 흐름을 잡는 한국사 학습 | | 예비 고1~고2 |
| 기타 | 수학과 함께하는 고교 AI 입문/AI 기초 | 파이선 프로그래밍, AI 알고리즘에 필요한 수학 개념 학습 | | 예비 고1~고2 |

# 고2~N수 수능 집중 로드맵

수능 입문 → 기출 / 연습 → 연계+연계 보완 → 심화 / 발전 → 모의고사

| 수능 입문 | | 기출 / 연습 | 연계+연계 보완 | | 심화 / 발전 | 모의고사 |
|---|---|---|---|---|---|---|
| 윤혜정의 개념/패턴의 나비효과 | 강의노트 수능개념 | 윤혜정의 기출의 나비효과 | 수능연계교재의 VOCA 1800 | 수능특강 사용설명서 | 수능연계완성 3주 특강 | FINAL 실전모의고사 |
| 하루 6개 1등급 영어독해 | | 수능 기출의 미래 | 수능연계 기출 Vaccine VOCA 2200 | 수능특강 연계 기출 | 박봄의 사회 · 문화 표 분석의 패턴 | 만점마무리 봉투모의고사 |
| 수능 감(感)잡기 | | 수능 기출의 미래 미니모의고사 | 연계 수능특강 | 수능 영어 간접연계 서치라이트 | | 만점마무리 봉투모의고사 시즌2 |
| 수능특강 Light | | 수능특강Q 미니모의고사 | 연계 수능완성 | 수능완성 사용설명서 | | |

| 구분 | 시리즈명 | 특징 | 수준 | 영역 |
|---|---|---|---|---|
| 수능 입문 | 윤혜정의 개념/패턴의 나비효과 | 윤혜정 선생님과 함께하는 수능 국어 개념/패턴 학습 | ● | 국어 |
| | 하루 6개 1등급 영어독해 | 매일 꾸준한 기출문제 학습으로 완성하는 1등급 영어 독해 | ● | 영어 |
| | 수능 감(感) 잡기 | 동일 소재 · 유형의 내신과 수능 문항 비교로 수능 입문 | ● | 국/수/영 |
| | 수능특강 Light | 수능 연계교재 학습 전 연계교재 입문서 | ● | 영어 |
| | 수능개념 | EBSi 대표 강사들과 함께하는 수능 개념 다지기 | ● | 전 영역 |
| 기출/연습 | 윤혜정의 기출의 나비효과 | 윤혜정 선생님과 함께하는 까다로운 국어 기출 완전 정복 | ● | 국어 |
| | 수능 기출의 미래 | 올해 수능에 딱 필요한 문제만 선별한 기출문제집 | ● | 전 영역 |
| | 수능 기출의 미래 미니모의고사 | 부담없는 실전 훈련, 고품질 기출 미니모의고사 | ● | 국/수/영 |
| | 수능특강Q 미니모의고사 | 매일 15분으로 연습하는 고품격 미니모의고사 | ● | 전 영역 |
| 연계 + 연계 보완 | 수능특강 | 최신 수능 경향과 기출 유형을 분석한 종합 개념서 | ● | 전 영역 |
| | 수능특강 사용설명서 | 수능 연계교재 수능특강의 지문 · 자료 · 문항 분석 | ● | 국/영 |
| | 수능특강 연계 기출 | 수능특강 수록 작품 · 지문과 연결된 기출문제 학습 | ● | 국어 |
| | 수능완성 | 유형 분석과 실전모의고사로 단련하는 문항 연습 | ● | 전 영역 |
| | 수능완성 사용설명서 | 수능 연계교재 수능완성의 국어 · 영어 지문 분석 | ● | 국/영 |
| | 수능 영어 간접연계 서치라이트 | 출제 가능성이 높은 핵심만 모아 구성한 간접연계 대비 교재 | ● | 영어 |
| | 수능연계교재의 VOCA 1800 | 수능특강과 수능완성의 필수 중요 어휘 1800개 수록 | ● | 영어 |
| | 수능연계 기출 Vaccine VOCA 2200 | 수능-EBS 연계 및 평가원 최다 빈출 어휘 선별 수록 | ● | 영어 |
| 심화/발전 | 수능연계완성 3주 특강 | 단기간에 끝내는 수능 1등급 변별 문항 대비서 | ● | 국/수/영 |
| | 박봄의 사회 · 문화 표 분석의 패턴 | 박봄 선생님과 사회 · 문화 표 분석 문항의 패턴 연습 | ● | 사회탐구 |
| 모의고사 | FINAL 실전모의고사 | EBS 모의고사 중 최다 분량, 최다 과목 모의고사 | ● | 전 영역 |
| | 만점마무리 봉투모의고사 | 실제 시험지 형태와 OMR 카드로 실전 훈련 모의고사 | ● | 전 영역 |
| | 만점마무리 봉투모의고사 시즌2 | 수능 완벽대비 최종 봉투모의고사 | ● | 국/수/영 |

Memo

# 수능 영어 간접연계 서치라이트

**간접연계의 감을 잡는 '간접연계 History'**

최근 수능·모의평가에 출제된 간접연계 문항 집중 분석

**수능특강의 핵심을 확인하는 '수능특강 Focus'**

다양한 소재의 수능특강 핵심 지문을 분석하고 간접연계 출제 예상

**간접연계 문항을 연습하는 '간접연계 Practice'**

수능특강 지문이 간접연계된 예상 지문으로 간접연계 완벽 대비

**마무리 학습을 위한 2회분의 '실전테스트'**

모든 유형의 문항이 수록된 영어독해 모의고사로 실전 훈련

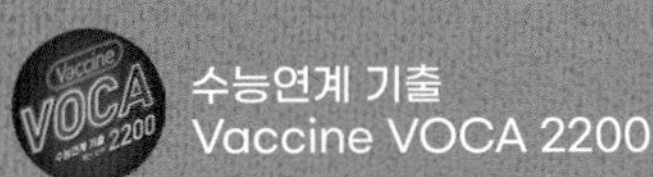

수능연계 기출
Vaccine VOCA 2200

* 본 교재 광고의 교재는 수능을 준비하는 모든 학생에게
추천하며 지금 바로 학습할수록 효과가 좋습니다.

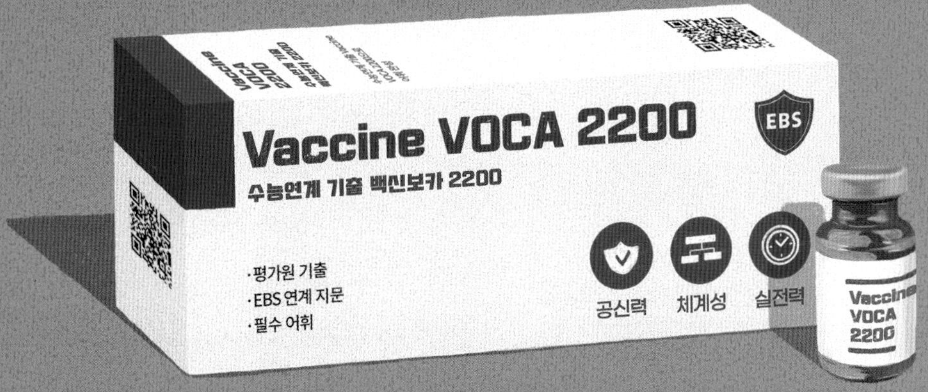


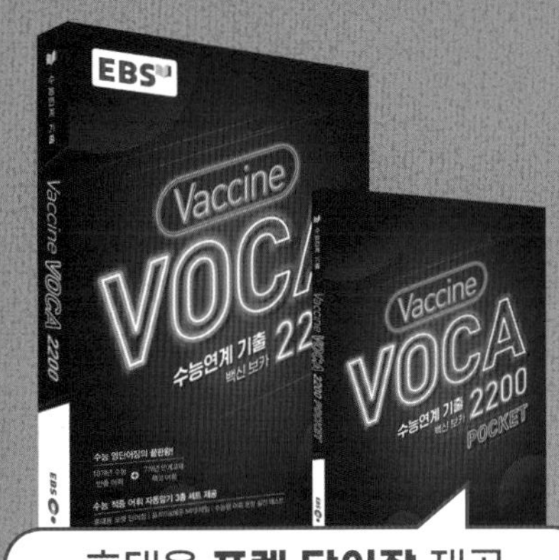


**○ 수능 영단어장의 끝판왕!**
10개년 수능 빈출 어휘 + 7개년 연계교재 핵심 어휘

**○ 수능 적중 어휘 자동암기 3종 세트 제공**
휴대용 포켓 단어장 / 표제어 & 예문 MP3 파일 / 수능형 어휘 문항 실전 테스트

휴대용 **포켓 단어장** 제공

EBS와 교보문고가 함께하는 듄듄한 스터디메이트!

듄듄문고

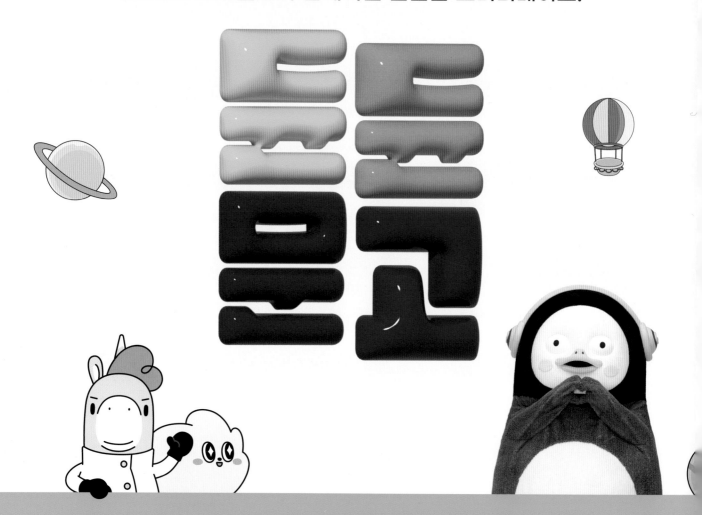

듄듄한 할인 혜택을 담은 **학습용품**과 **참고서**를 한 번에!

기프트/도서/음반 추가 할인 쿠폰팩

COUPON PACK

+QR코드를 스캔하시면 듄듄문고 쿠폰팩을 다운받을 수 있는 이벤트 페이지로 연결됩니다+